Governança de TI

TECNOLOGIA da INFORMAÇÃO

Governança de TI

TECNOLOGIA da INFORMAÇÃO

Como as empresas com melhor desempenho administram os direitos decisórios de TI na busca por resultados superiores

Peter Weill
Jeanne W. Ross

Revisora Técnica:

TEREZA CRISTINA M.B. CARVALHO

Diretora técnica do LARC/EPUSP, professora doutora da Escola Politécnica da USP, professora convidada da FGV-SP EAESP e ex-aluna do MIT Sloan.

M.BOOKS

M.BOOKS DO BRASIL EDITORA LTDA.

Av. Brigadeiro Faria Lima, 1993 - 5º andar - Cj. 51
01452-001 - São Paulo - SP - Telefones: (11) 3168 8242 / 3168 9420
Fax: (11) 3079 3147 - E-mail: vendas@mbooks.com.br

Dados de Catalogação na Publicação

Weill, Peter e Ross, Jeanne W.
Governança de TI, Tecnologia da Informação / Peter Weill e Jeanne W. Ross / Revisão Técnica: Tereza Cristina M. B. Carvalho.
2006 – São Paulo – M. Books do Brasil Editora Ltda.
1. Administração 2. Negócios 3. Tecnologia da Informação
Inclui índice remissivo e referências bibliográficas.
ISBN: 85.89384-78-0

Do original: IT Governance – How Top Performers Manage IT Decision Rights for Superior Results.

EDITOR
MILTON MIRA DE ASSUMPÇÃO FILHO

Revisão Técnica
Tereza Cristina M. B. Carvalho

Produção Editorial
Salete Del Guerra

Tradução
Roger Maioli dos Santos

Revisão de Texto
RevisArt

Coordenação Gráfica
Silas Camargo

Capa
Douglas Lucas
(sob o projeto original)

Composição Editorial
ERJ Composição Editorial e Artes Gráficas Ltda

2006

Sumário

Prefácio e Agradecimentos à Edição Brasileira

Tereza Cristina M. B. Carvalho

Caro leitor,

Dada a importância crescente da Tecnologia de Informação nas empresas, torna-se cada vez mais premente a necessidade de se ter uma Governança de TI eficaz que garanta a criação de valor de TI para os negócios da empresa. Na realidade, a Governança de TI propõe não somente a criação de valor de TI, mas também a sua preservação.

Tendo isso em vista, que decidimos criar uma edição brasileira do livro intitulado "Governança de TI – Como as empresas com melhor desempenho administram os direitos decisórios de TI na busca por resultados superiores" de co-autoria de Peter Weill e Jeanne Ross, do Center for Information Systems Research (CISR) da MIT Sloan School.

Existem inúmeros *frameworks* de Governança de TI no mercado, mas o que há de fascinante neste *framework* do MIT-CISR é sua simplicidade e aplicabilidade prática por ter sido baseado em inúmeros estudos de casos realizados em diversos países.

Dentro deste contexto, este livro apresenta um *framework* para avaliar e conceber a governança de TI, tomando como referência empresas de melhor desempenho de várias indústrias e com estratégias e metas de desempenho diferenciadas.

Esse *framework* baseia-se na chamada Matriz de Arranjos e no *Framework* de Governança de TI propriamente dito. A Matriz de Arranjos é usada para mapear, para cada tipo de decisão de TI, quais são os arquétipos que contribuem com a tomada de decisões e quais são usados na tomada de decisão. Para ficar mais claro, considere o caso de decisão sobre o investimento em TI, ela pode ser tomada, por exemplo, pela monarquia de negócios, ou seja, pelos diretores da empresa... Essa matriz oferece, portanto, uma visão geral sobre o processo de tomadas de decisões.

De posse dessa matriz, o próximo passo é elaborar o *Framework* de Governança de TI. Neste *framework* são identificados dois *drivers* para a concepção da Governança de TI que são a Estratégia e Organização da Empresa e as Metas de Desempenho. A partir desses *drivers* pode-se redefinir a Matriz de Arranjos e especificar os mecanismos de governança.

Os mecanismos é que vão assegurar que as decisões tomadas serão executadas e seus resultados serão monitorados.

Esse *framework* pode ser empregado em conjunto com outros *frameworks* e mecanismos já consolidados no mercado, como o COBIT (*Control Objectives for Information*), o ITIL (*IT Infrastructure Library*), o BSC (*Balanced ScoreCard*), entre outros.

Resumindo, este livro propõe uma ferramenta muito simples e prática para avaliar e conceber a Governança de TI de uma empresa que pode evoluir incorporando gradativamente outros mecanismos que tornarão a Governança de TI cada vez mais eficaz e robusta... É tudo uma questão de começar...

Assim, desejo que vocês possam desfrutar dos resultados apresentados neste livro e usar na prática a ferramenta aqui proposta, fazendo com que a Tecnologia de Informação de suas empresas traga valor para os seus negócios... Nesse sentido, continuaremos trabalhando com Governança de TI e desejamos manter contato com vocês, compartilhando novos resultados e trocando experiências...

Gostaria de encerrar agradecendo a Peter Weill e a Jeanne Ross por todo o suporte dado durante o desenvolvimento desta edição brasileira do livro de Governança de TI. Ao Peter, que conheço desde o meu curso na MIT Sloan, o meu especial agradecimento pela sua amizade, seu entusiasmo e apoio dado nesta empreitada.

Finalmente, meus agradecimentos à HP do Brasil, cujo patrocínio viabilizou a publicação deste livro e à M. Books pela qulidade de seu trabalho e profissionalismo levado ao extremo.

Um grande abraço a todos

Tereza Cristina M. B. Carvalho
Escola Politécnica
Universidade de São Paulo

Drs. Peter Weill e Jeanne Ross

Caro leitor,

O interesse e a importância de uma Governança de TI eficaz continua crescendo. Em muitas discussões que temos tido com executivos seniores tanto de negócios como de TI, nós continuamos a ouvir sobre as frustrações com a ineficácia da Governança de TI. Ao mesmo tempo, constatamos que empresas com uma Governança de TI eficaz continuam tendo um bom desempenho – nossa pesquisa indica que elas têm lucros até 20% superiores. Este livro é destinado a executivos seniores que querem liderar o esforço de criar uma Governança de TI mais eficaz.

A eficácia da Governança de TI é especialmente importante em economias em crescimento. Por isso, nós podemos pensar em poucos países onde a Governança de TI é mais importante do que no Brasil. A recompensa pela boa Governança de TI (e boa Governança Corporativa) no Brasil será provavelmente uma vantagem competitiva significativa.

Nós estamos muito contentes que este livro tenha sido traduzido para o Português. Dra. Tereza Cristina Carvalho fez a revisão técnica da tradução e nós estamos muito agradecidos pelo seu enorme trabalho e pelo seu entusiasmo sobre o assunto. Dra. Carvalho é ex-aluna do MIT, professora na Universidade de São Paulo e mais recentemente professora convidada na FGV-SP. Seu resume encontra-se no final do livro.

Nós agradecemos e reconhecemos a Hewlett Packard do Brasil por patrocinar a tradução do livro em Português. Aguardamos ansiosamente encontrar vocês numa próxima visita nossa ao Brasil e desejamos que tenham todo o sucesso nas suas iniciativas em Governança de TI.

Atenciosamente,

Drs. Peter Weill e Jeanne Ross
Center for Information Systems Research (CISR)
Sloan School of Management
Massachusetts Institute of Technology

Prefácio e Agradecimentos

É DIFÍCIL PRECISAR quando a importância da Tecnologia da Informação (TI) ficou clara para nós. Não foi como um raio que nos atingisse e nos cegasse, para em seguida nos deixar com uma visão mais clara. Pelo contrário, ocorreu gradativamente ao longo dos anos, envolvendo centenas de conversas com administradores e múltiplos estudos de pesquisa, e nós ficamos convencidos de que a governança de TI é o mais importante fator na geração de valor de negócio da Tecnologia da Informação (TI). Nossa convicção – que tardou a florescer, mas hoje se enraizou – é a de que a governança de TI pode, a longo prazo, produzir o paradoxo gerencial de incentivar e fomentar a engenhosidade de todas as pessoas da empresa e ao mesmo tempo assegurar a observância da visão e princípios gerais da empresa.

Embora este livro trate de governança de TI, nós situamos a Tecnologia da Informação num contexto organizacional como um dos seis ativos principais (humanos, financeiros, físicos, de propriedade intelectual, de TI e de relacionamentos) que devem ser governados para que se crie valor. Com excessiva freqüência, livros e discussões concentram-se numa única peça do quebra-cabeça organizacional. A criação de valor depende da integração dos ativos centrais da empresa. Posto isso, para sermos práticos e limitarmos o livro a um único volume, nós nos concentramos em apresentar conceitos, *frameworks* e lições das empresas de melhor desempenho sobre como extrair maior valor de seus investimentos em TI, mediante uma governança mais eficiente dentro do contexto estratégico da firma.

Tentativas infrutíferas de extrair valor da TI para o negócio costumam exasperar os gerentes de negócio seniores. Há cinco anos o Center for Information

Systems Research (Centro de Pesquisas sobre Sistemas de Informação) da MIT Sloan School of Management vem ministrando, três vezes por ano, programas para ajudar executivos de outras áreas a lidar melhor com a Tecnologia da Informação. Nesses programas, nós nos dirigimos a executivos de negócio capacitados que admitem não poder delegar a responsabilidade pelo valor de TI a suas unidades de TI. Tipicamente, estes são executivos preocupados (CEOs, CFOs, COOs* e outros gerentes seniores) em busca de diretrizes práticas quanto ao que eles podem fazer amanhã para melhorar o retorno de seus investimentos em TI. Os mais de mil executivos que freqüentaram esse curso sentiam-se amiúde frustrados, inseguros, perplexos e até irritados com os altos custos da TI e seus limitados benefícios mensuráveis. Um executivo implorou: "O que posso fazer? Não entendo de TI suficientemente bem para administrá-la. Meu pessoal de TI trabalha duro, mas por algum motivo há de alguma maneira desconexão (...) com o negócio real que eu administro. Eles não percebem minha dor". Este livro destina-se a esses executivos e aos CIOs e outros profissionais de TI que desejam trabalhar juntos para extrair benefícios estratégicos crescentes da Tecnologia da Informação.

A governança de TI é uma idéia, cujo momento chegou. A informação e a TI são dentre os ativos principais aqueles menos compreendidos na empresa. Com o imenso crescimento dos gastos em Tecnologia da Informação nas empresas e a evidência forte de que aumentos significativos nos lucros resultam de melhores decisões nessa área, é hora de tornar a governança de TI mais profissional. Existe pouca pesquisa de campo sobre a governança de TI, e poucas publicações ajudam os administradores a compreender os aspectos envolvidos na concepção de estruturas e processos de governança eficientes. Nosso objetivo ao escrever este livro é preencher essa lacuna.

Olhando mais à frente, a influência da TI no desempenho empresarial continuará a crescer. Quer a empresa se concentre na eficiência, na inovação, no crescimento, na responsividade dos clientes ou na integração dos negócios, a TI tornou-se um ingrediente essencial para a competitividade do negócio. A TI suporta componentes padronizados dos processos, o compartilhamento do conhecimento, comunicações instantâneas e a conexão eletrônica – as bases para novas estratégias de negócio. Num ambiente que exige respostas cada vez mais rápidas e agili-

---

* Para o leitor não habituado a tais siglas – que vêm se estabelecendo no mundo de negócios –, o CEO (*Chief Executive Officer*) é o diretor executivo ou diretor geral da empresa; o CFO (*Chief Financial Officer*) é o diretor financeiro; o COO (*Chief Operation Officer*) é o diretor operacional); o CIO (Chief *Information Officer*) é o diretor de TI. (N. do T.)

dade crescente, as equipes de gerência devem garantir que a TI seja habilitadora da mudança organizacional, e não um obstáculo.

A pesquisa

As idéias aqui presentes originam-se de uma série de projetos de pesquisa que exploraram a governança de TI em mais de trezentas empresas em vinte países no período de 1999 a 2003. A maior parte da pesquisa foi realizada no Center for Information Systems Research (CISR) da MIT Sloan School of Management. A pesquisa consistiu em três estudos principais:

1. Um estudo do CISR (2001-2003), liderado por Peter Weill, sobre o modo como as empresas governam a TI. Esse estudo forneceu a base para o *framework* deste livro. Estudamos 256 empresas, estendendo-se desde as Américas, passando pela Europa, até o Pacífico Asiático, e realizamos vários estudos de caso aprofundados. Verificamos quem contribuía para cinco decisões essenciais de TI e quem possuía direitos decisórios sobre elas. Também mensuramos o desempenho financeiro e da governança, bem como a eficiência dos mecanismos usados para implementar esta última. O estudo e o questionário foram concebidos no CISR. Marianne Broadbent e seus colegas na Gartner criaram um *site* interativo (em 2002) e possibilitaram a distribuição do questionário em versão eletrônica e impressa para CIOs de empresas membros da Gartner EXP e outras organizações que compareceram aos programas do CISR. A Gartner também contribuiu com a pesquisa realizando dez estudos de caso sobre governança de TI.
2. Quarenta estudos de caso desenvolvidos para uma série de projetos de pesquisa do CISR (1999-2003), liderados por Jeanne Ross. Os casos exploravam as relações entre a arquitetura de TI e a estratégia de negócios e identificavam problemas de governança associados com a TI e com esforços de mudança organizacional. As empresas desses estudos vinham criando arquiteturas de TI como parte de implementações de ERP*, iniciativas de comércio eletrônico, prevenções contra o Bug do Milênio e transformações de negócio. Os membros das equipes de pesquisa do CISR incluíam Peter Weill, Richard Woodham, Natalia

* ERP – *Enterprise Resource Planning.* (N. do T.)

Levina, George Westerman e Nils Fonstad. Michael Vitale, então na Universidade de Melbourne, também participou na pesquisa de casos. David Robertson, da IMD, na Suíça, contribuiu com dez casos europeus, inclusive o da ING Direct e o da Panalpina, que serviram como fundo de algumas de nossas vinhetas.

3. Uma série de projetos relativos, incluindo:
   - Um estudo do CISR (2001) por Jeanne Ross, Cynthia Beath (Universidade do Texas) e Mani Subramani (Universidade de Minnesota), incluindo entrevistas com trinta CIOs, para explorar as práticas de administração de TI.
   - Um estudo exploratório sobre a governança de TI (1998-1999) por Peter Weill e Michael Vitale na Melbourne Business School.
   - Um exame dos arranjos e desempenho de governança de TI em vinte e quatro empresas da *Fortune 100*, realizado por Peter Weill e Richard Woodham no CISR do MIT (2000) com dados coletados como parte do "Justificando e Custeando a Infra-estrutura de TI", do Results Research Project ITI, de The Concours Group.

Quem deve ler este livro

Escrevemos este livro para todos os executivos que já celebraram a TI, preocuparam-se com ela ou a amaldiçoaram – inclusive os CIOs. Discutimos os papéis dos altos administradores de negócios e Tecnologia da Informação em promover um uso eficaz e fortalecedor da TI por meio da sua governança. A linguagem, o estilo, os dados, os exemplos e as lições associam-se a problemas de negócio ligados à tecnologia. Nós discutimos decisões estratégicas de governança com detalhes suficientes para orientar a implementação de mecanismos de governança – as estruturas e processos que tornam a governança uma realidade. Incentivamos altos executivos e gerentes operacionais, de *marketing*, de finanças e de TI a ler este livro e a assumir a responsabilidade pelo desenvolvimento e implementação da governança de TI em suas empresas.

Pessoas a quem gostaríamos de agradecer

Agradecemos o apoio das empresas patrocinadoras e patronas do CISR na época da redação deste livro:

Accenture, Aetna Inc, Allstate Insurance Co., Banknorth N.A., Campbell Soup Co., Celanese, DiamondCluster International Inc., Det Norske Veritas, EMC Corp., Freddie Mac, Gartner, The Gillette Co., The Guardian Life Insurance Co. of America, Intel Corp., Hewlett-Packard Company, IBM Corporation, International Finance Corp., Marsh Inc., Merrill Lynch & Co. Inc., MetLife, Mitsubishi Corp., Microsoft Corporation, Mohegan Sun, National Kidney Foudation (Cingapura), Nomura Research Institute Ltd., Ortho Biotech Products L. P., Pfizer Inc., PFPC Inc., Raytheon, Qwest Communications, State Street Corporation e TRW Inc. Executivos destas empresas não somente forneceram informações e subsidiaram a nossa pesquisa, como também examinaram nossas premissas, puseram à prova nossas idéias, debateram nossas descobertas e implementaram e aprimoraram nosso trabalho.

Durante as pesquisas e a redação deste livro tivemos a oportunidade de trabalhar com muitos administradores e colegas acadêmicos extraordinários, que influenciaram nosso pensamento e reforçaram nossas paixões. Em primeiro lugar, queremos agradecer aos administradores que compartilharam suas idéias e, em muitos casos, forneceram os exemplos para o livro. Esses administradores incluem John Fiore e Joe Antonellis da State Street, Steve Sheinheit da MetLife, Doreen Wright da Campbell Soup, Steve Brown da Carlson Companies, Mike Eskew e Ken Lacy da UPS, Martin Vonk da ING Direct, Monika Ribar da Panalpina, Andre Spatz da Unicef, Ron Carter da Pfizer, Jim McGrane da MeadWestvaco, Joe Adamski da Barwon Water, Jim Venglarik da JPMorgan Chase, Bill Kirkey da DuPont, Robbie Higgins da Motorola e Steve Yates da USAA. Frank Erbrick, da McKinsey, e Charlie Feld, da Feld Associates, nos prestaram esclarecimentos sobre a arquitetura empresarial e suas implicações na governança de TI. O Apêndice A lista as empresas que tomaram parte na pesquisa. Queremos agradecer a todos os administradores que participaram das entrevistas para estudos de caso, bem como aos mais de 250 CIOs que reservaram tempo para responder a nossos questionários sobre governança de TI e contribuíram com suas próprias idéias e com questões adicionais. Somos gratos a todos eles por haverem viabilizado este livro.

Muitas pessoas fizeram comentários importantes sobre o manuscrito e as idéias de pesquisa, como Ken Cooke e Michael Book da PriceWaterhouseCoopers, John Sviokla da DiamondCluster International, Inc., e Tony Scott da GM. Agradecemos, também, aos muitos executivos que fizeram comentários durante nossas apresentações ou nos procuraram, posteriormente, para compartilhar suas idéias e críticas.

Somos especialmente gratos a Marianne Broadbent e a seus colegas da Gartner por sua participação e por haverem contribuído para o projeto com seus estudos de caso, seus talentos e suas idéias. Também queremos agradecer a Shafeen Charania, da Microsoft, pelas suas discussões provocativas e por seus comentários sobre o manuscrito e sua firme defesa da aplicação prática de pesquisas sobre o valor de TI.

Susie Lee, Francisco Gonzáles-Meza Hoffmann, Chris Foglia e Richard Woodham – todos pesquisadores do CISR – fizeram a maior parte da detalhada e laboriosa análise quantitativa e gestão de dados para este livro. Individualmente e como equipe, eles contribuíram com precisão, profissionalismo, companheirismo e inspiração. Agradecemos a todos.

Durante o desenvolvimento do manuscrito, recebemos imenso apoio de nossos colegas no CISR e da Sloan School. David Fitzgerald III comandou inteligentemente o processo de produção; criou o modelo, policiou o controle de versões, rastreou as referências, formatou o texto, criou os gráficos, checou as inconsistências e nos manteve dentro da programação de tempo. Apreciamos não somente seu profissionalismo, como também sua dedicação e seu bom humor. Chris Foglia contribuiu com habilidades muito variadas, incluindo a gestão do projeto, a análise dos dados e a revisão das provas. Ela provou uma vez mais ser um modelo de administração central. Julie Coiro assumiu encargos extras para manter o CISR caminhando nos trilhos e preservar nosso juízo. Também apreciamos o interesse, as idéias e o companheirismo de nossos colegas de pesquisa no CISR, Chuck Gibson, Jack Rockart, George Westerman, Sinan Aral e Nils Fonstad. Eles influenciaram nossas idéias e fizeram do CISR um ótimo local de trabalho, tanto pessoal como profissionalmente.

O CISR é um centro de pesquisas da Sloan School of Management do MIT. Sentimo-nos muito afortunados por trabalhar num ambiente de pesquisa tão rico e estimulante. Nós nos beneficiamos, em particular, do apoio, da amizade e do incentivo do diretor Don Lessard, cujas responsabilidades abrangem os centros de pesquisa, bem como da professora Wanda Orlikowski, coordenadora de área, e do professor Tom Malone, coordenador do grupo de TI.

Tivemos a felicidade de trabalhar com Carol Franco e Kirsten Sandberg, da Harvard Business School Press. Kirsten, como nossa editora, lutou pelo livro e aprimorou em muito nosso trabalho, contestando tanto idéias mais amplas como passagens específicas do texto e mantendo o nosso foco na mensagem principal.

Trabalhar juntos neste livro foi uma maravilhosa oportunidade para combinar idéias de muitos anos de administração de TI e pesquisas valiosas. Colaboramos já em muitos projetos – às vezes em continentes separados – e este trabalho combina pesquisas conjuntas e independentes. Com freqüência aplicamos metodologias diferentes a questões similares, o que resultou em descobertas mais ricas, por vezes contraditórias, e em debates animados. Ao longo da redação deste texto, descobrimos uma satisfação enorme em reunir nossas diferentes habilidades, desafiar nossas premissas e aprender juntos. Esta foi para nós dois uma parceria inspiradora e gratificante.

Nota pessoal de Peter

Quero dedicar este livro a Margi Olson, minha esposa e companheira, que conseguiu ser solidária, inspiradora e maravilhosa mesmo notando que todo problema organizacional que discutimos no ano passado era, pelo menos aos meus olhos, um problema de governança.

Espero que meus alunos de MBA e outros de mestrado de meus cursos na Sloan School reconheçam sua parte neste livro. Agradeço a todos, pois eles contribuíram muito na maneira de aprendizagem, clareza e foco durante as discussões sem conta dentro e fora das salas de aula.

Gostaria de agradecer a John Alford, da Melbourne Business School da Universidade de Melbourne, que me educou sobre a administração no setor público e contribuiu para o Capítulo 7. Também gostaria de agradecer a Erik Brynjolfsson, da Sloan School of Management, pelas muitas discussões úteis e acadêmicas sobre o valor de TI. E um caloroso obrigado a Mike Vitale, da Australian Graduate School of Management. Trabalhamos juntos na governança de TI em 1998, tentando entender por que ela era importante e como podia ser bem feita.

A meu novo afilhado, James Quinn Diamond: bem-vindo ao mundo, e espero que você cresça para ser exatamente como seus pais; estou ansioso para participar. Obrigado, como sempre, a minha mãe, tão corajosa e afetuosa. E obrigado a meu irmão Steve, como também a Lois, David e Simon, que completam minha família e sempre se mostraram solidários e amáveis.

Nota pessoal de Jeanne

Meus agradecimentos devem começar com meus pais, que criaram filhas de pensamento independente antes de isso se tornar moda. Sou imensamente grata por seu amor e incentivo. Também quero agradecer a Pat, Jo, Barb e Mark, a Russ e Diane e a Dave e Jill, por serem irmãos tão legais. Valorizo muito nossos momentos juntos.

Agradeço à minha amiga e vizinha Janet Helgeson por compartilhar seu entusiasmo pela vida e por manter o jardim viçoso enquanto eu escrevia, e a Ann Little, Cindy Crimmin e Peggy Berko, por sua constante amizade apesar da distância e dos empecilhos. Sou grata a Cynthia Beath, Carol Brown e Mike Vitale pelas longas discussões, que estimularam e sustentaram minha paixão pela pesquisa. Agradeço, também, a Kate Kaiser, por ter-me posto e manter-me no caminho. E um agradecimento especial a Jack Rockart, por acreditar em mim e me ensinar a fazer o que faço – eu não poderia ter tido um modelo melhor.

Quero agradecer a meus filhos – Adam, Julie e Steffie – por haverem trazido a minha vida uma alegria que nenhuma atividade profissional consegue proporcionar. Impressiona-me o quão maravilhosos vocês são. Finalmente, quero agradecer a meu marido e melhor amigo, Dan, que há vinte e seis anos me incentiva a buscar minhas metas apesar do fardo extra que isso lhe impõe. Ele tornou-se um involuntário especialista em TI, graças a sua edição cuidadosa e a sua atenção paciente. Dedico este livro a Dan, cujo amor e apoio inabaláveis são a melhor explicação para minha vida extraordinariamente feliz.

Peter Weill
Jeanne Ross

1

A Governança de TI ao Mesmo Tempo Fortalece e Controla

SEUS RECURSOS de Tecnologia da Informação (TI) aumentam sua competitividade?[1] Os administradores de sua organização assumem responsabilidade pela gestão e pelo uso efetivos da TI – ou presumem que o departamento de TI dará conta disso? Seus investimentos em TI têm como alvo prioridades estratégicas da empresa como um todo, ou sua firma desperdiça recursos em iniciativas táticas diversas? Para dizer de maneira simples: você tem tido retornos aceitáveis de seus investimentos em TI?

As firmas administram muitos ativos – pessoas, dinheiro, instalações e o relacionamento com o cliente –, mas a informação e as tecnologias que coletam, armazenam e disseminam informações talvez sejam os ativos que lhes causem maior perplexidade. Negócios requerem mudanças constantes, ao passo que sistemas, uma vez implementados, permanecem relativamente rígidos. Implementações de TI envolvem investimentos imediatos e continuados, em busca de resultados que ninguém pode prever com certeza. Essas incertezas e complexidades fazem muitos administradores renunciar à responsabilidade por garantir que seu pessoal utilize com eficiência a Tecnologia da Informação.

Por muitos anos, certas organizações conseguiram prosperar a despeito de suas práticas deficientes na administração de TI. Mas a informação – e conseqüentemente a TI – é um elemento cada vez mais importante dos produtos e serviços organizacionais e da base dos processos empresariais. O elo íntimo entre a TI e os processos organizacionais implica que a unidade de TI não pode ser a única – nem a principal – responsável pelo uso efetivo da informação e da Tecnologia da Informação. Extrair maior valor da TI é uma competência organizacional de importância crescente. Todos os líderes na empresa precisam desenvolver essa competência.

Nossa pesquisa revela que as empresas de melhor desempenho têm retornos sobre os investimentos em TI até 40% maiores que suas concorrentes[2]. Essas empresas de desempenho superior auferem proativamente o valor de TI de diversas maneiras:

- Deixam claros as estratégias de negócio e o papel da TI em concretizá-las.
- Mensuram e gerenciam o que se gasta e o que se ganha com a TI.
- Atribuem responsabilidades pelas mudanças organizacionais necessárias para tirar proveito dos novos recursos de TI.
- Aprendem com cada implementação, tornando-se mais hábeis em compartilhar e reutilizar seus ativos de TI.

As empresas de melhor desempenho têm sucesso onde as outras fracassam porque implementam uma Governança de TI eficiente para sustentar suas estratégias. Por exemplo, firmas com uma Governança de TI acima da média que seguiam uma estratégia específica (a intimidade com o cliente, por exemplo) tiveram lucros mais de 20% superiores aos de firmas com má governança que seguiam a mesma estratégia[3]. Definimos a Governança de TI como a *especificação dos direitos decisórios e do framework de responsabilidades para estimular comportamentos desejáveis na utilização da TI.* A Governança de TI não consiste na tomada de decisões específicas sobre a Tecnologia da Informação – a administração já faz isso –, mas determina quem sistematicamente toma tais decisões e contribui para elas. Reflete princípios mais amplos da governança corporativa, ao mesmo tempo em que se concentra na administração e utilização da TI para concretizar metas de desempenho corporativo. A Governança de TI eficaz estimula e amplifica a engenhosidade dos funcionários no emprego da Tecnologia da Informação e assegura a observância da visão e dos valores gerais da empresa. Este livro se destina a alertar executivos de negócios e da unidade de TI quanto ao papel fundamental que eles desempenham na definição dos processos de Governança de TI –

papel que, em última instância, determina o valor que a empresa aufere da Tecnologia da Informação.

Todas as empresas têm uma Governança de TI. Aquelas com uma governança eficaz conceberam *ativamente* um conjunto de mecanismos de Governança de TI (comitês, processos orçamentários, aprovações e assim por diante) que estimulam comportamentos consistentes com a missão, a estratégia, os valores, as normas e a cultura da organização. Nessas empresas, a TI pode ser um fator significativo de estratégia competitiva. Por exemplo, David Spina, CEO da State Street Corporation, líder mundial em serviços de investimento global, definiu a visão corporativa da firma em 2001 como "Uma Única State Street". Essa visão transferiu o foco da empresa das realizações individuais das unidades de negócio – como pesquisa e gestão de investimentos, serviços de negociação e corretagem, contabilidade de fundos e serviços de custódia – para as demandas dos clientes da empresa como um todo. Comportamentos desejáveis mudaram para incluir a otimização da empresa como um todo e também os objetivos das unidades de negócio. A State Street estabeleceu e refinou um conjunto de mecanismos de governança, incluindo um orçamento de TI relativo à empresa toda e um Escritório de Arquitetura de TI, para estimular os novos comportamentos[4].

Em contraste, empresas que governam a TI por omissão constatam, freqüentemente, que ela pode sabotar sua estratégia de negócios. Certa firma de serviços financeiros vinha seguindo uma estratégia de redução de custos. Em vez de criar um conjunto abrangente de mecanismos que estimulassem a redução de despesas, essa empresa adotou um novo sistema de cobrança reversa para reduzir a demanda por serviços de TI. Como o sistema provocava atritos entre os gerentes de TI e os de negócios, o CIO incumbiu os gerentes de relacionamento de restaurar a satisfação dos clientes internos. Eles melhoraram os níveis de satisfação, mas não reduziram os custos de TI nem dos processos de negócios. Sem um esquema coeso de Governança de TI, as empresas dependem dos CIOs para mitigar problemas mediante soluções táticas, em vez de considerarem a TI como um ativo estratégico.

Para entender a criação de valor da Tecnologia da Informação, nós estudamos a Governança de TI em mais de 250 empresas de diversos ramos, com e sem fins lucrativos, em 33 países nas Américas, na Europa e no Pacífico Asiático (ver Apêndice A). Nossa pesquisa revelou que as empresas de melhor desempenho governam a TI diferentemente das outras empresas. Cientes de forças internas conflitantes, essas empresas conceberam estruturas de governança associadas à medida de desempenho no que se exceliam (como o crescimento ou o retorno sobre os ativos), harmonizando com isso os objetivos de negócio, a abordagem e os mecanismos de governança e as metas e os indicadores de desempenho. O efeito líquido: uma boa concepção de governança permite que as empresas tenham resultados superiores nos seus investimentos em TI. Concluímos que *uma governança de TI eficaz é o indicador mais importante do valor que a organização aufere com a Tecnologia da Informação.*

O que é governança?

Antes de mergulharmos na Governança de TI, devemos tratar da questão mais ampla da governança corporativa nas empresas. A governança corporativa tornou-se um tema dominante nos negócios por ocasião da safra de escândalos corporativos em meados de 2002 – Enron, Worldcom e Tyco, para citar apenas alguns. O interesse na governança corporativa não é novo, mas a gravidade dos impactos financeiros desses escândalos solapou a confiança de investidores tanto institucionais como individuais e sobrelevou a preocupação com a habilidade e a determinação das empresas privadas de proteger seus *stakeholders**. A crise de confiança do setor corporativo contribuiu para a pressão descendente nos preços das ações no mundo todo e especialmente nos Estados Unidos. Nos primeiros seis meses de 2002, o índice S&P 500 caiu 16%; o NASDAQ, com sua ênfase em tecnologia, caiu 36%. O governo dos EUA interveio, e uma nova legislação passou a exigir que os CEOs atestassem pessoalmente a exatidão das contas de suas empresas e relatassem resultados mais rapidamente[5]. Simultaneamente, a América corporativa aumentou o nível de auto-regulamentação.

Uma boa governança corporativa é importante para os investidores profissionais. Grandes instituições atribuem à governança corporativa o mesmo peso que aos indicadores financeiros quando avaliam decisões de investimento. Um estudo da McKinsey constatou que investidores profissionais se dispõem até mesmo a pagar um grande ágio para investir em empresas com altos padrões de governança[6]. O ágio variava de uma média de 13% na América do Norte e no oeste europeu, de 20% ou 25% na Ásia e na América Latina, sendo ainda maior no leste europeu e na África[7]. Em média, considerando da pior para a melhor governança corporativa, as firmas podem esperar um aumento entre 10% e 12% no valor de mercado.

---

* Os *stakeholders* são aquelas pessoas que possuem algum tipo de envolvimento profissional ou pessoal com uma empresa: administradores, funcionários, acionistas, parceiros, clientes, usuários etc. (N. do T.)

Vários órgãos publicaram diretrizes para uma boa governança corporativa[8]. Um exemplo que consideramos muito útil foi o dos "Princípios de Governança Corporativa"), publicados em 1999 pela Organização para a Cooperação e o Desenvolvimento Econômico (OCDE), nos quais definiam a governança corporativa como a criação de uma estrutura que determinasse os objetivos organizacionais e monitorasse o desempenho para assegurar a concretização desses objetivos[9]. A OCDE enfatizava que "não existe um modelo único de boa governança corporativa", observando, porém, que em muitos países essa governança cabe a um conselho supervisor responsável pela proteção dos direitos dos acionistas e outros *stakeholders* (funcionários, clientes, credores e por aí vai). O conselho, por seu turno, trabalha com uma equipe da alta gerência para implementar princípios de governança que assegurem a eficiência dos processos organizacionais.

Propomos aqui um *framework** para associar as governanças corporativas e de TI. A parte superior do diagrama (Figura 1-1) mostra os relacionamentos no conselho. A equipe executiva sênior, como agente do conselho, articula estratégias e comportamentos desejáveis para cumprir as determinações do conselho. Nós vemos a estratégia como um conjunto de escolhas[10]. Qual a clientela-alvo? Quais as ofertas de produtos e serviços? Qual a posição exclusiva e valiosa almejada pela empresa? Quais processos centrais incorporam a posição de mercado única da empresa?

Comportamentos desejáveis incorporam as crenças e a cultura da organização, definidas e praticadas não somente através da estratégia, mas também através de declarações de valor corporativo, missões institucionais, princípios de negócios, rituais e estruturas[11]. Os comportamentos desejáveis variam de empresa para empresa. São eles, e não as estratégias, que geram valor. Por exemplo, a Johnson & Johnson durante quase cem anos contou com unidades de negócio autônomas para gerar valor acionário. Contudo, eventualmente, os clientes insistiam em que queriam lidar com a J&J – e não com um grupo de companhias operacionais J&J individuais. Como resultado, o bem-conhecido credo corporativo da J&J evoluiu para passar a especificar comportamentos desejáveis – como reduzir o custo de seus produtos para os clientes, criar mecanismos para compreender melhor as necessidades únicas de clientes individuais e transferir funcionários entre companhias J&J para melhorar suas carreiras e ajudá-los a se identificar com a empresa[12]. Comportamentos desejáveis claros são essenciais para uma governança efetiva. Esses comportamentos são os temas centrais dos Capítulos 3 e 6.

FIGURA 1-1

Governança Corporativa e dos Principais Ativos

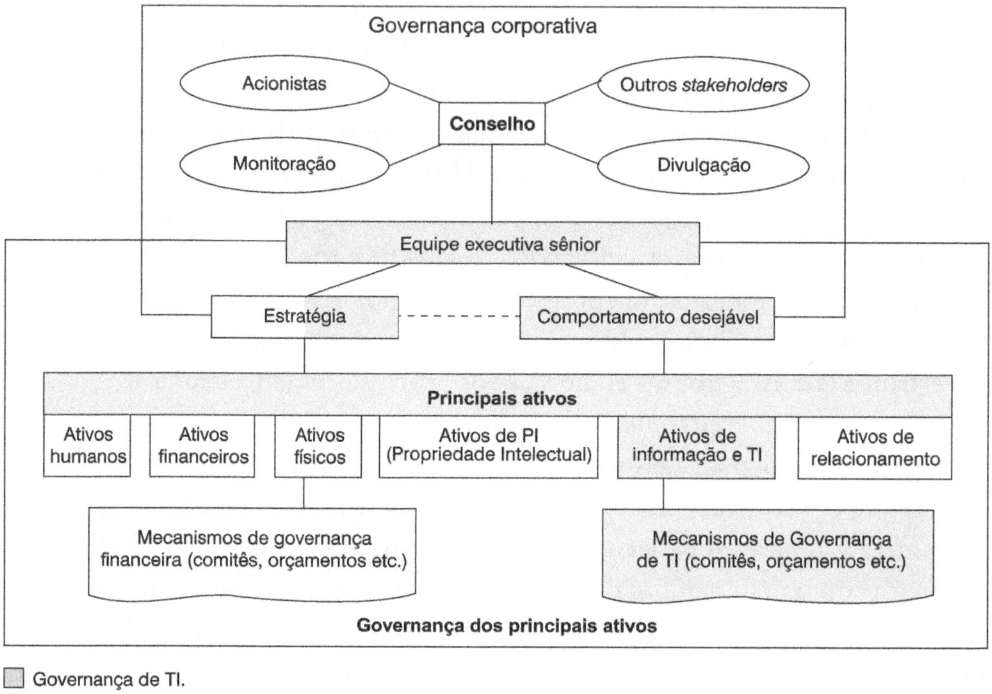

© 2003 Center for Information Systems Research (CISR) da MIT Sloan School. Usado com permissão.

A metade inferior da Figura 1-1 identifica os seis ativos principais através dos quais as empresas concretizam suas estratégias e geram valor de negócio. As equipes executivas seniores criam mecanismos para governar a administração e a utilização de cada um desses ativos, tanto independentemente como em conjunto. Os elementos essenciais de cada ativo incluem:

- *Ativos humanos:* pessoas, habilidades, planos de carreira, treinamento, relatórios, *mentoring*, competências e assim por diante.
- *Ativos financeiros:* dinheiro, investimentos, passivo, fluxo de caixa, contas a receber e assim por diante.
- *Ativos físicos:* prédios, fábricas, equipamentos, manutenção, segurança, utilização e assim por diante.

- *Ativos de PI:* Propriedade Intelectual (PI), incluindo o *know-how* de produtos, serviços e processos devidamente patenteado, registrado ou embutido nas pessoas e nos sistemas da empresa.
- *Ativos de informação e TI:* dados digitalizados, informações e conhecimentos sobre clientes, desempenho de processos, finanças, sistemas de informação e assim por diante.
- *Ativos de relacionamento:* relacionamentos dentro da empresa, bem como relacionamentos, marca e reputação junto a clientes, fornecedores, unidades de negócio, órgãos reguladores, concorrentes, revendas autorizadas e assim por diante.

A governança dos principais ativos ocorre por meio de um grande número de mecanismos organizacionais (por exemplo, estruturas, processos, comitês, procedimentos e auditorias). Alguns mecanismos são exclusivos de um dado ativo (como o comitê de arquitetura de TI) e outros cruzam e integram vários tipos de ativos (o processo de aprovação de capital, por exemplo), assegurando a sinergia entre esses ativos. A maturidade na governança desses seis ativos principais varia significativamente na maioria das empresas de hoje, com os ativos financeiros e físicos sendo tipicamente os mais bem governados, e os ativos de informação figurando entre os piores.

Na base da Figura 1-1 estão os mecanismos utilizados para governar cada um dos seis ativos. Afirmamos que as empresas com mecanismos comuns para vários ativos têm um desempenho melhor. Por exemplo, se o mesmo comitê executivo governar ativos tanto financeiros como de TI, a empresa pode obter maior integração e gerar maior valor. Alguns mecanismos sempre serão exclusivos para cada ativo – o comitê de auditoria para os ativos financeiros e o comitê de arquitetura de TI para a Tecnologia da Informação, por exemplo –, mas alguns mecanismos comuns favorecem a coordenação dos seis ativos.

Como exercício de esclarecimento, esboce rapidamente uma lista dos mecanismos utilizados em sua empresa para governar cada um dos seis ativos. Você consegue completar as listas? Quantos dos mecanismos valem para mais de um ativo – e para mais de dois? Coordenar os seis ativos principais de uma empresa não é fácil. A avaliação média de um grupo de quarenta e dois CIOs sobre o modo como suas empresas integravam a Governança de TI com a dos demais ativos ficou abaixo de três numa escala de cinco pontos[13]. Não somente a criação de mecanismos de governança comuns entre os ativos aumentará a integração, como um número menor resultante de mecanismos os tornará mais fáceis de comunicar e implementar. A educação da equipe de alta gerência sobre como os mecanismos de governança se combinam e atuam a favor da empresa é uma tarefa essencial e constante para que se tenha uma governança efetiva. Afirmamos que muitos benefícios tangíveis estão à espera de uma Governança de TI melhor.

O que é Governança de TI?

Para governar a TI, podemos aprender muito com uma boa governança financeira e corporativa. Por exemplo, o CFO não assina todos os cheques nem autoriza todos os pagamentos. Em vez disso, ele estabelece uma governança financeira especificando quem pode tomar essas decisões e como. Em seguida, ele examina a carteira de investimentos da empresa e administra o fluxo de caixa e a exposição a riscos. O CFO acompanha uma série de indicadores para administrar os ativos financeiros da empresa, intervindo somente quando houver problemas ou oportunidades imprevistas. Princípios similares aplicam-se a quem pode comprometer a empresa com um contrato ou parceria. Exatamente a mesma abordagem deve ser aplicada à Governança de TI.

Governança de TI: a especificação dos direitos decisórios e do *framework* de responsabilidades para estimular comportamentos desejáveis na utilização da TI

Esta definição da Governança de TI objetiva capturar sua simplicidade – direitos decisórios e responsabilidade – e sua complexidade – comportamentos desejáveis que diferem de empresa para empresa[14]. A governança determina quem toma decisões. A administração é o processo de tomar e implementar decisões. Por exemplo, a governança determina quem tem o direito de decidir sobre quanto a empresa investirá em TI. A administração determina a quantia efetivamente a ser investida num dado ano e as áreas em que ocorrerá o investimento. A alta gerência estabelece os direitos decisórios e a responsabilidade pela TI para estimular os comportamentos desejáveis na empresa. Se o comportamento desejável envolver unidades de negócio independentes e empreendedoras, as decisões de investimento em TI caberão primariamente aos líderes dessas unidades. Em contraste, se o comportamento desejável envolve uma visão unificada da empresa por parte do cliente, com um único ponto de contato com o cliente, um modelo mais centralizado de governança de investimento de TI funcionará melhor. Modelos mais centralizados de RH (e dos outros ativos principais) também ajudarão a criar um ponto único de contato com o cliente. Os problemas surgem quando há um desalinhamento entre o comportamento desejável e a governança. Em determinada firma de serviços financeiros, um comportamento desejável importante era a inovação rápida, por parte das unidades de negócio, para atingir o objetivo geral da empresa – um aumento percentual na venda de produtos lançados nos últimos cinco anos. Em contraste com o comportamento desejável estabelecido, a maioria dos mecanismos de Governança de TI conspirava para desencorajar a inovação. Uma das unidades de negócio queria liderar seu segmento da indústria de serviços financeiros com um novo serviço de TI que enviava alertas a clientes importantes via dispositivos portáteis como *pagers* e celulares. Para implementar este serviço, a unidade de negócio teria de custear totalmente a infra-estrutura de comunicação sem fio (a base técnica do produto), além de arcar com os custos de desenvolvimento de aplicações para os processos do negócio que utilizariam essa infra-estrutura de comunicação sem fio no envio dos alertas. Esse pagamento inicial foi exigido mesmo sabendo-se que outras unidades de negócio e outras ofertas de produto provavelmente utilizariam a mesma infra-estrutura. Com isso, a unidade de negócio inovadora teria de arcar com todos os riscos, ao passo que as demais unidades de negócio poderiam utilizar a infra-estrutura criada em caso de sucesso. Essa prática é como pedir que o primeiro carro a utilizar uma estrada arque com todos os custos de construção.

A solução dessa firma foi introduzir um sistema de dividendos consistente com sua cultura. Se a alta gerência da empresa visse uma possível aplicação para a infra-estrutura proposta que envolvesse múltiplas unidades de negócio, o CEO arcaria com parte dos custos (tipicamente 20%), recorrendo a fundos corporativos. A partir daí, a unidade de negócio inovadora faria o restante do investimento na infra-estrutura. Se outras unidades de negócio utilizassem posteriormente a infra-estrutura, a unidade inovadora receberia um dividendo de um terço dos seus custos de cada unidade usuária. Essa abordagem incentivava o pioneirismo e gerava infra-estruturas que fomentariam inovações futuras por toda a empresa. O novo mecanismo de custeio, implementado por intermédio da administração executiva, do investimento de capital e de comitês de arquitetura de TI, equilibrava cuidadosamente riscos e recompensas, estimulando em vez de inibir os comportamentos desejáveis.

Este exemplo mostra dois lados complementares da governança articulada pela OCDE[15]:

- *O lado comportamental da governança corporativa:* "a governança corporativa abrange os relacionamentos e os conseqüentes padrões de comportamento entre diferentes agentes numa empresa de responsabilidade limitada – o modo como administradores e acionistas e também funcionários, credores, clientes-chave e comunidades interagem entre si para formar a estratégia da empresa".
- *O lado normativo da governança corporativa:* "a governança corporativa designa, também, o conjunto de regras que regulam esses relacionamentos e comportamentos privados, moldando, com isso, a formação da estratégia corporativa. Tais regras podem ser leis da empresa, regulamentos de segurança ou requisitos para cotação na bolsa. Podem também ser regulamentações próprias e privadas".

O lado comportamental da Governança de TI define os relacionamentos formais e informais e confere direitos decisórios a indivíduos ou grupos de indivíduos específicos. O lado normativo define mecanismos, formalizando os relacionamentos e estabelecendo regras e procedimentos operacionais para assegurar que os objetivos sejam atingidos. Descobrimos que as empresas, com freqüência, implementam uma dúzia de mecanismos ou mais para tomar decisões de TI.

Uma Governança de TI eficaz deve tratar de três questões:

1. Quais decisões devem ser tomadas para garantir a gestão e o uso eficazes de TI?
2. Quem deve tomar essas decisões?
3. Como essas decisões serão tomadas e monitoradas?

O objetivo deste livro é apresentar *frameworks* e idéias de empresas de alto desempenho para ajudar equipes administrativas a lidar com essas questões.

Conceitos importantes de Governança de TI

A Figura 1-2 apresenta uma grade que ilustra as duas primeiras questões referentes à Governança de TI: quais decisões devem ser tomadas e quem deve tomá-las? Chamaremos essa grade de Matriz de Arranjos de Governança. Os títulos das colunas da Matriz de Arranjos de Governança listam cinco decisões de TI inter-relacionadas:

- *Princípios de TI* – esclarecendo o papel de negócio da TI.
- *Arquitetura de TI – definindo os requisitos de integração e padronização.*
- *Infra-estrutura de TI* – determinando serviços compartilhados e de suporte.
- *Necessidade de aplicações de negócio* – especificando a necessidade comercial de aplicações de TI compradas ou desenvolvidas internamente.
- *Investimentos e priorização de TI* – escolhendo quais iniciativas financiar e quanto gastar.

Estas cinco decisões-chave estão inter-relacionadas e requerem vinculação para que haja uma governança eficaz – tipicamente fluindo da esquerda para a direita na matriz. Por exemplo, os princípios de TI motivam a arquitetura, que leva à infra-estrutura. A infra-estrutura habilita o desenvolvimento de aplicações com base nas necessidades do negócio, especificadas freqüentemente pelos detentores dos processos comerciais. Finalmente, os investimentos em TI (contração de "processo de investimento e priorização de TI") devem ser motivados pelos princípios, pela arquitetura, pela infra-estrutura e pelas necessidades de aplicações. No entanto, cada uma dessas decisões envolve, essencialmente, um conjunto único de questões e problemas a serem discutidos, que descreveremos no Capítulo 2. Uma ou mais pessoas são responsáveis por tomar cada uma dessas decisões. Tipicamente, muito mais pessoas contribuem para o processo decisório. A Governança de TI envolve a definição de quem será responsável por tomar as decisões ou contribuir para elas.

Os títulos das linhas na Figura 1-2 listam um conjunto de arquétipos para especificar os direitos decisórios. Escolhemos deliberadamente arquétipos políticos provocativos, porque, embora exagerados, a maioria dos administradores se identifica com esses estereótipos[16]. Cada arquétipo identifica o tipo de pessoa envolvida em tomar uma decisão de TI:

- *Monarquia de negócio* – os altos gerentes.
- *Monarquia de TI* – os especialistas em TI.
- *Feudalismo* – cada unidade de negócio toma decisões independentes.
- *Federalismo* – combinação entre o centro corporativo e as unidades de negócio, com ou sem o envolvimento do pessoal de TI.

FIGURA 1-2

Matriz de Arranjos de Governança – Quais Arquétipos de Governança São Usados por Diferentes Tipos de Decisão?

Decisão / Arquétipo	Princípios de TI	Arquitetura de TI	Estratégias de infra-estrutura de TI	Necessidades de aplicações de negócio	Investimentos em TI
Monarquia de negócio					
Monarquia de TI					
Feudalismo					
Federalismo					
Duopólio					
Anarquia					
Não se sabe					

- *Duopólio de TI* – o grupo de TI e algum outro grupo (por exemplo, a alta gerência ou líderes das unidades de negócio).
- *Anarquia* – tomada de decisões individual ou por pequenos grupos de modo isolado.

Juntos, esses arquétipos descrevem todos os arranjos decisórios que já encontramos. A maioria das empresas utiliza uma variedade de arquétipos para as cinco decisões. O ponto de interrogação na Figura 1-2 representa o desafio de toda empresa para determinar quem deve ter a responsabilidade por tomar e contribuir com cada tipo de decisão de governança. Ao longo deste livro, descreveremos como as empresas de melhor desempenho atribuíram a responsabilidade pela governança. No Capítulo 5 relataremos descobertas de nossa pesquisa sobre os relacionamentos entre esses vários arranjos de governança e o desempenho financeiro e da governança.

Se a Matriz de Arranjos de Governança organiza os tipos de decisões e os arquétipos do processo decisório, a terceira questão – como essas decisões serão tomadas e monitoradas – requer a formulação e a implementação de mecanismos de governança, como comitês, funções e processos formais. No Capítulo 4 tratamos de mecanismos comuns (gerentes de relacionamento de negócio/TI, conselhos de TI, acordos de nível de serviço, arranjos de cobrança reversa, estruturas organizacionais e assim por diante) e discutimos sua eficácia.

Visto que as empresas tomam cinco tipos de decisões de TI em vários níveis organizacionais empregando uma variedade de mecanismos, é fácil constatar como ações individuais poderiam agir em oposição mútua, ao invés de se harmonizarem. A complexidade e dificuldade de explicar a Governança de TI é uma das mais sérias barreiras ao seu aprimoramento. Descobrimos empiricamente que o melhor indicador de desempenho para a Governança de TI é a porcentagem de administradores em cargos de liderança capazes de descrevê-la acuradamente[17]. Algo que agrava os problemas de governança é o fato de que a maioria dos altos executivos não tem familiaridade com sua governança. Em média, os CIOs de nosso estudo estimaram que somente 38% dos administradores em cargos de liderança em suas empresas poderiam descrever com precisão sua Governança de TI – como, então, poderiam segui-la? Em empresas com desempenho de governança acima da média, 45% ou mais dos administradores conseguiam descrevê-la acuradamente. Em umas poucas empresas de altíssimo desempenho, 80% dos executivos seniores estavam familiarizados com sua Governança de TI. Qual é a porcentagem em sua empresa? Por quê?

Para ajudá-lo a entender, projetar, comunicar e sustentar uma governança eficaz, propomos um *Framework* de Governança de TI na Figura 1-3. Apresentamo-lo aqui em sua forma básica, para que os leitores possam completá-lo para qualquer empresa. O *framework* ilustra a harmonização (setas horizontais) entre a estratégia e a organização da empresa, os arranjos de Governança de TI e as metas de desempenho do negócio. A estratégia da empresa, os arranjos de governança e as metas de desempenho são postos em prática, respectivamente, pela organização da TI e comportamentos desejáveis, por mecanismos de governança e por métricas. O *framework* ilustra, também, a necessidade de harmonizar a Governança de TI com a governança dos outros ativos principais. Voltaremos a este *framework* no Capítulo 6, para estudar como as empresas podem estabelecer e avaliar a Governança de TI.

FIGURA 1-3

***Framework* de Governança de TI**

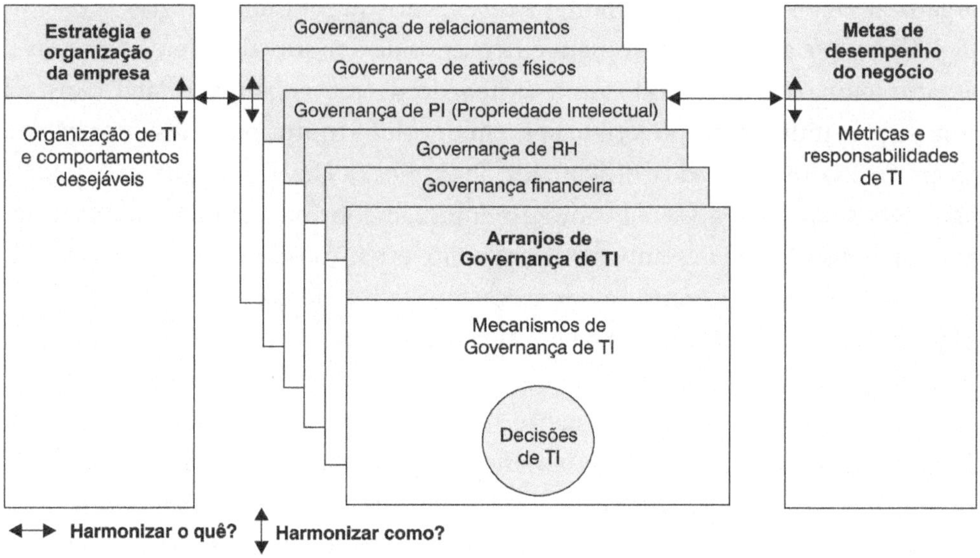

© 2003 Center for Information Systems Research (CISR) da MIT Sloan School. Usado com permissão.

Por que a Governança de TI é importante?

Uma Governança de TI eficaz requer uma quantidade significativa de tempo e de atenção da administração. Ela vale a pena? A dependência crescente das empresas em relação à informação e à TI sugere que sim. Uma boa Governança de TI harmoniza decisões sobre a administração e a utilização da TI com comportamentos desejáveis e objetivos do negócio. Sem estruturas de governança cuidadosamente projetadas e implementadas, as empresas deixam essa harmonia ao acaso. Há muitas razões para que a tomada de decisões sobre TI não seja deixada ao léu e, então, requeira uma boa governança. Seguem-se oito dessas razões.

Uma boa Governança de TI compensa

Entre as empresas com fins lucrativos que estudamos, as que seguiam uma estratégia específica (por exemplo, a intimidade com o cliente ou a excelência operacional) e apresentavam um desempenho acima da média na Governança de TI tinham lucros superiores, conforme mensurados pelo retorno sobre ativos (ROA) ajustado à indústria durante três anos. As diferenças variavam de acordo com a estratégia da empresa, mas aquelas com desempenho de governança acima da média tinham ROAs mais de 20% superiores aos de empresas com governança inferior e que seguiam a mesma estratégia. A governança evidentemente não era o único fator, mas uma boa governança decorre usualmente de boas práticas administrativas em todas as áreas[18].

A TI é cara

Os investimentos empresariais médios em Tecnologia da Informação excedem hoje 4,2% da receita anual e continuam subindo[19]. Esse investimento faz com que a TI absorva mais de 50% do total anual de investimento de capital em muitas empresas. Como a Tecnologia da Informação vem ganhando importância e tornando-se pervasiva, as equipes de alta gerência são desafiadas cada vez mais a controlá-la e a geri-la para garantir que ela gere valor. Para lidar com esse problema, muitas empresas vêm criando ou refinando estruturas de Governança de TI para melhor direcionar seus gastos com Tecnologia da Informação como prioridade estratégica.

*A TI é pervasiva**

Em muitas empresas, a administração centralizada da Tecnologia da Informação já não é possível nem desejável. Houve um tempo em que as solicitações de gastos em TI só provinham do grupo de TI. Hoje os gastos em Tecnologia da Informação originam-se de todas as áreas da empresa. Algumas estimativas sugerem que somente 20% desses gastos aparecem no orçamento de TI[20]. O restante figura nos orçamentos de processos comerciais, de desenvolvimento de produtos e em quaisquer outros orçamentos. Em várias das firmas que examinamos, descobrimos gastos substanciais com TI escondidos até mesmo nos orçamentos de mobília! Também já se foram os dias em que o grupo de TI era o único em que trabalhavam entendidos na área. Não há hoje um único gerente de comércio exterior que não se envolva pessoalmente na tomada de decisões sobre a plataforma tecnológica para as operações de seu departamento. Afinal de contas, quando 100% de seu fluxo de caixa ocorre *online*, muita coisa é colocada em jogo. Compreender pessoalmente a plataforma tecnológica é uma questão de sensatez. Arranjos bem conce-

---

* Significa estar presente em todo lugar e em todo instante. (N. da R.T.)

bidos de governança de TI confiam a tomada de decisões sobre TI às pessoas responsáveis pelos resultados.

Novas Tecnologias da Informação bombardeiam as empresas com novas oportunidades de negócio

A rápida introdução de novas tecnologias, incluindo os serviços da *Web*, as tecnologias móveis e os sistemas empresariais, vem gerando ameaças e oportunidades estratégicas[21]. Testemunha disso é o surto de customização em massa e de marketing um-a-um resultante de tecnologias capazes de capturar informações dos clientes de maneira módica e em tempo real. O fato de que as informações estejam tão prontamente disponíveis, contudo, significa que os ativos de informação decaem tão rapidamente quanto se acumulam. Por exemplo, agregadores como o Yodalee – que agrega informações financeiras de indivíduos a partir de múltiplos *sites* – representaram uma ameaça a firmas de serviços financeiros como o Citibank e a Vanguard, por tentarem intermediar suas relações com o cliente. Essas firmas reagiram no intervalo de seis meses, incluindo em suas ofertas de serviço a funcionalidade de agregador.* Muitas empresas hoje detêm informações em seus *sites* sobre todo o patrimônio financeiro de seus clientes.

Para reagir tão rapidamente à ameaça dos agregadores, o Citibank, a Vanguard e outras firmas precisaram de uma infra-estrutura de TI flexível. A infra-estrutura precisa balancear a dupla necessidade de custos acessíveis para atender aos requisitos correntes do negócio e de flexibilidade para suportar futuras demandas de negócios. A presciência em estabelecer a infra-estrutura correta no momento certo permite a rápida implementação de novas iniciativas comerciais com base eletrônica, bem como a consolidação e a redução de custos de processos comerciais correntes. A incapacidade de reagir a mudanças de mercado tecnologicamente induzidas pode ameaçar a sobrevivência de uma empresa, como descobriram varejistas como a Barnes & Noble e a Toys "R" Us no fim da década de 90. A presciência torna-se mais provável se a empresa possui processos de governança formalizados para harmonizar os comportamentos desejáveis e os princípios de TI.

---

* Esse mesmo movimento ocorreu no Brasil quando alguns bancos estrangeiros tentaram incluir nos seus serviços a função de agregação de contas bancárias. Os bancos brasileiros reagiram rapidamente e logo essa função foi retirada da carteira de serviços desses bancos estrangeiros. (N. da R.T.)

A Governança de TI é fundamental para o aprendizado organizacional sobre o valor da Tecnologia da Informação

Como um CEO convidado disse certa vez a uma de nossas turmas de MBA: "Os investimentos em TI são como a publicidade. Sei que metade deles é bem gasta. Só não sei qual metade".

As empresas vêm labutando para compreender o valor de iniciativas ligadas à Tecnologia da Informação, já que esse valor nem sempre pode ser prontamente demonstrado por uma análise tradicional de fluxo de caixa descontado. O valor decorre não somente de melhorias incrementais nos processos, mas também da capacidade de responder a pressões competitivas. Como demonstra o exemplo dos agregadores, pode ser difícil determinar de antemão o valor de uma nova capacitação ou de novas informações. Os clientes do Citibank ou da Vanguard valorizam a conveniência de ter todas as suas informações financeiras num único lugar. Será que estariam dispostos a pagar separadamente por esse serviço? Não está claro. Mas a agregação tornou-se um pré-requisito para fazer negócios como uma companhia completa de serviços financeiros. O Citibank e a Vanguard podem mais provavelmente associar valor à informação depois de ela se disponibilizar e de eles aprenderem mais sobre seus clientes e sobre como podem usar tal informação de maneira ética. Uma governança eficaz cria mecanismos para que as empresas consigam debater o valor potencial e formalizar seu aprendizado.

A governança também facilita o aprendizado formalizando processos de exceção. As empresas muitas vezes aprendem por meio das exceções – quando uma abordagem diversa da prática padrão é usada por boas razões. Uma governança eficaz deixa explícito o aprendizado pelas exceções e difunde por toda a empresa quaisquer novas práticas sempre que apropriado. Empresas de nosso estudo declararam que 50% dos novos sistemas envolviam exceções a suas políticas normais de arquitetura ou investimentos. Mais da metade das exceções ocorreram pelo processo formal de exceções, o que permitiu às empresas aprender e atualizar suas políticas. As demais exceções, contudo, ocorriam quando renegados tomavam decisões independentemente para atender a necessidades locais, impedindo na prática o aprendizado sistemático da empresa. Essas decisões renegadas resultavam de arranjos de governança mal projetados e mal comunicados, em desalinho com os incentivos da administração.

O valor da TI depende mais do que apenas boa tecnologia

Nos últimos anos tivemos fiascos espetaculares em grandes investimentos em TI – grandes iniciativas de sistemas integrados de gestão empresarial (ERPs) que jamais chegaram ao fim, iniciativas de comércio eletrônico mal concebidas ou mal executadas e experimentos com pesquisas de dados que renderam muitos dados, mas poucos resultados de valor. Algumas estimativas situam o índice de fracasso dos projetos de TI acima de 70%[22]. Embora alguns desses malogros resultem de falhas técnicas, a maioria representa a incapacidade das organizações de adotar novos processos que apliquem com eficácia novas tecnologias.

À medida que implementações de TI habilitam maior padronização e integração dos processos de negócio, os papéis de tecnólogos e líderes do negócio entrelaçam-se progressivamente. A tomada de decisões de TI converte-se necessariamente numa tomada de decisões conjunta. Quando altos gerentes relegam a executivos de TI a responsabilidade pelo sucesso da Tecnologia da Informação, desastres freqüentemente acontecem como resultado[23]. As empresas de sucesso não somente tomam decisões mais acertadas de TI, como também têm melhores processos decisórios nessa área. Em especial, tais empresas envolvem as pessoas certas no processo. Ter pessoas adequadas envolvidas na tomada de decisões de TI proporciona maior número de aplicações estratégicas e maior índice de adesão. O maior envolvimento das pessoas traz como resultado melhores implementações.

A alta gerência tem uma capacidade de atendimento limitada

A alta gerência não tem a capacidade de atender a todas as requisições de investimento em Tecnologia da Informação que ocorrem numa grande empresa, quanto mais para envolver-se nas muitas outras decisões relativas à TI. Se os altos executivos tentarem tomar decisões demais, tornar-se-ão um gargalo. Entretanto, decisões tomadas em quaisquer áreas da empresa devem ser consistentes com a direção que a alta gerência escolheu para a organização. Uma Governança de TI cuidadosamente planejada proporciona um processo decisório claro e transparente, que resulta num comportamento consistente com a visão da alta gerência e ao mesmo tempo estimula a criatividade geral.

Empresas líderes governam a TI de modo diferente

Em nosso estudo, as firmas de melhor desempenho não seguiam os padrões mais comuns de governança. Em vez disso, as empresas líderes em uma métrica financeira específica tinham padrões específicos de governança que fomentavam sua mescla única de comportamentos desejáveis. Por exemplo, empresas líderes no quesito de crescimento de receita tinham arranjos de governança mais descentralizados, destinados a promover respostas mais ágeis às demandas dos clientes e a rápida inovação. Em contraste, as firmas líderes no quesito lucros tinham arranjos de governança muito mais centralizados, destinados a promover o compartilhamento, o reuso e a boa utilização dos ativos. Empresas de alto desempenho com múltiplas metas de desempenho tinham modelos de governança que conjugavam os processos decisórios centralizado e descentralizado. A governança de todas essas firmas tinha um aspecto em comum: tornava transparentes as tensões que envolviam as decisões de TI, como a da padronização *versus* inovação. No Capítulo 5 exploraremos em detalhes as implicações desses padrões no projeto de governança.

Como uma Governança de TI eficaz impacta o valor da TI: estudo de caso da UPS

A United Parcel Service (UPS) ilustra como uma empresa pode transformar a Tecnologia da Informação de um passivo estratégico para uma vantagem estratégica graças a uma Governança de TI eficaz[24]. Quando Oz Nelson se tornou CEO da UPS em 1986, preocupava-o a competitividade da empresa, dada sua competência tecnológica de então. Seu CIO descreveu da seguinte maneira essa preocupação: "A força do sistema de rastreamento da Federal Express e as coisas que eles estavam fazendo com a tecnologia vinham corroendo a parca participação da UPS no mercado de serviços aéreos. O conselho da UPS receava muito que a Federal Express não somente se apoderasse dos serviços aéreos, como também passasse a prestar serviços terrestres diários. O conselho também via a lucratividade do negócio aéreo e declarou: 'Não podemos continuar como estamos. Nós [devemos] investir muito dinheiro em tecnologia'"[25].

Sob a liderança de Nelson, a alta gerência investiu 11 bilhões de dólares ao longo de dez anos para criar um centro de dados (*data center*) de última geração, contratar peritos técnicos, criar uma rede global, desenvolver bancos de dados compartilháveis, implementar aplicações comuns a toda a empresa e construir um ambiente redundante de operações para se proteger de desastres. Mas a UPS investiu mais que dinheiro: investiu tempo e atenção administrativos para direcionar seus gastos a objetivos de negócios essenciais e gerar benefícios a partir dos investimentos. Enquanto criava seu novo ambiente de sistemas, a UPS projetou e implementou processos de governança de TI que asseguravam decisões eficazes na área de Tecnologia da Informação.

A Governança de TI da UPS teve suas raízes num Comitê de Diretrizes da TI, constituído pela alta gerência, o qual determinava o papel da Tecnologia da Informação na UPS e aprovava as principais decisões de investimento. O comitê instituiu um ambiente altamente centralizado e padronizado da Tecnologia da Informação para assegurar a confiabilidade, boa relação de custo/benefício, a consistência dos serviços prestados aos clientes e o acesso fácil pelos clientes aos dados sobre seus pacotes. Esses princípios guiaram consistentemente outras decisões importantes de TI na UPS. Por exemplo, o Comitê de Governança de TI da empresa (uma equipe de altos líderes de TI) impõe as determinações do Comitê de Diretrizes com relação ao projeto, à implementação e à administração da arquitetura de TI. O CIO – um membro do Comitê de Diretrizes – dirige o Comitê de Governança. Este último é responsável por impor os padrões de arquitetura de TI, mas membros do comitê também trabalham para assegurar que o comprometimento da UPS com os padrões não restrinja inadvertidamente a flexibilidade da empresa. Essa flexibilidade tem se tornado mais e mais importante, uma vez que a empresa diversificou seu negócio incluindo o financiamento de cadeias de suprimentos e a logística de partes de serviço, cujas necessidades tecnológicas diferem das do negócio de entrega de pacotes.

Mas o Comitê de Governança representa apenas um passo nos debates sobre os padrões de tecnologia. O principal arquiteto de TI – que se reporta ao CIO e é membro do Comitê de Governança – dirige um Comitê de Normas com os principais tecnólogos, que determinam quando normas específicas se tornam obsoletas ou já não podem atender aos requisitos de determinada aplicação. Esse comitê trata da maior parte das negociações diárias relativas a normas, mas submete sua decisão ao Comitê de Governança quando seus membros acreditam que uma decisão normativa tem implicações que transcendem a aplicação em questão. Similarmente, nos casos em que o Comitê de Governança acredita que uma decisão sobre normas terá implicações estratégicas de longo prazo para a empresa, o CIO pode submetê-la ao Comitê de Diretrizes de TI. O objetivo é se beneficiar da padronização sem suprimir oportunidades de negócios.

Ao passo que os comitês exclusivos de TI cuidam da arquitetura e das decisões quanto a normas, os líderes de negócio assumem a responsabilidade por identificar as prioridades da Tecnologia da Informação. A equipe executiva da UPS definiu os quatro processos centrais interfuncionais da empresa: a administração do relacionamento com o cliente, a administração das informações do cliente, a administração dos pacotes e a administração dos produtos. Um alto executivo comanda cada um desses processos e tem um pessoal responsável em tempo integral pela concepção de subprocessos e pela identificação de requisitos de TI. Qualquer pessoa na empresa pode apresentar anteprojetos a uma equipe de processo. O anteprojeto especifica os custos e os benefícios esperados do potencial projeto. As equipes de processo analisam os anteprojetos e submetem os de maior prioridade ao Comitê de Diretrizes.

Esses vários mecanismos de Governança de TI alinham continuamente os comportamentos pertinentes à Tecnologia da Informação com a estratégia corporativa da UPS. Em meados dos anos 90, os mecanismos de governança existentes ajudaram os principais administradores a reconhecer a importância da Internet para os negócios da empresa. Conseqüentemente, a UPS beneficiou-se rapidamente de suas iniciativas de comércio eletrônico. A empresa continua a buscar agressivamente oportunidades de comércio eletrônico, para reduzir os custos operacionais e melhorar seus serviços aos clientes. Inicialmente, a Governança de TI ajudou a UPS a sobreviver a uma ameaça competitiva. Agora, seus mecanismos de governança posicionam a TI como uma arma estratégica.

Como a Governança de TI ao mesmo tempo fortalece e controla

Como ilustra o caso da UPS, tornar a TI um ativo competitivo requer a liderança da alta gerência. As estruturas de Governança de TI da UPS criam um controle estratégico no topo da firma, ao mesmo tempo em que fortalecem a tomada de decisões em múltiplos níveis organizacionais. A alta gerência torna transparente a Governança de TI, assim todos compreendem e acompanham o processo de propor, implementar e utilizar a Tecnologia da Informação. Conseqüentemente, a UPS consegue gerar, com consistência, comportamentos desejáveis no que toca à administração e à utilização interna da TI, e isso transparece nos lucros da empresa.

Na Figura 1-4, mostramos os arranjos de governança da UPS numa versão simples da Matriz de Arranjos de Governança. A empresa concebeu minuciosamente sua Governança de TI procurando torná-la transparente para todos os executivos, graças a seus quatro mecanismos coordenados: (a) o Comitê de Diretrizes da TI, que confia decisões estratégicas a quatro executivos da cúpula, (b) o Comitê de Governança de TI, que submete decisões de arquitetura a altos executivos de TI, (c) o processo formal dos anteprojetos, que seleciona, entre as propostas de projetos de TI, aquelas mais bem alinhadas com os objetivos estratégicos da empresa e (d) o processo de submissão para lidar com as exceções às normas no devido nível organizacional. Saber quais decisões cabem a terceiros e quais se acham sob sua própria alçada permite aos administradores tomar decisões que resultam em comportamentos desejáveis segundo a ótica da UPS.

FIGURA 1-4

A Governança de TI na UPS

Arquétipo de Governança	Decisão: Princípios de TI		Arquitetura de TI		Estratégias de infra-estrutura de TI		Necessidades de aplicações de negócio		Investimentos em TI	
	Contribuição	Decisão	Contribuição	Decisão	Contribuição	Decisão	Contribuição	Decisão	Contribuição	Decisão
Monarquia de negócio		X								X
Monarquia de TI				X		X				
Feudalismo										
Federalismo								X	X	
Duopólio	X		X		X		X			

Governança: um chamado à ação

A informação sempre foi importante nas empresas, mas com os desenvolvimentos tecnológicos dos últimos anos seu papel e valor mudaram significativamente. A informação:

- é cada vez mais fácil de coletar e digitalizar;
- tem crescente importância para produtos e serviços;
- é muito difícil de avaliar ou apreçar;
- tem uma meia-vida decrescente;
- tem uma crescente exposição a riscos (como os de segurança e privacidade);
- é uma despesa significativa na maioria das empresas.

Esses fatores juntos fazem da informação e da TI o menos compreendido e o mais subutilizado dos ativos principais de muitas empresas.

Este livro oferece uma visão geral e um *framework* para a Governança de TI, uma questão administrativa crítica para empresas preocupadas com o valor auferido da Tecnologia da Informação. O conceito de Governança de TI existe nos negócios quase há tanto tempo quanto os computadores, mas o interesse e a preocupação generalizados a seu respeito são bastante recentes – resultando de tendências recentes de negócios como o comércio eletrônico, a globalização, o Bug do Milênio, a reengenharia dos processos de negócio, a continuidade do negócio e a transparência dos relatórios corporativos. No pior dos casos, que provavelmente se aplica a quase todas as empresas em algum sentido, essas tendências resultaram em decisões impulsivas e irrefletidas, sem nenhuma atribuição de responsabilidade. Há pouca pesquisa de campo sobre Governança de TI e poucas publicações a respeito para ajudar os administradores a compreender as questões envolvidas no projeto de estruturas e processos eficazes de governança.

Recorde-se o estudo que revelou que empresas com governança corporativa superior são mais valorizadas no mercado. Descobrimos um padrão similar de alto desempenho financeiro nas empresas com melhor Governança de TI. Assim, acreditamos que há um ganho de desempenho à espera dos altos administradores capazes de implementar uma Governança de TI adequada a sua combinação particular de estratégia, comportamentos desejáveis e governança corporativa. Os altos administradores que primeiro aceitarem essa responsabilidade levarão a vantagem – os demais estarão simplesmente seguindo o líder. Este livro deve ajudar os altos administradores a conquistar essa vantagem. Desencadeamos os *killer apps** nos anos 90. Agora precisamos governar os aplicativos que nos vitimam.

Metas e visão geral do livro

Este livro propõe uma abordagem para planejar sistematicamente as contribuições e direitos decisórios nas decisões importantes que envolvem a Tecnologia da Informação. O modelo faz uso de duas ferramentas: a Matriz de Arranjos de Go-

* *Killer apps* ("aplicativos assassinos") é como se chamavam certos aplicativos eletrônicos de extraordinária popularidade que induziam a aquisição de um computador ou sistema qualquer que permitisse executar tal aplicativo. (N. do T.)

vernança (Figura 1-2) e o *Framework* de Governança de TI (Figura 1-3). Estas duas ferramentas aplicam nossos arquétipos políticos de governança (monarquia, feudalismo, federalismo, duopólio e anarquia) para cada decisão e identificam um conjunto coerente de mecanismos formais para a implementação da governança (por exemplo, comitês, processos de aprovação, relacionamentos e estruturas organizacionais). Ilustramos nossa abordagem com exemplos de uma série de empresas líderes (a State Street Corporation, a Delta Air Lines, o DBS Bank de Cingapura, a DuPont, a Unicef e a Metropolitan Police Service-Scotland Yard do Reino Unido) e exploramos o modo como seus padrões de governança evoluíram e se tornaram uma ferramenta estratégica.

Este livro destina-se a todos os executivos em todos os tipos de empresas que vêm lutando para gerar valor adicional da Tecnologia de Informação. Leitores executivos terminarão o livro com idéias específicas para mudanças administrativas que farão diferença no desempenho de sua empresa. Gerentes de TI terminarão o livro com um *framework*, um conjunto das melhores práticas e exemplos claros de como trabalhar com seus colegas da área de negócios para melhorar sua Governança de TI.

Os Capítulos 2, 3 e 4 revêem as três questões que a governança deve tratar: (a) que decisões tomar, (b), quem deve tomá-las e (c) como tomá-las e monitorá-las. O Capítulo 2 explora as cinco decisões centrais da TI. Depois de delinear os aspectos administrativos associados a cada decisão, esse capítulo levanta a questão de quem deve tomar cada decisão em sua empresa. O caso da Delta Air Lines demonstra as inter-relações das cinco decisões de TI.

O Capítulo 3 discute quem deve tomar as decisões de TI e explora padrões de governança comuns utilizando a Matriz de Arranjos de Governança. A discussão descreve como padrões comuns de governança limitam o valor gerado com a TI. O capítulo revela como a governança difere em cada um dos cinco domínios decisórios. Estudos de caso da DuPont, do DBS Bank e da Motorola descrevem a abordagem de três firmas líderes para alinhar a governança com os objetivos de negócio.

O Capítulo 4 discute como decisões são tomadas e monitoradas, enfocando os mecanismos formais que as empresas mobilizam para implementar a governança. Esse capítulo analisa os benefícios e riscos dos mecanismos mais populares. Exemplos de mecanismos de governança utilizados pela Carlson Companies e outras empresas líderes mostram como esses mecanismos, se bem implementados, podem promover comportamentos desejáveis.

Os Capítulos 5 e 6 discutem o relacionamento entre a Governança de TI e a estratégia de negócios, mostrando como a primeira influencia os resultados da empresa. O Capítulo 5 mostra como as governanças de empresas com melhor desempenho diferem das de empresas típicas e também entre si. Contrastamos os arranjos de governança de empresas excepcionais nas áreas de desempenho de governança, lucratividade, crescimento de receita e utilização dos ativos na empresa como um todo, empregando a Matriz de Arranjos de Governança.

O Capítulo 6 discute como as empresas podem usar o *Framework* de Governança para projetar e avaliar sua governança. Esse capítulo identifica a variedade de objetivos estratégicos das empresas, como as disciplinas de valor específico, e descreve como essas empresas harmonizam decisões particulares de TI e como a governança muda para refletir mudanças de negócio estratégicas. O capítulo também discute como a governança lida com requisitos conflitantes em prol da sinergia e da autonomia das unidades de negócio. O estudo de caso da State Street Corporation proporciona um exemplo de como novos objetivos estratégicos conduzem a novas abordagens para a governança.

O Capítulo 7 concentra-se nos ambientes únicos das empresas governamentais e sem fins lucrativos. Embora as descobertas das pesquisas apresentadas neste livro se apliquem, em geral, a empresas com e sem fins lucrativos, este último setor tem objetivos únicos que afetam necessariamente sua governança. Exploramos essas questões por meio de estudos de caso da Metropolitan Police Service-Scotland Yard e da Unicef.

O Capítulo 8 complementa os pontos-chave do livro com uma lista de sintomas de má governança que exigem ação urgente. Apresentamos em seguida uma lista com dez princípios administrativos para uma Governança de TI eficaz. Também discutimos como incentivos e sistemas de bonificação afetam o projeto e o desempenho da Governança de TI.

2

Cinco Decisões Críticas de TI: Tornando a TI um Ativo Estratégico

Os problemas significativos que enfrentamos não podem ser resolvidos pelo mesmo nível de pensamento que os criou.

– *Albert Einstein*

A DIFERENÇA entre administração e governança é como a diferença entre um time de futebol correndo mais e se exercitando por mais tempo e o mesmo time se recolhendo para analisar sua composição e estratégia de jogo. A análise pode revelar que o time precisa de mais treinadores ou deve atribuir responsabilidades decisórias diferentes entre os líderes do time. De modo similar, extrair maior valor da TI raramente é uma questão de trabalhar com maior afinco ou por mais tempo. Isso pode requerer o envolvimento de pessoas diferentes nas decisões de TI, a concepção de novas maneiras de tomar decisões relacionadas à TI ou o desenvolvimento de novas técnicas para implementar tais decisões. Administradores tomam centenas de decisões por semana – algumas delas após análises cuidadosas e outras como parte da frenética atividade quotidiana. O projeto e a análise da governança requerem que nos afastemos da tomada de decisões do dia-a-dia, aceitemos o conselho de Einstein e nos concentremos em identificar as decisões fundamentais que devem ser tomadas e quem está em melhor condição de tomá-las.

Como se observou no Capítulo 1, a governança eficaz trata de três questões:

- Que decisões devem ser tomadas?

- Quem deve tomá-las?
- Como tomá-las e monitorá-las?

Este capítulo concentra-se na primeira pergunta: que decisões? Depois de analisar as cinco decisões que devem ser tomadas, discutiremos os problemas de governança que as empresas enfrentam – não no intuito de definir como tomar cada decisão, mas no de identificar as dimensões dessas decisões e as questões-chave a serem consideradas ao projetar uma Governança de TI[1]. Quando estiver lendo este capítulo, pergunte a si mesmo: quem está tomando cada uma dessas decisões em minha empresa, e qual é a qualificação dessas pessoas para isso? Pergunte-se também: como estamos mensurando e monitorando o desempenho e o valor de negócio da tomada de decisões?

Que decisões devem ser tomadas?

Toda empresa precisa tomar cinco decisões inter-relacionadas sobre a Tecnologia da Informação: os princípios de TI, a arquitetura de TI, a infra-estrutura de TI, as necessidades de aplicações do negócio e os investimentos e a priorização da TI. A Figura 2-1 organiza essas decisões enfatizando suas interconexões críticas. A decisão referente aos princípios de TI fica na parte superior do diagrama, uma vez que ela, por explicitar os objetivos empresariais da TI, estabelece diretrizes para todas as outras decisões. Se os princípios não estiverem claros, é improvável que as outras decisões sejam aderidas de maneira significativa. As decisões sobre a arquitetura de TI convertem os princípios de TI em requisitos de integração e padronização e, então, delineiam um guia técnico para prover as capacidades necessárias. As decisões relativas aos investimentos e à priorização da TI mobilizam recursos para converter princípios em sistemas.

Decisões sobre infra-estrutura e aplicações podem fluir de cima para baixo (abordagem *top-down*) – dos princípios, da arquitetura e dos critérios de investimento. Nesse caso, a infra-estrutura gera as capacidades necessárias de TI e as aplicações fazem uso dessas capacidades. Com a mesma freqüência, necessidades e oportunidades de negócio identificam a necessidade de aplicações de TI, que "borbulham" da base (abordagem *bottom-up*) para gerar novos requisitos de infra-estrutura. Por fim, as decisões de investimento selecionam e financiam as iniciativas de infra-estrutura e aplicações, que implementam uma arquitetura projetada para incorporar os princípios de TI – e em última instância os princípios do negócio.

FIGURA 2-1

Principais Decisões sobre a Governança de TI

Decisões sobre os princípios de TI
Declarações de alto nível sobre como a TI é utilizada no negócio.

Decisões sobre a arquitetura de TI
Organização lógica de dados, aplicações e infra-estruturas, definida a partir de um conjunto de políticas, relacionamentos e opções técnicas adotadas para obter a padronização e a integração técnicas e de negócio desejadas.

Decisões sobre a infra-estrutura de TI
Serviços de TI coordenados de maneira centralizada e compartilhados, que provêm a base para a capacidade de TI da empresa.

Necessidades de aplicações de negócio
Especificação da necessidade de negócio de aplicações de TI adquiridas no mercado ou desenvolvidas internamente.

Decisões sobre os investimentos e a priorização da TI
Decisões sobre quanto e onde investir em TI, incluindo a aprovação de projetos e as técnicas de justificação.

Decisão 1: Princípios de TI

Empresas com clareza e foco geralmente produzem resultados melhores em qualquer empreendimento. Extrair da TI um valor de negócio acima da média não é exceção. Sucessivos estudos demonstram que as empresas que auferem maior valor de negócio da TI têm um número reduzido de princípios de TI claramente articulados[2]. Os princípios de TI são um conjunto relacionado de declarações de alto nível sobre como a Tecnologia da Informação é utilizada no negócio. Uma vez articulados, os princípios de TI tornam-se parte do léxico administrativo da empresa e podem ser discutidos, debatidos, apoiados, recusados e aprimorados. A MeadWestvaco, um grande fabricante que produz papel, embalagens, artigos para consumo e escritórios e produtos químicos especializados, é um bom exemplo de empresa que formulou seus princípios de TI articulando suas expectativas de que a Tecnologia da Informação apoiasse sua estratégia de negócio[3].

Para competir efetivamente em seus mercados-alvo, a MeadWestvaco implementou um sistema integrado de gestão empresarial (ERP) para promover sua eficiência e criar uma cadeia contínua de suprimentos. Após a implementação do ERP, a administração quis preservar a eficiência dos processos de negócio mais padronizados da empresa, mas ao mesmo tempo dar apoio à valiosa diversidade existente entre as unidades de negócio. Tendo em vista esses objetivos, a sua gerência enumerou uma série de princípios de negócio:

1. Estímulo das economias de escala.
2. Padronização de processos e tecnologias sempre que apropriado.
3. Ferramentas comuns e diversidade nos negócios (um único sistema de ERP).
4. Controle de custos e eficiência operacional.
5. Alinhamento e responsividade a requisitos comerciais negociados

Esses princípios de negócio conduziram ao seguinte conjunto de princípios de TI (que a MeadWestvaco chama de metas da Governança de TI):

1. Custo total de propriedade (TCO) mínimo com *benchmark*.
2. Integridade arquitetônica.
3. Infra-estrutura consistente e flexível.
4. Rápida implantação de novas aplicações.
5. Valor e responsividade mensurados, aprimorados e comunicados.

O principal indicador de um conjunto efetivo de princípios de TI é uma trilha clara de evidências que conduza dos princípios de negócio aos princípios de administração da TI. Para a MeadWestvaco, a integridade arquitetônica (princípio de TI 2) promove tanto processos e tecnologias padronizados (princípio de negócio 2) como o controle de custos e a eficiência operacional (princípio de negócio 4); a rápida implantação de novas aplicações (princípio de TI 4) promove o alinhamento e a responsividade a requisitos comerciais negociados (princípio de negócio 5); uma infra-estrutura consistente e flexível (princípio de TI 3) deve habilitar todos os cinco princípios de negócio. Combinados, os princípios de negócio e de TI da MeadWestvaco provêm diretrizes claras para que a Tecnologia da Informação seja utilizada de modo a habilitar a estratégia de negócios.

Os princípios de TI podem, também, ser utilizados como ferramenta para educar os executivos sobre a estratégia tecnológica e as decisões de investimento em tecnologia. A MetLife criou um conjunto de sete princípios de TI para "estabelecer um entendimento comum da direção estratégica de TI e orientar decisões táticas"[4]. Os princípios de TI da MetLife comunicam os valores e as metas da empresa. Os princípios estabelecem uma postura empresarial que "pode ser traduzida em políticas, normas e diretrizes específicas":

1. Habilitar o negócio.
2. Assegurar a integridade das informações.
3. Criar uma visão comum dos clientes.
4. Promover uma arquitetura consistente.
5. Utilizar as normas da indústria.
6. Reutilizar antes de comprar; comprar antes de desenvolver.
7. Administrar a TI como um investimento.

O CTO* da MetLife liderou uma equipe responsável por desenvolver estes princípios, para ajudar o crescente número de administradores de áreas diferentes de Tecnologia de Informação que precisavam tomar decisões sobre TI. Os princípios refletem a importância do compartilhamento de conhecimento na empresa e contribuíram para aumentar a consciência de como gerar valor de negócio a partir de TI. Cada um desses princípios é mais bem articulado logo em seguida. Por exemplo, para o princípio 7 sobre o investimento, "a MetLife administrará a TI e os processos associados como uma carteira de investimentos, adotando novas soluções quando estas tiverem uma boa relação custo/benefício e descartando tecnologias existentes com relação custo/benefício e risco inaceitáveis". No livreto empregado para articular esses princípios e educar os administradores, cada princípio é sustentado por uma ou mais razões e um conjunto de implicações. Por exemplo, algumas das implicações do princípio 7 incluem: "as responsabilidades organizacionais, por analisar, administrar e manter a carteira de investimentos, devem ser claramente definidas" e "um processo dinâmico de gestão de mudanças (...) inclui os seguintes estágios: emergente, adotado/padrão, rejeitado, exceção, abandonado/em extinção e obsoleto".

Os princípios de TI devem definir o comportamento desejável tanto para profissionais como para usuários da Tecnologia da Informação. Por exemplo, na MetLife, os desenvolvedores de sistemas e seus parceiros comerciais aprendem com o princípio 6 que a empresa pretende reutilizar as capacidades existentes de TI em vez de comprar novos componentes de sistema. Os desenvolvedores entendem que propor a compra de um sistema com capacidade similar ao do sistema

* Chief Technology Officer, ou diretor de tecnologia. (N. do T.)

existente exigirá uma forte justificativa. Os usuários comerciais aprendem a aceitar que suas opções tecnológicas são limitadas.

Além dos princípios de TI que esclarecem comportamentos desejáveis, a MetLife e a MeadWestvaco têm princípios específicos que orientam escolhas administrativas. Esses princípios variam conforme a estratégia de cada firma. Sugerimos que princípios de TI detalhados devem esclarecer pelo menos três expectativas para a Tecnologia da Informação na empresa:

1. Qual é o modelo operacional desejado pela empresa?
2. Como a TI dará suporte ao modelo operacional desejado?
3. Como a TI será financiada?

As primeiras duas perguntas especificam o modo como a empresa desenvolve e distribui produtos e serviços e esclarece os parâmetros para futuras decisões de infra-estrutura e aplicações. As respostas a tais perguntas vêm refletir o aprendizado organizacional e novas estratégias comerciais. A terceira pergunta determina os critérios gerais para investimentos em TI. Especificamente, os investimentos em TI podem ser feitos centralmente ou dentro das unidades de negócio, ou pode-se empregar uma combinação das duas abordagens. O modelo de financiamento especifica se as prioridades da empresa como um todo ou as prioridades das unidades de negócio têm precedência nas decisões de investimento.

Segundo nossa experiência, poucas empresas oferecem esse tipo de clareza em seus princípios de TI. Como esses princípios direcionam todas decisões de TI, quaisquer equívocos em relação aos princípios limitam a eficácia das outras quatro decisões.

Decisão 2: Arquitetura de TI

Ao esclarecerem como a TI dá suporte aos princípios de negócio, os princípios de TI estabelecem – implícita ou explicitamente – os requisitos de padronização e integração de processos numa empresa. A arquitetura de TI é a *organização lógica dos dados, aplicações e infra-estruturas, definida a partir de um conjunto de políticas, relacionamentos e opções técnicas adotadas para obter a padronização e a integração técnicas e de negócio desejadas.* Por prover o direcionamento para a infra-estrutura e as aplicações (e, por conseguinte, para as decisões de investimento), as decisões arquitetônicas são cruciais para uma gestão e utilização eficazes da Tecnologia da Informação.

As empresas precisam de uma organização lógica para os dados, as aplicações e a infra-estrutura, porque a integração e a padronização moldam as capacidades de TI. A integração dos processos permite que múltiplas unidades de negócio apresentem uma face única aos clientes, ou mudem ininterruptamente de uma função (por exemplo, vendas) para outra (por exemplo, serviços). A chave para a integração de processos, na perspectiva tecnológica, é a padronização dos dados – provendo-se uma definição unívoca e um conjunto único de características a serem capturados com um elemento de dados. Quando se disponibilizam dados padronizados, os detentores do negócio podem integrar efetivamente seus processos. Assim, o requisito de arquitetura de TI é a padronização dos dados – tarefa nada fácil. A padronização dos dados deve ser planejada. É uma capacidade que nunca acontece por acidente.

A padronização de processos é muito diferente da integração de processos. O segredo para a padronização de processos é a disciplina – a observância de uma maneira única e consistente de fazer as coisas. A padronização de processos proporciona previsibilidade e eficiência, como no processo de cozinhar hambúrgueres no McDonald's. Em trabalhos ligados ao conhecimento, a padronização de processos exige que todos os indivíduos, que executam o processo, utilizem o mesmo sistema. Como a padronização de dados, a de processos jamais ocorre por acidente – ela deve ser planejada e explicitamente implementada, explicando-se e demonstrando-se seu valor por vezes e vezes seguidas.

A padronização de processos e a de dados são as características que definem a arquitetura da empresa. Algumas empresas requerem um elevado grau de padronização tanto de dados como de processos. Empresas mais diversificadas podem ter muito menos necessidade de padronização entre as entidades da organização. Essas empresas mais diversificadas podem, ainda assim, beneficiar-se da padronização técnica. A padronização técnica promove objetivos comuns como o processamento mais barato, acordos negociados com fornecedores e segurança empresarial. Escolhas sobre a padronização técnica, de processos e de dados influenciam em muito o projeto da arquitetura de TI.

Os princípios de TI da MetLife especificam a necessidade de uma visão comum dos clientes – o que requer a padronização de dados. Além disso, a MetLife deseja assegurar a integridade das informações, o uso de padrões da indústria; e a reutilização antes da compra, a compra antes do desenvolvimento. Estes princípios determinaram os requisitos de integração e padronização da MetLife, formando a base para a arquitetura da empresa. Uma versão simplificada dessa arquitetura é mostrada na Figura 2-2.

FIGURA 2-2

Arquitetura de TI da MetLife

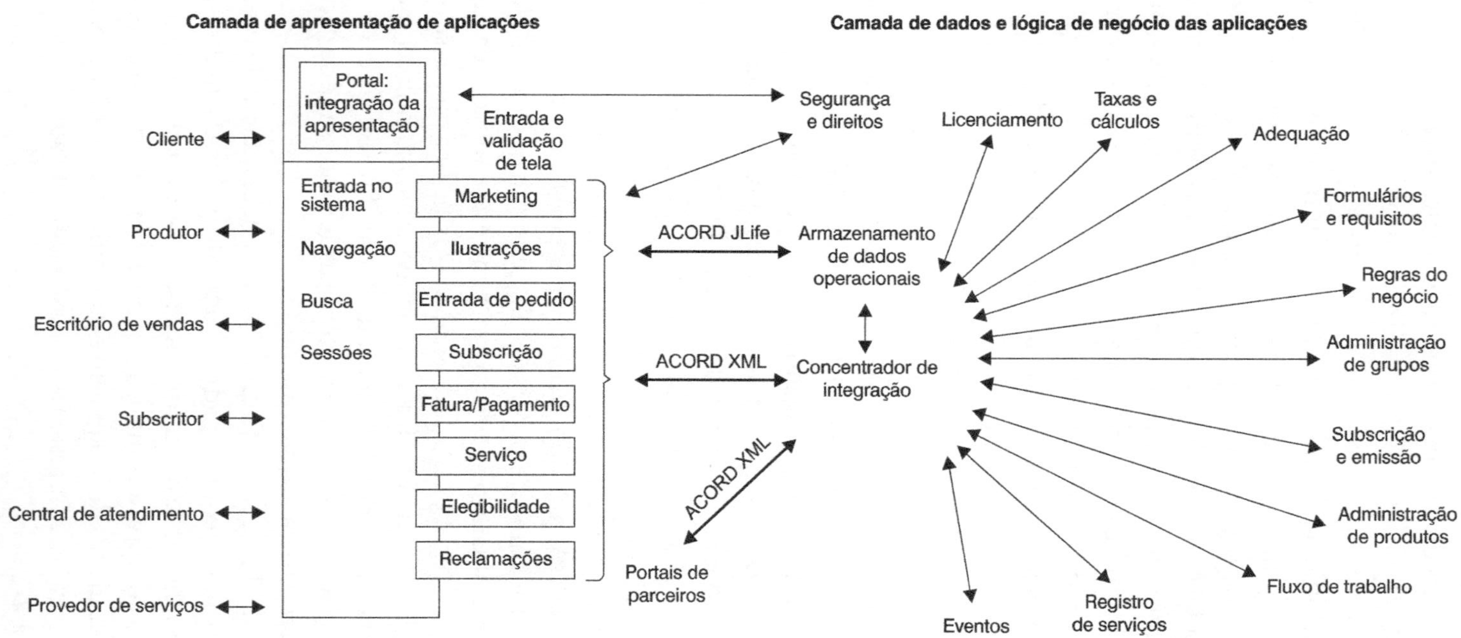

Fonte: Adaptado de documentos da MetLife. Usado com permissão.

Como a visão comum dos clientes é o principal requisito de padronização listado nos princípios de TI da MetLife, os dados estão no centro de sua arquitetura de TI da empresa. Como resultado de várias fusões de grande porte, a maioria dos dados da MetLife encontra-se inserida em aplicações de TI. O cubo de integração, mostrado na arquitetura da empresa, provê acesso centralizado aos dados embutidos em aplicações legadas. Juntos, os dados centralizados e a máquina da integração proporcionam a visão unificada dos clientes prescrita pelos princípios de TI. Os *stakeholders* terão acesso aos dados – tipicamente aos dados de saída das aplicações – utilizando uma arquitetura de portal padronizada, vista no lado esquerdo do diagrama.

Os arquitetos de TI da MetLife utilizam esse desenho para comunicar à alta gerência e a parceiros de negócio a lógica subjacente do desenvolvimento da TI na empresa. A arquitetura da MetLife guia o desenvolvimento de novas aplicações, explicando como a Tecnologia da Informação fará bom uso dos princípios de TI. Por exemplo, a arquitetura de TI da MetLife incorpora os princípios da reutilização na arquitetura de seu portal – toda aplicação utilizará os mesmos padrões nas informações dadas aos *stakeholders.* Além de proporcionar uma visão comum dos clientes, o armazenamento centralizado dos dados e a máquina de integração aumentam a integridade das informações ao reduzir a redundância. Com isso, a arquitetura da empresa traduz os princípios de TI numa visão clara de como a Tecnologia da Informação habilitará os objetivos de negócio.

As arquiteturas empresariais capturam a organização lógica em políticas e escolhas técnicas. A arquitetura da MetLife especifica uma única escolha técnica de alto nível (um padrão de indústria) – as normas ACORD para o formato dos dados[5]. A maioria das escolhas técnicas não precisa ser comunicada aos altos administradores. Elas serão formuladas em níveis inferiores da arquitetura. A arquitetura de TI da MetLife elabora uma importante política – a entrada no sistema, a navegação e as preocupações correlacionadas serão embutidas no portal, e não em aplicações. Esta política tem implicações importantes no modo como novos aplicativos serão vinculados a aplicativos existentes.

Uma política crítica articulada por uma arquitetura de alto nível é o ponto em que termina a infra-estrutura compartilhada e começam as aplicações. A arquitetura da MetLife mostra que todos os aplicativos compartilham os canais, o portal, o armazenamento de dados e a máquina de integração. As aplicações de apresentação e lógica do negócio distinguem-se assim da infra-estrutura. Comunicar onde termina a infra-estrutura e onde começam as aplicações simplifica futuras decisões de infra-estrutura e aplicações, e difunde por toda a empresa o entendimento compartilhado das capacidades de TI.

A arquitetura de uma empresa define dados e infra-estrutura como uma plataforma estável, que dá suporte a aplicações mais sujeitas a mudanças. Necessidades do negócio mudam constantemente, por isso as empresas precisam dar flexibilidade a suas arquiteturas. Mas as aplicações precisam de uma base sobre a qual serão construídas. Os dados e a infra-estrutura compartilhados proporcionam essa base. Na MetLife, os dados compartilhados do cliente e a interface única do portal suportam futuras aplicações sem limitar a habilidade da empresa de oferecer serviços relacionados ou de buscar novos mercados. Muitas empresas de manufatura, em contraste, implementam ERPs que estabelecem um conjunto de processos padronizados de manufatura e da cadeia de suprimentos como base para aplicações futuras. Desde que a empresa não mude sua missão básica, a infra-estrutura definida por sua arquitetura de TI deve dar suporte a suas aplicações de negócios. A distinção entre infra-estrutura e aplicações permite assim que as empresas estimulem as economias de escala preservando flexibilidade para reagir a mudanças.

Atualmente, a maioria das arquiteturas empresariais especifica a infra-estrutura, os dados e as aplicações. Cada vez mais as arquiteturas especificarão os componentes, que convertem aplicações e infra-estrutura em serviços específicos, confiáveis e modulares. Por exemplo, uma companhia de seguros pode ter um componente de subscrição que sirva a múltiplas aplicações e uma fábrica pode desenvolver um serviço de apreçamento para múltiplas aplicações. A arquitetura de componentes proporciona uma outra camada de padronização, ajudando as empresas a atingir seus objetivos de negócio em matéria de eficiência, economias de escala e reaproveitamento. Os primeiros componentes tendem a ser serviços de infra-estrutura presentes na empresa como um todo, como a entrada única do sistema da MetLife. Com o tempo, as empresas identificarão as necessidades comuns e recorrentes de aplicações para seus processos e criarão componentes disponíveis para todas as unidades de negócio.

A habilidade de conceber e construir uma arquitetura baseada em componentes decorrerá da experiência da empresa com a especificação e a posterior implementação de padrões técnicos, de processos e de dados. Algumas empresas vêm se movendo rapidamente em direção a arquiteturas baseadas em componentes; outras mal começaram a jornada.

Decisão 3: Infra-estrutura de TI

A infra-estrutura é a base da capacidade planejada de TI (tanto técnica como humana) disponível em todo o negócio, na forma de serviços compartilhados e confiáveis, e utilizada por aplicações múltiplas[6]. A presciência de estabelecer a infra-estrutura certa no momento certo habilita a rápida implementação de futuras iniciativas de negócio com base eletrônica, bem como a consolidação e a redução de custos dos processos de negócios atuais. O investimento excessivo em infra-estrutura – ou pior, a implementação da infra-estrutura errada – resulta em desperdício de recursos, em atrasos e incompatibilidade de sistema com parceiros comerciais. No entanto, investir muito pouco em infra-estrutura resulta em implementações apressadas para cumprir prazos comerciais; em ilhas de automação que atendam a necessidades locais, sem integração com o restante da empresa; e no compartilhamento restrito de recursos, informações e *expertise*. Com isso, o foco e o oportunismo das iniciativas de infra-estrutura podem ter um impacto significativo no desempenho da empresa.

Na empresa típica, a infra-estrutura responde por cerca de 55% do total de investimentos em Tecnologia da Informação. A Figura 2-3 mostra os vários elementos da infra-estrutura de TI. Na base dessa figura estão os componentes tecnológicos, como computadores, impressoras, pacotes de *software* para bancos de dados, sistemas operacionais e *scanners*. Tais dispositivos são *commodities*, e encontram-se facilmente disponíveis no mercado. Os componentes tecnológicos são convertidos em serviços comuns úteis através de uma infra-estrutura humana de TI composta de conhecimento, habilidades, padrões e experiência.

Os serviços de infra-estrutura de uma empresa incluem, freqüentemente, serviços de rede de telecomunicação; a provisão e o gerenciamento de computação em larga escala (como servidores e *mainframes*); o gerenciamento da base de dados compartilhada de clientes; a *expertise* em pesquisa e desenvolvimento, com o fim de identificar a utilidade de tecnologias emergentes para o negócio; e uma *intranet* para toda a empresa. Esses serviços podem ser prestados internamente ou por companhias terceirizadas, como a IBM Global Services, a Accenture e a Hewlett-Packard. A infra-estrutura interna da empresa freqüentemente conecta-se a infra-estruturas externas da indústria (como sistemas de pagamento bancário) e a infra-estruturas públicas (como a Internet e as redes de telecomunicações).

O conceito de serviços da infra-estrutura de TI é muito poderoso, uma vez que os administradores podem valorizar mais prontamente um serviço, do que um componente técnico como um servidor ou um pacote de *software*. Além disso,

FIGURA 2-3

A Infra-estrutura de TI Como um Conjunto Centralmente Coordenado de Serviços Compartilhados e Confiáveis

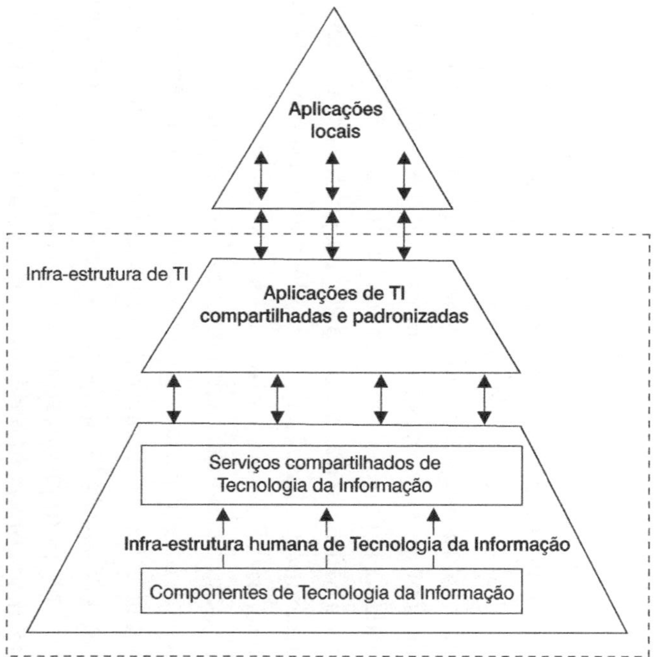

Aplicações de negócio locais em rápida transformação, como o processamento de requisições de seguro, aplicações de empréstimos bancários pela *Web*, sistemas de suporte a reclamações dos clientes e sistemas de suporte a ordens de pedido por telefone.

Aplicações compartilhadas e padronizadas que mudam menos regularmente, como a contabilidade, o orçamento e a administração de recursos humanos.

Serviços estáveis ao longo do tempo, como o gerenciamento da base de dados compartilhada de clientes e o acesso a computadores pessoais e redes locais (PC/LAN).

A infra-estrutura humana de conhecimento, habilidades, políticas, padrões e experiência interliga os componentes.

Commodities como computadores, impressoras, roteadores, *software* de banco de dados, sistemas operacionais e leitoras de cartão de crédito.

Fonte: Peter Weill e Marianne Broadbent, *Leveraging the New Infrastructure: How Market Leaders Capitalize on IT* (Boston: Harvard Business School Press, 1998).

o serviço de prover o acesso de um computador *laptop* à Internet e a todos os sistemas da empresa pode ser especificado, mensurado e controlado através de um acordo de nível de serviço. Talvez o mais importante seja que os administradores possam comparar os preços dos serviços no mercado.

Um número cada vez maior de empresas tem uma camada adicional de aplicações padronizadas utilizadas por todas as unidades de negócio. A essas aplicações compartilhadas e padronizadas chamamos de aplicações de infra-estrutura. Elas incluem sistemas empresariais como ERPs, sistemas de gerenciamento do relacionamento com o cliente (CRMs) e sistemas de gerenciamento da cadeia de suprimentos (SCMs), além de sistemas funcionais que dão suporte a serviços compartilhados, como a contabilidade, a administração de recursos humanos e o orçamento. Aplicações de infra-estrutura são mais estáveis e sofrem menos mudanças do que as aplicações locais, conforme as estratégias de negócio evoluem. As aplicações locais, que ficam acima da infra-estrutura, representam os resquícios do *portfolio* de TI numa empresa. Essas aplicações mudam freqüentemente – em muitos casos sempre que houver uma nova característica em produtos ou serviços ou quando forem implementados experimentos estratégicos em resposta a uma percepção de uma oportunidade de mercado.

Uma infra-estrutura integrada de TI combina toda a capacidade compartilhada de TI da empresa numa plataforma para negócios realizados eletronicamente. Ela comporta dez *clusters* de capacidade (Figura 2-4), cada qual com seus conjuntos de serviços[7].

Uma infra-estrutura integrada capacita as *aplicações locais de TI* da empresa, como é ilustrado pelas quatro barras próximas ao topo da infra-estrutura da Figura 2-4. A infra-estrutura conecta-se externamente aos parceiros de negócios através de *padrões pré-acordados*, como é mostrado na parte inferior da Figura 2-4. Esses parceiros comerciais obtêm acesso eletrônico via *canais eletrônicos integrados*. Usualmente, esses canais incluem alguns ou todos dos seguintes meios: um distribuidor físico (por exemplo, uma loja ou uma filial com um dispositivo de ponto de venda); a *Web*; o *e-mail*; correspondências físicas (escaneadas); respostas interativas por voz; dispositivos sem fio, como celulares; quiosques; e uma conexão direta ponto-a-ponto (uma rede privada, por exemplo). Na maioria dos casos, as empresas tentam tornar suas aplicações "independentes dos canais", o que significa que dados consistentes e atualizados estarão disponíveis qualquer que seja o modo como o cliente faz contato.

FIGURA 2-4

Serviços da Infra-estrutura de TI em Dez *Clusters*

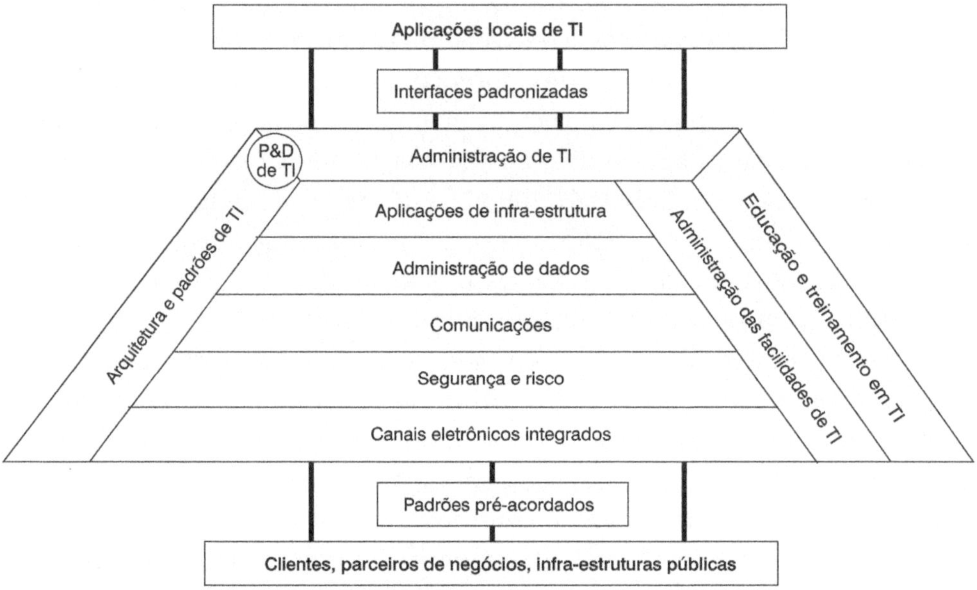

Fonte: Peter Weill, Mani Subramani e Marianne Broadbent, "Building IT Infrastructure for Strategic Agility", *MIT Sloan Management Review* 44, Nº 1 (outono de 2002): 57-65.

Toda comunicação passa por dispositivos ou recursos com capacidade de *segurança e risco*, que provêem segurança através de tecnologias (por exemplo, *firewalls* e criptografia) e políticas (controle de acesso remoto, uso de senhas e assim por diante), bem como suportam o planejamento e a recuperação de desastres. As interações eletrônicas dentro da empresa e com os clientes e parceiras ocorrem através do conjunto de serviços de *comunicação*, que incluem os acessos de banda larga, a *intranet* e redes de estações de trabalho. *A administração de dados* abrange o gerenciamento de bancos de dados, o gerenciamento do *middleware* e a tradução de troca de dados. Muitas unidades de TI vêm isolando, em arquivos-mestre, os dados gerais da empresa a respeito de clientes, produtos e funcionários, de modo que informações críticas fiquem acessíveis a indivíduos e aplicações sempre que necessário.

As *aplicações de infra-estrutura* estão estreitamente alinhadas com a administração de dados, pois capturam, atualizam e acessam os dados da empresa como um todo. A operação e o gerenciamento dessas aplicações constitui um outro conjunto de serviços de infra-estrutura. A *administração de facilidades de TI* abrange as camadas de infra-estrutura física descritas até aqui, provendo serviços como processamento em larga escala, fazendas de servidores e um ambiente comum de desenvolvimento de sistemas.

Os seis *clusters* de capacidades de infra-estrutura descritos anteriormente suportam os elementos físicos da infra-estrutura. Os quatro *clusters* restantes estão relacionados às capacidades de infra-estrutura voltadas à administração. Os serviços de *administração de TI* coordenam a infra-estrutura integrada da empresa e gerenciam o relacionamento com as unidades de negócio. Tipicamente, os serviços de administração incluem o planejamento de SI (Sistema de Informação), a gestão de projetos, acordos de nível de serviço e negociações com fornecedores e empresas terceirizadas. Os serviços de infra-estrutura de *arquitetura e padrões de TI* provêem o plano de migração para padrões técnicos detalhados subjacentes à arquitetura da empresa. Os serviços de arquitetura incluem o monitoramento da eficiência dos padrões da empresa e a identificação de quando tais padrões estão ultrapassados ou excedem os custos viáveis. A *educação e o treinamento em TI* incluem o treinamento no uso dos sistemas e tecnologias específicos da empresa e uma educação gerencial geral sobre como conceber a TI, investir nela e utilizá-la para gerar valor de negócio. A *pesquisa e o desenvolvimento (P&D) de TI* incluem os esforços da empresa na busca por novos meios de utilizar a TI para gerar valor de negócio e avaliar novas tecnologias. A P&D encontra-se na intersecção entre a administração de TI e os serviços de arquitetura de TI, porquanto associa o desenvolvimento de padrões às necessidades da empresa. É difícil criar capacidades de infra-estrutura, pois se trata de uma complexa fusão de ativos humanos e tecnológicos. Essas capacidades requerem um longo tempo de desenvolvimento e podem com isso ser uma fonte de vantagens competitivas. As empresas com maiores capacidades de infra-estrutura chegam ao mercado mais rápido, têm maior índice de crescimento e geram mais vendas de produtos novos, mas apresentam menor lucratividade a curto prazo. Nesse sentido, construir uma infra-estrutura robusta é como comprar uma ação da bolsa de valores[8]. A infra-estrutura, desde que efetivamente aproveitada através da implementação de novas aplicações de negócio, pode gerar um melhor desempenho financeiro; do contrário, ela se mostrará uma despesa desnecessária.

Uma infra-estrutura de TI superior contém em cada um dos dez *clusters* de capacidade um conjunto integrado de serviços consistentes com a direção estratégica da empresa. As empresas que administram a infra-estrutura como um ativo e investem cuidadosamente todos os anos costumam se sair melhor do que aquelas que adotam uma abordagem "*big bang*" em matéria de infra-estrutura de TI. A UPS, por exemplo, tem uma estratégia de renovação da infra-estrutura para balancear os investimentos nessa área ao longo do tempo:

> A respeito da infra-estrutura, sei que devemos descartar isto aqui e acrescentar aquilo ali todos os anos. Você pode desativar as coisas, mas no fim você vai eventualmente acabar encurralado. Por isso, tento disponibilizar fundos para renovar continuamente, o que não é uma opção muito popular.
>
> — Ken Lacy, CIO da UPS

Cada um dos serviços de infra-estrutura de TI pode situar-se no nível corporativo (extensível a toda empresa) ou no nível das unidades de negócio. Muitas firmas vêm transferindo capacidades de infra-estrutura das unidades de negócio para a empresa como um todo, na busca de objetivos de negócio como economias de escala ou um ponto único de contato com o cliente. Determinar onde os serviços locais de infra-estrutura devem ser posicionados, de que modo devem ser apreçados, quando devem ser atualizados e se cabe ou não terceirizá-los são decisões essenciais de infra-estrutura. Possuir a infra-estrutura correta significa prover serviços com boa relação custo/benefício que capacitem a empresa a adotar rapidamente novas aplicações de negócio.

Decisão 4: As necessidades de aplicações de negócio

Embora todas a cinco decisões de TI envolvam o valor de negócio da Tecnologia da Informação, são as decisões referentes às necessidades de negócio específicas que geram valor diretamente. Mesmo que a Schwab, a Amazon.com, a Cisco e outras empresas demonstrem os benefícios potenciais de aplicações estratégicas de TI, o fracasso espetacular de grandes implementações de sistemas em empresas como a Hershey, a Whirpool e a Allied Waste serve como lembrete de que definir e gerar valor a partir de aplicações de negócio permanece um grande desafio organizacional[9].

A identificação da necessidade de negócios de aplicações de TI costuma ter dois objetivos conflitantes – a criatividade e a disciplina. A criatividade consiste em identificar maneiras novas e mais eficazes de gerar valor para os clientes por meio da TI e envolve a identificação de aplicações de negócio que dêem suporte a objetivos de negócio estratégicos e facilitem experimentos de negócios. A disciplina consiste na integridade arquitetônica – assegurando que as aplicações aproveitem e amplifiquem a arquitetura da empresa, ao invés de solapar seus princípios. A disciplina envolve, também, foco – comprometendo os recursos necessários para concretizar metas de projetos e negócios. Discutiremos agora decisões gerenciais que resultam em aplicações de negócio criativas e disciplinadas.

Promovendo soluções criativas

Recursos finitos – como habilidades em TI, a atenção gerencial e o pessoal das unidades de negócio – exigem que novas aplicações de TI não somente atendam a um teste de ROI mínimo, como contribuam com valor estratégico para a empresa. Na maioria das empresas, as aplicações estratégicas concentram-se nos processos centrais. Em empresas grandes, os processos centrais freqüentemente envolvem múltiplas funções e unidades de negócio. Por exemplo, a Partners Healthcare, organização guarda-chuva dos principais hospitais e clínicas locais sediados em Boston, vem desenvolvendo um sistema de Registro Médico Longitudinal (LMR). Introduzido em 1998, o LMR sustenta a dupla missão da Partners de pesquisa e prática médica. O LMR requer que os médicos registrem eletronicamente, num formato padronizado, todas as informações sobre diagnósticos e tratamentos, de modo que o sistema consiga destacar os principais fatos para médicos que futuramente examinem o paciente. O dispositivo também armazena dados sobre tratamentos e resultados para facilitar a pesquisa e servir de informação para práticas futuras. O LMR é um sistema estratégico da Partners.

Similarmente, indústrias de manufatura continuam a investir em ERPs para habilitar a eficiência operacional e criar cadeias de suprimentos contínuas. Firmas de serviços financeiros vêm implementando sistemas de gerenciamento de relacionamento com o cliente (CRM) para ter uma visão única do cliente. Empresas de varejo estão integrando os processos de *back-end* para dar apoio a suas lojas *on-line* e a seus sistemas de ponto de venda. Tais sistemas destinam-se a aprimorar fundamentalmente os processos de negócio das empresas. O valor resulta da habilidade de mudar o modo como a empresa faz negócios. Decisões sobre as necessidades de aplicações de negócio envolvem a identificação de processos centrais e a determinação de mudanças nos sistemas e processos capazes de trazer benefícios significativos para a empresa. Implementações bem-sucedidas de sistemas estratégicos exigem líderes de negócio com visão para definir e aplicar essas mudanças.

Além de reforçar os processos centrais da empresa, decisões sobre as necessidades de aplicações de negócio são importantes para responder a mudanças de mercado. As empresas precisam de um fluxo constante de experimentos para aproveitar novas oportunidades de mercado e evitar a obsolescência. Alguns experimentos se converterão em sistemas estratégicos; outros fracassarão rapidamente. O fluxo de experimentos gera energia criativa e alerta continuamente os administradores quanto às mudanças de condições de mercado, permitindo-lhes identificar o próximo grande negócio.

O desenvolvimento do DIAD da UPS, o dispositivo que coleta assinaturas eletrônicas, é um exemplo de como experimentos podem se tornar sistemas estratégicos. O objetivo inicial do DIAD era simplesmente prover um registro de entrega impresso para substituir o registro de entrega manuscrito pelo motorista. A Versão 1 do DIAD proporcionou a funcionalidade desejada, mas seu valor era limitado, pois, embora gerasse o registro impresso, ele retardava o processo de entrega. No entanto, a experiência revelou o potencial do DIAD para poupar tempo dos motoristas e coletar dados em tempo real para outros serviços de cliente. O DIAD acabou poupando a cada um dos mais de 50 mil motoristas da UPS cerca de meia hora ao fim do dia, acumulando informações sobre cada uma de suas entregas. Versões subseqüentes do DIAD vincularam-se aos sistemas de rastreamento em constante avanço da UPS, o que acabou fazendo do dispositivo uma plataforma estratégica para novos serviços ao cliente.

Identificar experimentos comerciais com potencial para se tornarem estrategicamente importantes pode ser mais uma arte do que uma ciência. Empresas como a Fidelity criaram incubadoras e laboratórios de usabilidade para testar novas tecnologias e pôr à prova novos conceitos. Como alguns dos experimentos necessariamente falharão, as empresas precisam de meios para identificá-los, financiá-los e avaliá-los de tal maneira que lhes seja possível sustentar um fluxo constante de idéias criativas e, também, abandonar projetos malsucedidos antes de terem investido grandes quantias de dinheiro.

Execução disciplinada

Soluções criativas podem gerar interessantes desafios técnicos, sobretudo quando as empresas compram pacotes prontos dos fabricantes para atender às suas necessidades. Tradicionalmente, as empresas – e suas unidades de TI – relutavam em estabelecer padrões técnicos que limitassem sua funcionalidade comercial. Com uma freqüência crescente, contudo, os administradores vêm descobrindo que 80% das soluções podem proporcionar um significativo valor de negócio e ao mesmo tempo reduzir riscos técnicos e custos de projeto. Empresas bem-sucedidas têm consistentemente se mostrado dispostas a sacrificar a funcionalidade em prol de sustentar a integridade arquitetônica. O CIO da MeadWestvaco descreveu o modelo: "O papel de meu CTO é, na prática, supervisionar a arquitetura e assegurar que ela evolua com o tempo para atingir os resultados desejados. A condição implícita é que sejam escolhidas aplicações que se ajustem ao contexto de nossa arquitetura. Se for uma aplicação obrigatória, encontre uma que funcione com esta arquitetura. Se não encontrar, então conversaremos".

Naturalmente, toda empresa encontra oportunidades de negócio estratégicas que desafiam sua arquitetura. Muitas vezes, o desafio ajuda a determinar quando um projeto de arquitetura de TI ou um padrão técnico ficou ultrapassado. Com isso, os tomadores de decisão devem reconhecer quando a arquitetura limita sensivelmente as opções de aplicações de negócio e quando novas oportunidades de negócio devem direcionar para novas arquiteturas ou mudanças dos padrões tecnológicos.

Sustentar a integridade arquitetônica, contudo, não é mera questão de monitorar a adoção de padrões técnicos em projetos individuais. Grandes empresas tratam de centenas de projetos simultaneamente. O *portfolio* de projetos de uma empresa contém invariavelmente múltiplos projetos com requisitos similares ou comuns. Por exemplo, várias unidades de negócio podem desenvolver simultaneamente aplicações com requisitos para rastrear as interações com o cliente, para gerenciar o fluxo de documentos associados a um processo ou para integrar a telefonia computadorizada (a habilidade do representante de uma central de atendimento de visualizar uma página da Web em uso por um cliente). A arquitetura da empresa talvez não trate dessas novas capacidades, por isso um conjunto de aplicações pode resultar em múltiplas soluções díspares para o mesmo problema. A maioria das firmas já lutou para gerenciar a sobreposição de requisitos de sistema e o efeito líquido tem sido capacidades redundantes, recursos desperdiçados e lentidão para chegar ao mercado.

Sustentar a integridade arquitetônica, com isso, exige a coordenação das demandas arquitetônicas do *portfolio* de projetos da empresa. A USAA, firma de serviços financeiros diversificados, conferiu a responsabilidade por essa coordenação à sua unidade de Operações de Negócios Empresariais, que se reporta ao CEO. Essa unidade trabalha com os arquitetos de TI para identificar necessidades comuns entre centenas de unidades de negócio e em projetos da empresa como um todo. Cada arquiteto de TI aceita a responsabilidade por definir os componentes da arquitetura de TI que podem ser compartilhados por múltiplos projetos. A unidade de arquitetura de TI da empresa no setor de TI compromete-se a especificar produtos padronizados destinados a proporcionar novas capacidades dentro de um prazo específico. Os projetos são então agendados com base na disponibilidade da infra-estrutura e dos componentes de processos de negócio necessários.

Especificar a funcionalidade e os requisitos da arquitetura de um projeto de Tecnologia da Informação é apenas o primeiro passo na geração de valor para a TI. O valor de negócio resulta de mudanças organizacionais habilitadas pela Tecnologia da Informação. Com isso, as decisões sobre aplicações de negócio envolvem, também, a designação de responsabilidades pela mudança organizacional associada a um dado projeto de TI. Na Partners, por exemplo, os médicos que "possuem" a responsabilidade por gerar valor a partir do Registro Médico Longitudinal investem recursos pessoais para usar o sistema, provêem um constante *feedback* sobre suas características e incentivam os colegas a dar sua aprovação ao projeto.

As mudanças organizacionais associadas a muitos sistemas são avassaladoras. Elas não somente exigem que os indivíduos mudem seus hábitos, como costumam requerer um novo entendimento dos processos organizacionais. Mudar as estruturas de remuneração é muitas vezes um requisito para motivar novos comportamentos, mas mudar a remuneração não basta. Os funcionários que implementam a mudança devem compreender os novos processos. Podem precisar de treinamento e suporte estrutural. Gerenciar mudanças é um desafio difícil em ambientes onde a mudança é constante. Novos sistemas e processos podem mais confundir do que auxiliar os funcionários, a despeito do comprometimento destes com os objetivos organizacionais. Processos-chave nas empresas costumam sofrer múltiplos "reparos" ao mesmo tempo. Para assegurar que a companhia e seu pessoal consigam absorver mudanças em andamento, muitas empresas têm organizado seus projetos num conjunto finito de programas. Tipicamente, programas consistem em todos os projetos relacionados a uma grande iniciativa processual, tais como o relacionamento com o cliente, o desenvolvimento de produtos ou a administração financeira. Os programas são liderados por altos administradores que coordenam as características do sistema, os cronogramas, o treinamento e os requisitos de gestão de mudanças de cada projeto. Os gerentes de programa são responsáveis por assegurar que os novos sistemas tenham na empresa o efeito conjunto previsto e que os recursos sejam utilizados com eficiência.

Decisões sobre necessidades de aplicações de negócio requerem a reconciliação entre mudanças complexas e forças organizacionais que a elas se opõem.

Os administradores responsáveis por definir requisitos devem distinguir entre os requisitos de processos centrais e as superfluidades e saber quando viver dentro de restrições arquitetônicas. Eles devem conceber experimentos sabendo que os benefícios reais podem ser diferentes dos previstos – ou que, se não houver benefícios, eles devem puxar o plugue. O mais importante é que devem saber como conceber mudanças organizacionais e pô-las em prática. Decisões sobre necessidades de aplicações de negócio requerem pensadores criativos e gerentes de projeto disciplinados, sendo provavelmente a menos madura das cinco decisões de TI.

Decisão 5: Investimentos e priorização de TI

Um líder de uma empresa de varejo de 15 bilhões de dólares nos disse: "Investimentos em TI são como qualquer outro investimento. Você deve ter um retorno decente, ou o negócio quebra. A única diferença é que com a TI isso acontece mais rápido!". A decisão de investimento em TI é freqüentemente a mais visível e controversa das cinco decisões-chave de TI. Alguns projetos são aprovados, outros são repelidos e o restante passa pelo equivalente organizacional da animação suspensa, com a temida solicitação dos tomadores de decisão de "refazer o plano de negócio" ou "prover mais informações". As empresas que obtêm valor superior da TI concentram seus investimentos em suas prioridades estratégicas, cientes da distinção entre capacidades de TI que "precisamos ter" e que "seria bom se tivéssemos".

As decisões sobre investimentos em TI enfrentam três dilemas: (a) quanto gastar, (b) em que gastar e (c) como reconciliar as necessidades de diferentes grupos de interesse. Discutiremos cada um desses dilemas, observando que a Governança de TI é uma ferramenta inestimável para conciliar visões divergentes.

Quanto gastar

O processo de investimento em TI deve determinar quanto gastar em Tecnologia da Informação. Dados os retornos incertos dos gastos com TI, muitos executivos perguntam-se se estão gastando muito – ou até muito pouco. Eles recorrem muitas vezes a *benchmarks* da indústria como meio de determinar os níveis apropriados de gastos. Mas nas empresas de sucesso que estudamos, os *benchmarks* são apenas um ponto de partida. Os altos administradores concentram-se no papel estratégico que a TI desempenha na organização e estabelecem um nível de custeio para toda a empresa, que habilitará a tecnologia a atingir o seu objetivo.

A UPS e a Federal Express proporcionam um exemplo útil de por que os *benchmarks* são apenas o ponto de partida. Ambas as empresas declaram gastar cerca de um bilhão de dólares em TI a cada ano, mas a FedEx, com uma receita anual em torno de US$ 20 bilhões, é dois terços do tamanho da UPS. Os diferentes níveis de gastos refletem diferentes papéis estratégicos para a TI. A estratégia de TI da UPS, que evoluiu a partir de raízes da engenharia industrial, concentra-se em introduzir eficiências num negócio que demanda consistência e confiabilidade. Em contraste, a FedEx utiliza a TI para proporcionar uma extraordinária responsividade a necessidades únicas do cliente. Naturalmente, a UPS também emprega a tecnologia para atender às necessidades de clientes individuais e a FedEx a utiliza para proporcionar serviços consistentes entre os segmentos de clientes. Mas o viés das estratégias de negócio e de TI das duas empresas é diferente. Ambas são bem-sucedidas, porque ajustaram seu nível de gastos a suas necessidades.

Como alocar as verbas de TI: o *portfolio* de investimentos de TI

Como no caso de qualquer *portfolio* de investimentos, administrar o *portfolio* de TI requer que fornecedores e clientes concordem quanto aos indicadores de sucesso. Diferentes contextos estratégicos fazem com que as empresas tenham diferentes níveis de investimento em TI, diferentes *portfolios* de TI e diferentes indicadores de sucesso. Descobrimos que as empresas com melhores retornos em Tecnologia da Informação dão atenção especial a esses indicadores. Nessas empresas, todos os anos, como parte do processo de investimento, a administração de negócios e a de TI estabelecem juntas os indicadores apropriados para o valor de negócio do *portfolio*.

Para dar um aspecto de negócios aos investimentos em TI, muitas empresas acham útil considerar seus investimentos nessa área como um *portfolio*, assim como investidores individuais têm *portfolios ou carteiras* de investimentos financeiros[10]. A administração do *portfolio* permite que os tomadores de decisão alinhem seus *portfolios* com a estratégia da empresa e balanceiem riscos e retorno. Assim como os *portfolios* de investimento pessoal são reavaliados conforme mudam as metas pessoais (como no caso de uma aposentadoria próxima), os *portfolios* de TI são, também, repensados com a mudança das condições.

Implementar um método de administração do *portfolio* de TI requer que o dinheiro para cada projeto ou item orçamentário seja classificado em categorias que reflitam objetivos de negócio. Agrupar os investimentos propostos de acordo com o objetivo do negócio permite que a administração selecione projetos que conformem o *portfolio* à estratégia empresarial. A disponibilidade de dados sobre o histórico do desempenho dos investimentos da empresa em cada categoria resulta em decisões futuras mais bem informadas de investimentos – algo similar a conhecer-se o histórico de retorno de títulos *versus* ações *versus* propriedades.

Uma abordagem à análise do *portfolio* de TI lista quatro classes de ativos de TI, cada uma sustentando um objetivo administrativo diverso: estratégico (conquistar vantagem competitiva), informativo (prover informações), transacional (processar transações e cortar custos) e infra-estrutural (prover serviços compartilhados e integração)[11]. Classificar os investimentos anuais da empresa nessas quatro categorias facilita a análise estratégica e levanta questões sobre decisões de investimento específicas. Por exemplo, numa baixa econômica, queremos de fato alocar 40% dos investimentos em TI deste ano na classe de ativos estratégicos de alto risco e alto retorno? Não deveríamos, em vez disso, redirecionar o *portfolio* para a classe de ativos de investimento transacional, com baixo risco e retornos sólidos? Por outro lado, podemos nos dar ao luxo de ter mais um ano com baixos investimentos em infra-estrutura?

Um número crescente de organizações vem utilizando a abordagem de *portfolio* como parte do processo de investimentos e priorização de TI na empresa como um todo[12]. Essas empresas ajustam a definição das classes de ativos ao seu negócio específico e desenvolvem métricas para ajudar a avaliar o desempenho de seus investimentos em TI. O conceito de *portfolio* de TI ajuda os administradores a balancear e realinhar seus investimentos quando a estratégia da empresa ou o clima econômico mudam. Comparações entre *portfolios* e *benchmarks* da indústria facilitam a discussão de quão bem alinhado está um *portfolio* de TI com a estratégia e permitem aos administradores tomar decisões de investimento mais bem embasadas em relação à concorrência. Uma pergunta importante a ser feita é a seguinte: podemos explicar, com base em nossa estratégia, as diferenças entre o nosso *portfolio* de investimentos em TI e os *benchmaks* da indústria? Se a explicação for crível, o *portfolio* é uma boa aproximação. Se a explicação não for convincente, o processo de investimentos em TI está fracassando.

Riscos são inerentes a qualquer decisão de investimento de negócios e executivos seniores estão habituados à análise de risco. Investimentos em TI podem expor uma firma a riscos de quatro tipos: mercadológicos, financeiros, organizacionais e técnicos. Com freqüência, as empresas dispõem de modelos bem desenvolvidos para as propostas de investimento em TI, que requer a articulação de cada tipo de risco. Adicionalmente, o *portfolio* de investimentos em TI implica riscos – não diferentes dos riscos de um *portfolio* de ações. Se bem escolhido, esse *portfolio* de investimento em TI, como o de ações individuais, reduz o risco geral do proprietário.

Como reconciliar necessidades diversas – alinhando investimentos em TI com prioridades estratégicas

Provavelmente, o atributo mais importante de um processo bem-sucedido de investimento em TI é a garantia de que os gastos da empresa nessa área refletem suas prioridades estratégicas. Os processos de investimento devem reconciliar as demandas das unidades de negócio com aquelas relativas a necessidades corporativas. Muitas empresas valorizam a independência de suas unidades de negócio e apóiam seus esforços investindo em TI de acordo com a estratégia das unidades de negócio. A maioria das empresas enfatiza, também, a importância da eficiência – e mesmo da integração – da empresa em geral. As empresas que tentam persuadir unidades de negócio independentes a financiar uma infra-estrutura comum provavelmente enfrentarão resistência. Em vez disso, os líderes de negócio devem articular os objetivos gerais da empresa em matéria de infra-estrutura compartilhada e oferecer incentivos adequados para que os líderes das unidades de negócio sacrifiquem as necessidades de suas unidades em favor das necessidades corporativas, da empresa como um todo.

O processo decisório de investimentos em TI pode ser utilizado para implementar mudanças estratégicas, como ilustrado pela State Street Corporation[13]. Tradicionalmente, os investimentos em TI na State Street envolviam algum fundo relativamente pequeno para serviços centrais. A partir daí, cada unidade de negócio oferecia independentemente fundos adicionais, com base em prioridades do negócio. Uma desvantagem dessa abordagem é que muitas iniciativas similares podiam ser custeadas em diferentes unidades. Reconhecendo essa limitação, a alta liderança da State Street mudou para uma administração geral do orçamento de TI, na busca por melhores retornos sobre os investimentos em TI.

Em 2001, o Comitê Executivo de Tecnologia da Informação (ITEC) da State Street assumiu a responsabilidade por combinar num único orçamento geral as necessidades de investimento em TI de unidades de negócio individuais. Os executivos que compunham o ITEC incluíam o COO, o CAO*, o CIO e os executivos seniores responsáveis pelas várias unidades de negócio da State Street. No período do outono (setembro a dezembro), os líderes de cada unidade e o CIO identificaram os principais projetos de infra-estrutura e negócios de TI para o ano seguinte, classificando-os de acordo com sua contribuição para as metas de crescimento corporativo e para a estratégia de cada negócio. O resultado desta análise foi a cria-

* *Chief Asset Officer*, ou Diretor de Ativos. (N. do T.)

ção de um *portfolio* inicial com todos os projetos de TI recomendados para o ano seguinte. Em seguida, o ITEC negociou a criação de um *portfolio* geral de TI otimizado, que atendesse às metas de crescimento corporativo dentro do orçamento operacional alocado para a TI. Um membro da equipe do CIO identificou várias vantagens no uso do ITEC para a elaboração de orçamentos, em comparação com os comitês anteriores de investimento em TI. "A negociação de um orçamento geral estimulava a valorização do uso da TI, ao invés de se concentrar nas necessidades de negócios individuais. Os executivos de negócios nem sempre apreciam o impacto de investimentos na infra-estrutura geral da empresa. Ao combinarem a discussão sobre investimentos em infra-estrutura com suas iniciativas de negócio, eles compreendem o valor de investir na infra-estrutura da empresa como um todo, uma vez que todos compartilharão o seu uso."

Os investimentos e a priorização de TI põem o dinheiro para trabalhar. Se a alta gerência não esclareceu ou não comunicou a estratégia da empresa, ou se a estratégia muda tão freqüentemente que não vale a pena investir na estratégia de hoje, o processo de investimento em TI virá abaixo. Nenhum *framework* ou análise pode substituir uma direção estratégica clara. Quando o comitê de investimento compreende seus objetivos de negócio, ele pode investir seu dinheiro em TI e gerar retornos significativos.

As cinco decisões de TI que discutimos neste capítulo não podem ser isoladas umas das outras. Se a governança for bem concebida, as decisões se reforçarão mutuamente, assegurando que os objetivos estratégicos sejam devidamente considerados. Na próxima seção, descrevemos a transformação que a TI possibilitou na Delta Air Lines. Este estudo de caso apresenta um exemplo de como uma empresa formulou sua governança para considerar as interações entre as cinco decisões de TI.

Estudo de caso: Tomando decisões de TI na Delta Air Lines

Quando Leo Mullin se tornou CEO da Delta Air Lines em 1997, ele assumiu a terceira maior companhia aérea dos EUA em termos de receita e milhas de passageiros e a maior de todas em termos de número de partidas e de passageiros embarcados. A Delta tinha 84 mil funcionários e transportava aproximadamente 117 milhões de clientes para 45 Estados nos EUA e 44 cidades em 28 países por todo o mundo[14].

Mullin descobriu que a capacidade de TI da Delta, que fora terceirizada no início da década de 90, era orientada funcionalmente. Cada uma das suas dezessete unidades funcionais estava desenvolvendo e sustentando sistemas de modo isolado do restante da firma. Mullin pediu a Charlie Feld, ex-CIO da Frito-Lay e da Burlington Northern, que avaliasse a capacidade de TI da Delta. Feld reportou que as pessoas na Delta não conseguiam obter informações básicas em seus sistemas. Dada a natureza do negócio das companhias aéreas, a orientação funcional dos sistemas de informação da firma limitava a habilidade dos funcionários de realizar seu trabalho. Quando um vôo se atrasava ou mudava por qualquer razão, os funcionários que atendiam aos clientes nem sempre conseguiam determinar o destino dos aviões, dos passageiros ou da bagagem. De acordo com Feld:

> A razão para que não soubessem onde estavam as coisas é que a infra-estrutura dos sistemas se achava demasiado desconectada. Havia trinta e cinco bases de dados de clientes, dezenas de bases de dados de vôos. Se um portão mudasse, eles não ficavam sabendo. O carregador de bagagens ficaria junto ao portão antigo esperando que o avião aparecesse. Os passageiros ficariam em pé na área de espera olhando os painéis e se encaminhariam ao portão errado. Se você entrasse na Crown Room, veria ali um portão diferente. E o pobre agente de portões ficaria esperando sem que ninguém soubesse, de tão longe que eles estavam de informações em tempo real. O evento físico de uma mudança de portões não se refletia no sistema eletrônico de maneira consistente e imediata.

Defrontando-se com os problemas iminentes do Bug do Milênio, Mullin persuadiu Feld a assumir o papel de CIO da Delta até 1º de janeiro de 2000. Em vez de simplesmente ajustar a tecnologia para sobreviver ao Bug, Mullin e Feld comprometeram-se a restabelecer a TI como ferramenta estratégica na Delta. Eles incumbiram uma pequena equipe de executivos seniores – incluindo o CFO, o vice-presidente executivo de atendimento ao cliente e o chefe de operações da companhia aérea – de liderar uma transformação organizacional baseada na premissa de informações em tempo real.

A equipe executiva, que passou a ser conhecida como Conselho de TI, assumiu a responsabilidade por definir o papel da TI na firma. Eles declararam quatro princípios:

- Adotar uma visão de processos da empresa.
- Criar uma infra-estrutura corporativa para dar suporte a processos interfuncionais.
- Desenvolver e estimular um ambiente padronizado.
- Concentrar-se no cliente.

Em consistência com esses princípios, Feld trabalhou com o Conselho na criação de uma arquitetura de TI da empresa (Figura 2-5). Primeiro, o Conselho de TI especificou os processos centrais da empresa: (1) a experiência do cliente, (2) as operações da companhia aérea, (3) o painel digital de gestão de renda e (4) a força de trabalho conectada para funções administrativas. Reconhecendo que não poderiam desenvolver e implementar um suporte de TI para todos os quatro processos centrais ao mesmo tempo, o Conselho preferiu ajustar as operações de vôo e a experiência do cliente, os dois processos que eram executados nas tecnologias obsoletas dos aeroportos.

A gerência definiu os requisitos de informação para esses dois processos centrais em termos de nove bases de dados: locação, horários, vôos, manutenção, equipamentos, funcionários, aviões, clientes e passagens. Um componente-chave da arquitetura foi o Sistema Nervoso Delta (DNS), um ambiente de *middleware* que captava e disseminava dados para os funcionários e as aplicações. O DNS empregava a abordagem de "publicar e subscrever" – as aplicações subscreviam para serem notificadas sempre que certos dados mudassem, assim os funcionários tinham informações sempre atualizadas, e as aplicações respondiam às mudanças conforme a necessidade. Vicky Escarra, vice-presidente executivo de serviços de atendimento ao cliente, explicou:

> A idéia básica do Sistema Nervoso Delta é que, se tivéssemos uma mudança em nosso centro de controle operacional – digamos um vôo cancelado – com uma ou duas entradas, a informação seria transmitida a todos os grupos operacionais e de clientes, sem a necessidade de que um indivíduo – ou vinte e cinco – a acessasse e enviasse efetivamente. A informação chegaria às centrais de reservas; seria passada aos aeroportos, (...) aos Crown Room Clubs e aos PDAs, celulares, *beepers* e *laptops* dos clientes, fazendo-se saber que "o vôo 222 de Washington para Atlanta foi cancelado, e transferimos o senhor para o vôo 223, que partirá dentro de duas horas".

FIGURA 2-5

Arquitetura de TI da Delta

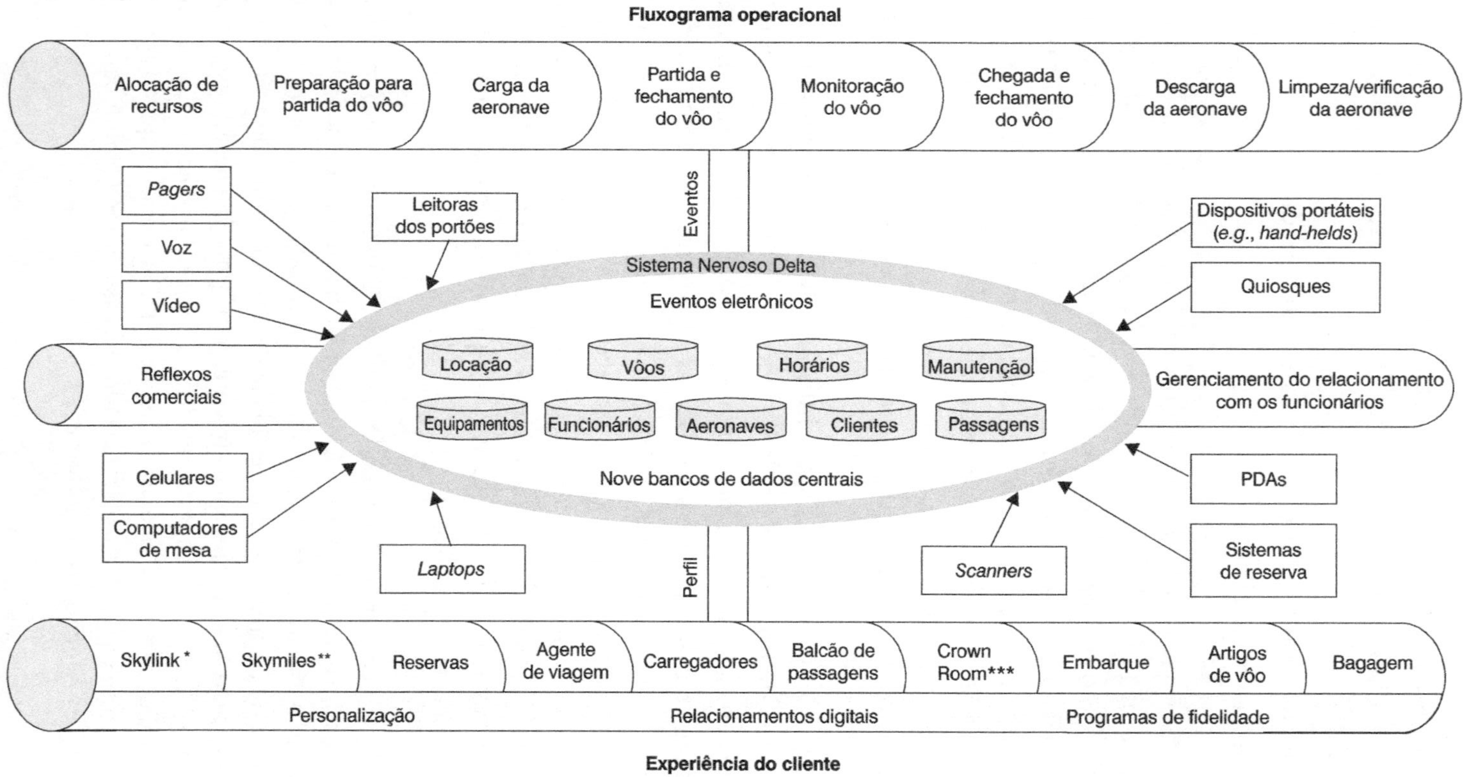

Fonte: Jeanne W. Ross, "E-Business at Delta Air Lines: Extracting Value from a Multi-Faceted Approach", artigo 317, Center for Information Systems Research da MIT Sloan School, Cambridge, MA, agosto de 2001.

* Skylink – *Web site* da Delta (N. da R.T.)
** Skymiles – Programa de milhagem da Delta (N. da R.T.)
*** Crown Room – Sala de espera VIP da Delta (N. da R.T.)

A arquitetura de TI da empresa na Figura 2-5 refletiu os processos centrais, os dados que determinavam esses processos e os canais que transmitiam dados a funcionários, clientes e parceiros comerciais. A partir dessa arquitetura, os líderes de TI podiam desenvolver os requisitos de infra-estrutura. O principal requisito eram dados altamente centralizados, padronizados e seguros, acessíveis a um vasto conjunto de *stakeholders* através de uma ampla variedade de canais. Os líderes de TI da Delta conceberam a gestão de canais e os serviços de comunicação, dados e segurança, para atender a esses requisitos.

Embora a arquitetura de TI da empresa não detalhe as aplicações necessárias para dar suporte aos processos centrais, ela identifica as principais atividades associadas à experiência do cliente e às operações de vôo. O Conselho de TI estabeleceu prioridades para projetos de desenvolvimento de aplicações.

O foco em poucos projetos permitiu que a empresa enfrentasse os problemas do Bug do Milênio e cumprisse suas prioridades relativas a serviço de atendimento ao cliente e operações confiáveis. O vice-presidente sênior e CDO*, Keith Halbert, observou que a liderança do Conselho de TI habilitou a Delta a evitar a crise do Bug do Milênio e a aprimorar paulatinamente seus processos centrais: "Através de suas orientações, do reforço dado a elas nas reuniões, da direção dada em termos de priorização e, sobretudo, quando suas equipes chegaram pelas portas dos fundos para tentar mudar suas prioridades, seu apoio ao plano fez realmente uma grande diferença".

A arquitetura de TI da empresa estava parcialmente concluída em 1º de janeiro de 2000, mas isso foi suficiente para que sobrevivessem ao Bug do Milênio. O CEO Mullin atribuiu à transformação da infra-estrutura da Delta o crédito por ajudar a firma a desenvolver uma situação financeira robusta (em comparação com a concorrência). Em poucos anos, a Delta passou do último para o primeiro lugar em importantes indicadores da indústria, como partidas pontuais e menor número de queixas de clientes. O Conselho de TI tornou-se um acessório permanente, responsável por especificar as prioridades de TI. Ele investiu simultaneamente em infra-estrutura e aplicações. Os investimentos em infra-estrutura deram suporte aos requisitos interfuncionais dos processos centrais e serviram de base para as aplicações futuras. A empresa continua a investir no Sistema Nervoso Delta, que se mostrou uma plataforma flexível para implementar rapidamente novas iniciativas estratégicas, como a impressão doméstica de bilhetes de embarque e a transferência pró-ativa de passageiros de vôos atrasados. O sucesso

---

* *Chief Development Officer*, ou diretor de desenvolvimento. (N. do T.)

da Delta resultou, em parte, de uma visão estratégica clara e do envolvimento das pessoas certas em cada uma das cinco decisões de TI.

Associando as cinco decisões de TI

A experiência da Delta sublinha o inter-relacionamento das cinco decisões-chave de TI. Cada uma delas exige atenção individual, mas nenhuma pode ser tomada isoladamente. Não se admira que a Governança de TI seja difícil! Mas enquanto todas as decisões requerem atenção gerencial, uma abordagem claramente articulada à governança distribui o processo decisório entre as pessoas mais bem posicionadas para compreender os requisitos – e suas implicações. Além disso, formalizar a contribuição para decisões através de processos de governança assegura a comunicação e o *feedback* essenciais para essas cinco decisões-chave de TI.

Como resumo do capítulo e ponto de partida para a formulação da governança, criamos uma série de perguntas representativas de cada decisão de TI (Figura 2-6). Responder devidamente a estas e a questões similares é o trabalho das pessoas incumbidas de tomar decisões segundo o projeto de governança. Você tem as pessoas certas tomando tais decisões? Elas estão bem equipadas para lidar com as concessões necessárias? No próximo capítulo, discutiremos as opções que as empresas têm para alocar tanto os direitos decisórios como as responsabilidades por contribuir com cada decisão de TI.

FIGURA 2-6

Questões Essenciais para Cada Decisão de TI

Princípios de TI	Qual o modelo operacional da empresa? Qual o papel da TI no negócio? Quais são os comportamentos desejáveis em termos de TI? Como a TI será custeada?
Arquitetura de TI	Quais são os processos centrais de negócio da empresa? Como eles se relacionam? Quais informações determinam esses processos centrais? Como os dados devem ser integrados? Quais capacidades técnicas devem ser padronizadas na empresa toda para suportar as eficiências de TI e facilitar a padronização e a integração dos processos? Quais atividades devem ser padronizadas na empresa toda para dar suporte à integração dos dados? Que opções tecnológicas guiarão a abordagem da empresa para as iniciativas de TI?

(continua)

FIGURA 2-6

Questões Essenciais para Cada Decisão de TI *(continuação)*

Infra-estrutura de TI	Quais serviços de infra-estrutura são mais críticos para que se atinjam os objetivos estratégicos da empresa? Para cada *cluster* de capacidade, que serviços de infra-estrutura devem ser implementados na empresa toda e quais os requisitos de nível de serviço* desses serviços? Como os serviços de infra-estrutura devem ser apreçados? Qual o plano para manter atualizadas as tecnologias de suporte? Que serviços de infra-estrutura devem ser terceirizados?
Necessidades de aplicações de negócio	Quais as oportunidades de mercado e de processos de negócio para novas aplicações comerciais? Como os experimentos são concebidos de modo que estimem o seu sucesso? Como as necessidades de negócio podem ser satisfeitas dentro dos padrões da arquitetura de TI? Quando uma necessidade de negócio justifica uma exceção às normas? Quem será detentor dos resultados de cada projeto e instituirá mudanças organizacionais para garantir a geração de valor?
Investimentos e priorização da TI	Que mudanças ou melhorias de processos são estrategicamente mais importantes para a empresa? Quais são as distribuições nos *portfolios* atual e proposto de TI? Esses *portfolios* são consistentes com os objetivos estratégicos da empresa? Qual a importância relativa de investimentos na empresa como um todo *versus* investimentos nas unidades de negócio? As práticas reais de investimentos refletem essa importância relativa?

* Quais SLA (*Service Level Agreement*) serão adotados? (N. da R.T.)

3

Arquétipos da Governança de TI para a Alocação de Direitos Decisórios

NUMA RECENTE SESSÃO do programa de dois dias "IT for the Non-IT Executive" ("TI para executivos de outras áreas"), da MIT Sloan School of Management, um dos autores perguntou aos presentes que palavras eles usariam para descrever a Governança de TI de sua empresa. A seguir estão algumas das respostas:

Que Governança de TI?

Anarquia!

Depende da quantidade de dinheiro envolvida.

Deixe-me perguntar ao meu CIO.

As unidades de negócio tomam todas as decisões estratégicas.

Tomada de decisões conjunta entre os líderes das unidades de negócio e o grupo central de TI.

A alta gerência dita as regras.

Meu pessoal de TI cuida dessas coisas.

Alguns dos presentes sabiam como governavam a TI. Outros não. O grupo inteiro estava em busca de uma ferramenta que servisse para projetar a governança de suas empresas e também para aprender com outras empresas. Representar e analisar os direitos decisórios é crítico para a Governança de TI. O propósito deste capítulo é oferecer um conjunto de arquétipos e, conseqüentemente, de opções para os direitos decisórios em TI. O capítulo usa tais arquétipos para descrever como as firmas tomam decisões sobre Tecnologia da Informação e apresenta três casos de Governança de TI em empresas que buscam crescimento.

Este capítulo explora a questão: quem deve tomar as decisões de governança? Nós nos concentramos em padrões "típicos" para examinar a variedade de opções e motivos que determinam os arranjos de Governança de TI. No Capítulo 4, descrevemos os mecanismos que as empresas utilizam para implementar a governança. No Capítulo 5, exploramos as diferenças da governança em firmas com desempenho superior.

Para compreender como as empresas governam, descrevemos os arranjos de governança das 256 empresas que pesquisamos. Eram empresas grandes, que tinham em média oito unidades de negócio[1]. A empresa média investia 8% de suas despesas totais em Tecnologia da Informação e empregava 850 profissionais de TI. Noventa por cento dos CIOs que responderam às nossas pesquisas tinham responsabilidade sobre a TI na empresa toda. Cerca de metade das empresas tinha unidades de negócio altamente autônomas, mas arranjos de governança foram concebidos para criar ou tirar proveito de sinergias entre essas unidades. As demais empresas tinham em sua maioria unidades de negócio menos autônomas, com uma sinergia significativa entre elas.

Arquétipos

Nós utilizamos arquétipos políticos (monarquia, feudalismo, federalismo, duopólio e anarquia) para descrever as combinações de pessoas que têm direitos decisórios ou contribuem para a tomada de decisões de TI. Um desses seis arquétipos (Figura 3-1) poderia descrever como sua empresa toma uma ou mais das cinco decisões-chave de TI ou contribui com os tomadores de decisão.

Monarquia de negócio

Numa monarquia de negócio, os altos executivos de negócios tomam decisões de TI que afetam a empresa toda. O processo de investimentos em TI que a State Street Corporation introduziu em 2001, descrito no capítulo anterior, é uma monarquia de negócio em ação. Na State Street, o COO, o CAO, o CIO e os executivos seniores que comandam as várias unidades de negócio compõem um comitê executivo. O CIO participa em pé de igualdade com os demais líderes. Os altos executivos de negócios (CxOs ou executivos em papel de diretoria) tomam decisões em grupo. A figura 3-2 enumera as características distintivas dos diferentes arranjos de governança e como nós classificamos as empresas.

FIGURA 3-1

Arquétipos da Governança de TI

ESTILO	QUEM TEM DIREITOS DECISÓRIOS OU DE CONTRIBUIÇÃO?
Monarquia de negócio	Um grupo de executivos de negócios ou executivos individuais (CxOs). Inclui comitês de executivos seniores de negócios (podendo incluir o CIO). Exclui executivos de TI que atuem independentemente.
Monarquia de TI	Indivíduos ou grupos de executivos de TI.
Feudalismo	Líderes das unidades de negócio, detentores de processos-chave ou seus delegados.
Federalismo	Executivos do nível de diretoria (*c-level*) e grupos de negócios (*e.g.*, processos ou unidades de negócio); incluindo executivos de TI como participantes adicionais. Equivalente à atuação conjunta dos governos federal e estadual.
Duopólio de TI	Executivos de TI e algum outro grupo (*e.g.*, os CxOs ou os líderes de unidades de negócio ou os líderes de processos).
Anarquia	Cada usuário individual.

Tipicamente, as monarquias de negócio aceitam contribuições de muitas fontes para as decisões-chave. Por exemplo, as decisões de investimento em TI em empresas como a State Street recebem contribuições (a) dos subordinados diretos do CIO, (b) dos líderes de TI das unidades de negócio, (c) do processo de gestão de orçamento da empresa como um todo, (d) de acordos de nível de serviços e cobrança reversa e (e) de um sistema de rastreamento de atividades que mostra todos os recursos de TI e como estes são utilizados.

Monarquia de TI

Numa monarquia de TI, os profissionais de Tecnologia da Informação tomam as decisões de TI. Na UPS, por exemplo, o Comitê de Governança de TI, formado pelos altos administradores de TI, toma as decisões estratégicas que afetam a arquitetura de TI. Muitas outras empresas, incluindo a State Street, têm um Escritório de Arquitetura de TI que toma decisões sobre a arquitetura de TI. As empresas implementam monarquias de TI de muitas maneiras diferentes, freqüentemente envolvendo profissionais de TI tanto de equipes corporativas como de unidades de negócio. A DuPont, por exemplo, tem um grupo de arquitetura de TI com representantes de todas as regiões, de todas as unidades de negócio estratégicas e de todos os centros de competência. Esse grupo propõe "regras" de arquitetura para a equipe da alta gerência de TI, formada pelo CIO corporativo e pelos CIOs das maiores unidades de negócio. Essa equipe zela pela clareza das regras e detém o poder de impor as normas de arquitetura de TI.

FIGURA 3-2

Principais Participantes nos Arquétipos de Governança de TI

	Executivos de diretoria (*c-level*)	TI corporativa e/ou das unidades de negócio	Líderes das unidades de negócio ou detentores dos principais processos de negócio
Monarquia de negócio	✓		
Monarquia de TI		✓	
Feudalismo			✓
Federalismo	✓	✓	✓
	✓		✓
Duopólio de TI	✓	✓	
		✓	✓
Anarquia			

Feudalismo

O modelo feudal é baseado nas tradições da "antiga e alegre Inglaterra", onde príncipes e princesas, ou os cavaleiros por eles escolhidos, tomavam suas próprias decisões, otimizando suas necessidades locais. No caso da Governança de TI, a entidade feudal é tipicamente a unidade de negócio, a região ou a função[2]. De forma geral, em nosso estudo, o modelo feudal não se mostrou muito comum, porque a maioria das empresas estava em busca de sinergias entre as unidades de negócio. Esse modelo não facilita a tomada de decisões da empresa como um todo.

Federalismo

O modelo decisório federalista tem uma longa tradição nos governos. Arranjos federalistas tentam equilibrar as responsabilidades e cobranças de múltiplos órgãos de governo, como país e estados. Charles Handy, entre outros, identificou recentemente a utilidade do modelo federalista em negociar os interesses tanto da organização central (tipicamente a sede) como das unidades individuais[3]. Definimos o modelo federalista como a tomada de decisões coordenada que envolve tanto o centro como as unidades de negócio. Os representantes das unidades no modelo federalista podem ser os seus líderes ou os detentores de processos de negócio. Líderes de TI em nível corporativo e/ou das unidades de negócio podem, também, envolver-se na governança federalista como participantes adicionais.

O modelo federalista é sem dúvida o mais difícil arquétipo para a tomada de decisões, pois os líderes da empresa têm preocupações diferentes das dos líderes das unidades de negócio. Os membros de uma organização federalista representam suas próprias responsabilidades exclusivas. Além disso, os sistemas de incentivo levam os administradores a focarem com freqüência nos resultados da unidade de negócio, e não da empresa. O impacto dos recursos compartilhados no desempenho das unidades de negócio – e especificamente as taxas de transferência cobradas pelos recursos – costuma suscitar preocupações quanto à justiça. As empresas estudadas costumam utilizar modelos federalistas na contribuição decisória, talvez em razão dos problemas de justiça e representatividade.

Nos modelos federalistas, as unidades de negócio maiores e mais poderosas com freqüência ganham mais atenção e têm maior influência sobre as decisões. Conseqüentemente, as unidades menores estão sempre insatisfeitas e por vezes se separam da união para atender a suas próprias necessidades. As empresas que adotam estruturas de governança federalistas costumam fazer uso de equipes administrativas e comitês executivos para resolver conflitos inerentes.

Duopólio de TI

O duopólio de TI é um arranjo entre duas partes em que as decisões representam o consenso bilateral entre executivos de TI e algum outro grupo[4]. Os executivos de TI podem ser um grupo central de TI ou uma equipe composta por organizações de TI centrais e das unidades de negócio. O outro grupo pode ser constituído de CxOs, líderes das unidades de negócio ou detentores de processos de negócios, ou, ainda, grupos dos principais usuários de sistemas (ver Figura 3-2). O duopólio difere do modelo federalista no sentido de que o arranjo federalista tem sempre representação tanto corporativa como local, ao passo que o duopólio tem uma ou outra, mas nunca ambas, e inclui invariavelmente profissionais de TI.

Os duopólios de TI assumem, freqüentemente, uma de duas formas: a "roda de bicicleta" ou a estrutura de comitê em forma de T (Figura 3-3). A roda de bicicleta ilustra um duopólio que envolve o grupo central de TI e as unidades de negócio. O grupo de TI encontra-se no cubo central e as unidades de negócio em volta do aro. Os raios são a série de relacionamentos bilaterais entre o grupo de TI e as várias unidades de negócio. Cada unidade de negócio ganha atenção individual ao longo dos raios, mas o mesmo cubo suporta toda a empresa.

Um duopólio que envolva o grupo central de TI e a equipe da alta gerência (os CxOs e os líderes das unidades de negócio) é muitas vezes implementado por dois comitês sobrepostos. O comitê executivo (a parte horizontal do T) é composto predominantemente de administradores da área comercial. A parte vertical do T é um comitê de TI constituído em sua maioria por administradores técnicos. Um pequeno grupo de pessoas participa de ambos os comitês para coordenar e garantir a sobreposição. Para melhorar a coordenação, os comitês podem se reunir no mesmo dia – digamos que o comitê executivo se reúna pela manhã e o de TI pela tarde –, com algum período de reunião conjunta.

FIGURA 3-3

Duopólio da Roda de Bicicleta e em Forma de T

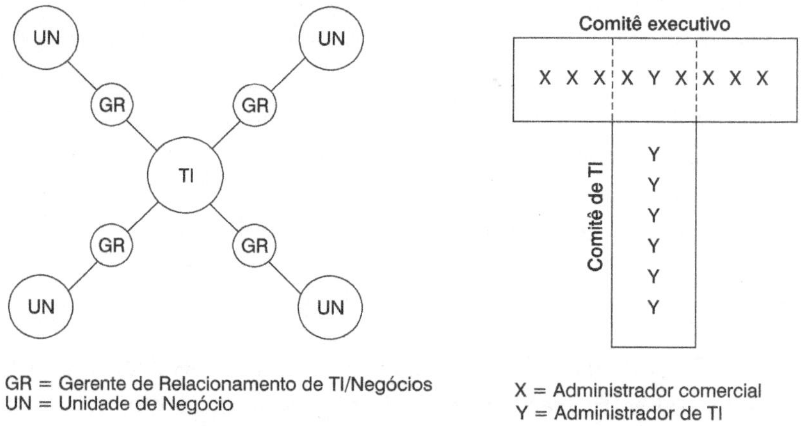

© 2003 Center for Information Systems Research (CISR) da MIT Sloan School. Usado com permissão.

Mais de um terço das 256 empresas utilizava duopólios para tomar decisões nos três domínios menos técnicos da TI: os princípios de TI, as necessidades de aplicações de negócio e os investimentos em TI. Duopólios também eram freqüentemente utilizados para prover contribuições a decisões sobre arquitetura e infra-estrutura. O arquétipo de duopólio é popular em parte porque envolve somente dois grupos decisórios – podendo atingir muitos dos objetivos do modelo federalista usando uma estrutura administrativa mais simples. Similarmente, os duopólios têm uma vantagem sobre os modelos feudais, no sentido de que o grupo central de TI é, em muitos casos, um dos poucos grupos que vêm a empresa como um todo e que podem procurar oportunidades de compartilhamento e reutilização. Os profissionais de TI podem, também, gerenciar a adesão, abertamente ou não, à arquitetura de TI da empresa. Os duopólios empregam usualmente gerentes de relacionamento ou os CIOs das unidades de negócio para representar as necessidades destas últimas. O grupo de TI pode ter uma série de duopólios, com diferentes unidades de negócio habilitando decisões mais customizadas em menos tempo. Esses duopólios têm a vantagem de se concentrarem diretamente nas necessidades das unidades de negócio, o que resulta em maior satisfação por parte dessas unidades de negócio. Mas tais duopólios de unidades de negócio podem ser caros e ineficazes quando se está decidindo problemas da organização em geral.

Anarquia

Descrever o modelo anárquico sempre traz à mente lembranças dos dias de graduação de um dos autores, quando Artie, o anarquista, era uma figura proeminente no campus. Artie ralhava contra vários dos princípios centrais da universidade – presença às aulas, notas, prazos –, mas reservava suas críticas mais veementes para normas de quaisquer tipos. Todas as empresas têm seus Arties, e a nossa tem mais do que sua quota justa! Numa anarquia, indivíduos ou pequenos grupos tomam suas próprias decisões com base somente em suas necessidades locais. As anarquias são a ruína de muitos grupos de TI, sendo caras de sustentar e preservar. Anarquias formalmente sancionadas são raras, mas apareceram em nosso estudo, sendo adotadas nos casos em que se requer uma reponsividade muito rápida a necessidades locais ou de clientes individuais.

Como a empresa típica governa a TI

Estudamos tanto as pessoas que tomavam cada uma das cinco decisões como as que contribuíam para elas. Em seguida, nós categorizamos a abordagem da empresa por arquétipos (ver Figura 3-2). A Figura 3-4 lista o percentual de empresas que utilizaram cada arquétipo de governança para cada decisão. A soma das porcentagens em cada coluna perfaz 100%. A células sombreadas na Figura 3-4 indicam os padrões típicos ou mais comuns de governança e as células sombreadas com bordas destacam os padrões mais comuns de tomada de decisões.

FIGURA 3-4

Como as Empresas Governam

Decisão / Arquétipo	Princípios de TI		Arquitetura de TI		Estratégias de infra-estrutura de TI		Necessidades de aplicações de negócio		Investimentos em TI	
	Contribuição	Decisão	Contribuição	Decisão	Contribuição	Decisão	Contribuição	Decisão	Contribuição	Decisão
Monarquia de negócio	0	27	0	6	0	7	1	12	1	30
Monarquia de TI	1	18	20	73	10	59	0	8	0	9
Feudalismo	0	3	0	0	1	2	1	18	0	3
Federalismo	83	14	46	4	59	6	81	30	93	27
Duopólio	15	36	34	15	30	23	17	27	6	30
Anarquia	0	0	0	1	0	1	0	3	0	1
Sem dados, ou não se sabe	1	2	0	1	0	2	0	2	0	0

□ Padrões de contribuição mais comuns em todas as empresas.
□ Padrões de decisão mais comuns em todas as empresas.
Os números em cada célula são porcentagens de 256 empresas estudadas em 23 países. A soma das colunas perfaz 100 .

O padrão mais comum de governança permitia colaborações de base ampla com direitos decisórios alocados a grupos que variavam conforme a decisão. No caso das três decisões de TI orientadas a negócio (princípios, necessidades de aplicações de negócio e investimentos), mais de 80% das empresas permitiam a contribuição através de um modelo de governança federalista. Comitês, orçamentos e processos interfuncionais apresentavam oportunidades de contribuição e *feedback* referentes a tais decisões. Estruturas federalistas também sustentavam a contribuição para decisões de TI mais técnicas, mas as abordagens das empresas em relação a aspectos técnicos eram mais variadas. Os duopólios eram, também, uma abordagem popular de contribuição para as decisões técnicas. A abordagem duopolista em matéria de contribuição para decisões técnicas tinha objetivos similares aos da abordagem federalista, mas, ao passo que esta última abordagem envolvia todas as unidades de negócio, o duopólio empregava um conjunto de relacionamentos bilaterais entre a TI e as unidades de negócio.

Além de procurar contribuições internas para suas decisões, muitas firmas também as procuravam externamente. Fornecedores, parceiros comerciais, consultores, associações da indústria, universidades e outros grupos contribuíam. Em geral, não recomendamos a concessão de direitos decisórios a grupos externos em decisões-chave de TI (com a exceção de empresas sem fins lucrativos, discutidas no capítulo 7), como ocorre em alguns arranjos de terceirização. Mas fontes externas oferecem com freqüência contribuições valiosas.

Em comparação com os processos de contribuição, os direitos decisórios eram administrados com muito menos uniformidade entre as diferentes empresas. Descrevemos essas variações para cada domínio decisório.

Arranjos de governança típicos para princípios de TI

Os princípios de TI, que determinam o papel estratégico da TI por toda a empresa, eram decididos de várias maneiras. Trinta e seis por cento das empresas empregavam a abordagem duopolista (usualmente profissionais de TI e os CxOs, num duopólio em forma de T), mas as abordagens de monarquia de negócio, monarquia de TI e federalismo eram, também, regularmente utilizadas. Suspeitamos que os duopólios em geral e os duopólios de TI de alta gerência, em particular, tiveram preferência nas decisões sobre os princípios de TI, porque os administradores seniores sentiam a necessidade de assumir a frente para assegurar o alinhamento entre a TI e as estratégias de negócios. Atuar em parceria com líderes de TI no processo decisório estabelece expectativas realistas para a TI e promove o esclarecimento da estratégia de negócios. Um duopólio de TI também assegura o comprometimento da unidade de TI com os princípios de negócios. Igualmente importante, os executivos seniores permitem que a TI molde esses princípios de maneira a refletir capacidades tecnológicas já existentes ou em desenvolvimento. Com isso, os duopólios são estruturados para converter competências de TI em princípios e estratégias voltados para o futuro.

Como os duopólios, as monarquias de negócio tornam, também, mais provável que os princípios de TI se alinhem à estratégia de negócios. A liderança dos CxOs aumenta em muito a probabilidade de que tais princípios sejam observados. Mas as monarquias de negócio não são isentas de riscos. Os administradores seniores podem estabelecer princípios sem prover os processos de governança, os níveis de custeio e as estruturas organizacionais para concretizá-los. O envolvimento de administradores seniores que conheçam a Tecnologia da Informação ou a presença de um forte CIO na equipe executiva reduz esses riscos.

Modelos federalistas para princípios de TI conferem às unidades de negócio um grande poder de voz na definição do papel da TI. Esse poder de voz é particularmente valioso nos casos em que os objetivos de negócios frisam a importância da autonomia das unidades de negócio. Para balancear os diferentes interesses do núcleo central e das unidades de negócio, algumas empresas começam definindo o papel da TI. Princípios claros que determinem como a TI dará suporte tanto ao centro como às unidades de negócio (talvez através de uma combinação entre serviços compartilhados e unidades locais de TI) podem reduzir a dificuldade de aplicar o modelo federalista a outras decisões (por exemplo, sobre necessidades de aplicações de negócio).

Os 18% de empresas que confiavam a responsabilidade pelos princípios de TI a monarquias de TI estavam assumindo riscos significativos. Se os objetivos de negócios forem claramente expostos, os profissionais de TI poderão facilmente converter objetivos estratégicos em princípios de TI adequados. Vimos relacionamentos muito eficazes entre as áreas de negócios e de TI, que permitiam à alta gerência confiar a elaboração dos princípios de TI aos líderes de TI. No entanto, uma monarquia de TI que assuma a responsabilidade por tais princípios estará mais predisposta a desenvolver princípios tecnicamente sensatos, mas estrategicamente sem importância. Esses princípios resultarão numa arquitetura eficiente que, no entanto, não habilitará o negócio. Além disso, monarquias de TI que tomam decisões sobre princípios de TI estão sujeitas a levar a culpa se os sistemas não gerarem os benefícios esperados. Pior ainda, como os administradores de negócios terão abdicado da responsabilidade por definir as metas, a área de TI pode muito bem encontrar dificuldades em conseguir que tais administradores aceitem a responsabilidade por gerar benefícios – o que usualmente significa que haverá poucos benefícios. Independentemente das capacidades proporcionadas pela TI, se os líderes da área comercial não assumirem a responsabilidade por convertê-las em valor, o risco de fracasso é grande. Com altos riscos, surge a possibilidade de líderes de negócio frustrados que reagem muitas vezes substituindo a liderança de TI ou abdicando ainda mais e terceirizando totalmente o "problema da TI".

Arranjos de governança típicos para a arquitetura de TI

Mais de 70% das empresas empregam monarquias de TI para escolher a arquitetura, o que sugere que os administradores seniores vêem a arquitetura como uma questão mais técnica do que estratégica. A maioria das empresas procura incorporar nas decisões sobre arquitetura considerações referentes à estratégia de negócios, com contribuições feitas por arranjos federalistas e duopolistas. Entretanto, o preponderante papel decisório da TI nas decisões de arquitetura sugere que os administradores de negócio se sentem desqualificados, desinteressados ou desnecessários – confiando que os profissionais de TI conseguirão converter os princípios de TI numa arquitetura. Os profissionais de TI sentem-se tipicamente à vontade assumindo a responsabilidade por decisões sobre a arquitetura de TI. Em muitas das empresas que estudamos, uma equipe exclusiva de Tecnologia de Informação – muitas vezes com representantes de TI de unidades de negócio individuais – é responsável por conceber e gerir a arquitetura, comunicando-a, então, à empresa toda.

Outros 15% das empresas tomam decisões de arquitetura utilizando duopólios. Esses duopólios são tipicamente uma parceria entre os CxOs, que provêem o horizonte estratégico, e os profissionais de TI, que trazem contribuições técnicas e com freqüência organizacionais – um duopólio em forma de T. A abordagem duopolista é um franco reconhecimento da dualidade técnica e comercial das decisões sobre arquitetura.

Arranjos de governança típicos para estratégias de infra-estrutura de TI

Como no caso da arquitetura, as decisões sobre estratégias de infra-estrutura são tomadas, freqüentemente, dentro da unidade de TI. Quase 60% das empresas utilizavam monarquias de TI para tomar decisões de infra-estrutura. Esse arranjo conferia independência à TI para conceber e apreçar ofertas de serviços. A unidade Networking and Computing Services (Serviços de Rede e Computação – NCS) da Johnson & Johnson provê serviços de infra-estrutura centralizados para muitas das unidades operacionais da J&J. Contudo, como a NCS deve efetivamente vender seus serviços às companhias operacionais, as demandas de seus clientes a influenciam muito. Na J&J, essas exigências são articuladas com maior freqüência pelo pessoal de TI das companhias operacionais. Em muitas empresas, todavia, há considerável contribuição de arranjos federalistas e duopolistas. Monarquias de TI eficazes criam infra-estruturas que tanto consideram os requisitos de aplicações das unidades de negócio quanto os atendem.

Quase um quarto das empresas empregava um duopólio para tomar decisões sobre a estratégia da infra-estrutura. Os duopólios são bem adequados para negociações relativamente rápidas de questões comerciais, tecnológicas e políticas associadas a serviços de infra-estrutura compartilhados. Por exemplo, a Schneider National, grande empresa americana de transporte rodoviário, promove reuniões regulares entre os administradores seniores e os principais líderes de TI para definir os requisitos de infra-estrutura. Essas reuniões permitem que os administradores seniores compartilhem estratégias em criação com executivos de TI, que podem identificar deficiências nas capacidades existentes e sugerir como a firma deve aprimorar a tecnologia já instalada. O processo deixa o pessoal de TI mais versado em negócios e o pessoal de negócios mais versado em TI.

Arranjos de governança típicos para necessidades de aplicações de negócio

As pessoas que tomam decisões sobre necessidades de aplicações de negócio especificam as necessidades de negócios de sistemas a serem comprados ou desenvolvidos no ano seguinte ou coisa que o valha. As empresas de nosso estudo apresentaram uma grande variedade de abordagens nessas decisões. As abordagens federalistas eram ligeiramente mais populares do que as duopolistas, e também havia um número substancial de empresas que utilizavam feudalismo e monarquias de negócio.

Os modelos federalistas consideram os objetivos da empresa quando da implementação de aplicações de negócio locais. Em tais modelos, essa implementação pode replicar ou customizar um *software* adotado na empresa toda. Por exemplo, uma companhia farmacêutica adquiriu um ERP para toda a empresa, mas, salvo por um pequeno conjunto de definições gerais de dados (por exemplo, dados financeiros), ela não padronizou a aplicação entre suas unidades de negócio regionais. A equipe central desenvolveu um modelo e depois ajudou as equipes locais a configurá-lo de acordo com suas necessidades únicas. Esse arranjo permitiu o compartilhamento de *expertise* na companhia toda, mas optou pelos benefícios da customização local em preferência à padronização global.

Duopólios de TI, tipicamente de roda de bicicleta, eram utilizados por 27% das empresas. Esses duopólios conferem maior poder de voz à TI nas decisões sobre aplicações de negócio, o que talvez reflita o papel mais pronunciado dos padrões de arquitetura de TIs em limitar o número de opções consideradas no caso de aplicações compradas. Por exemplo, no Commonwealth Bank of Australia – o maior banco da Austrália, com muitas unidades de negócio de grande porte –, a equipe central de arquitetura de TI analisa todas as propostas de aplicações comerciais. Durante uma análise, a equipe observou que várias unidades de negócio vinham propondo uma funcionalidade similar sobre múltiplas plataformas de *front end* para atendimento ao cliente. A equipe de arquitetura identificou os requisitos comuns e propôs uma abordagem única que eliminou US$ 20 milhões da solicitação de orçamento conjunta das unidades para aplicações comerciais.

O envolvimento da TI em decisões de aplicações de negócio aumenta a probabilidade de que ambos, os padrões técnicos e as capacidades de infra-estrutura de TI já existentes, influenciem a escolha das aplicações[5].

As decisões sobre necessidades de aplicações de negócio são as únicas em que um número significativo de empresas (18%) usa modelos feudais – unidades de negócio independentes decidindo por si mesmas. Modelos feudais proporcionam maior autonomia às unidades de negócio e permitem que tais unidades ajam mais rápido para descobrir pacotes ou definir requisitos para atender a uma necessidade de negócio única. Em algumas empresas, o modelo feudal para necessidades de aplicações de negócio era balanceado por governanças mais centralizadas para princípios de TI e investimentos em TI (por exemplo, monarquias de negócio).

Em 12% das empresas, monarquias de negócio tomavam as decisões sobre necessidades de aplicações. A Dow Corning aplicou essa abordagem na implementação do seu sistema de planejamento de recursos. Comprometida com uma cadeia de suprimentos global, a administração desenvolveu uma única versão de *software* que foi instalada em todos os 109 sites.

Arranjos de governança típicos para investimentos e priorização de TI

Três abordagens dominam a tomada de decisões sobre investimentos e priorização de TI – monarquias de negócio, federalismo e duopólios. As três abordagens são quase igualmente populares, mas oferecem visões diversas de como as empresas asseguram que o máximo valor seja obtido a partir dos investimentos em TI. O fato de somente 9% das empresas atribuírem as decisões sobre investimentos em TI a profissionais de TI reflete a crescente ciência de que tais decisões envolvem concessões comerciais – os tomadores de decisão determinam quais processos de negócio receberão ou não suporte da TI.

Monarquias de negócio são bem qualificadas para definir e custear prioridades de negócios. Elas também costumam ser responsáveis por decisões sobre o orçamento geral de capital. Com isso, atribuir a responsabilidade pelos investimentos e priorização de TI a uma monarquia de negócio permite que os projetos de TI disputem fundos com outras necessidades organizacionais. A concorrência por fundos facilita uma visão integrada dos ativos principais da empresa (físicos, humanos, de relacionamento) e é promovida por um comitê empresarial de investimentos que avalia todos os grandes investimentos.

Abordagens federalistas aos investimentos em TI balanceiam prioridades da empresa como um todo e prioridades das unidades de negócio. Numa das empresas, mais de 80% dos fundos para investimento em TI eram alocados pela equipe da alta gerência, mas cada uma das unidades funcionais tinha uma "concessão" para prioridades locais. Em contraste, firmas com unidades de negócio altamente autônomas custeavam a maior parte da Tecnologia da Informação a partir de seus escritórios regionais, empregando ocasionalmente o custeio central para dar conta de necessidades estratégicas globais.

Abordagens duopolistas aos investimentos em TI (com freqüência comitês em forma de T) reconhecem que a unidade de TI é especialmente apta para identificar os riscos oferecidos pela infra-estrutura tecnológica existente e as oportunidades de compartilhamento e reutilização entre unidades de negócio. Com isso, o envolvimento da TI nas decisões de investimento provê uma visão mais a longo prazo das implicações dos projetos correntemente custeados. Executivos seniores podem simultaneamente assegurar que projetos prioritários sejam "encenados" de acordo com as necessidades e a disponibilidade da infra-estrutura. Empresas com duopólios fortes podem agrupar projetos que requeiram novas capacidades de infra-estrutura. Esse processo permite um *payback* mais rápido, uma vez que grandes investimentos em infra-estrutura são adiados (assim como as aplicações que os requerem) até que uma massa crítica os justifique.

Analisando diferentes padrões de governança entre empresas

Esta primeira olhada nos dados de nosso estudo revela certos padrões gerais. Por exemplo, poucas empresas governam com abordagens anárquicas ou feudais. Muitas alocam a responsabilidade por decisões de arquitetura e infra-estrutura a especialistas em TI. Em geral, contudo, descobrimos uma variação significativa nos padrões de governança. As variações resultam de uma série de fatores:

1. *Metas estratégicas e de desempenho:* uma governança eficaz procura reforçar comportamentos desejáveis para alcançar as metas estratégicas e de desempenho da empresa. Como as metas de cada empresa são diferentes, uma grande variedade de abordagens de governança é utilizada.
2. *Estrutura organizacional:* tradicionalmente, as empresas têm contado com a estrutura organizacional para alinhar a tomada de decisões com

suas metas e estratégias. No entanto, na tentativa de dar conta de metas conflitantes, geografias em expansão, mudanças rápidas e concorrência intensa, as estruturas organizacionais têm provido um suporte inadequado à estratégia. As empresas formulam sua governança para compensar as limitações da estrutura. Uma vez que não podem contar com um organograma para transmitir sua estratégia, elas devem identificar processos e governanças que transcendam esse organograma.

3. *Experiência em governança:* muitas empresas são relativamente incipientes na curva de aprendizado da eficácia em Governança de TI. Empresas menos maduras mudam a governança com maior freqüência e têm dificuldade em coordenar todos os seus mecanismos. Os indivíduos das empresas contribuem, também, com diferentes níveis de *expertise.* Os executivos de TI aprendem sobre a estratégia de negócios (e muitas vezes exigem clareza) e os executivos de negócios aprendem sobre as capacidades de TI, graças ao constante envolvimento nas decisões sobre Tecnologia da Informação.
4. *Porte e diversidade:* conforme crescem e se diversificam – tanto geográfica como organizacionalmente –, as empresas estabelecem objetivos concorrentes e até mesmo conflitantes. Os comportamentos desejáveis tornam-se menos claros e mais dependentes das circunstâncias quando as empresas determinam objetivos que concorrem entre si. A governança precisa endereçar as conciliações exigidas por tais objetivos concorrentes. Com isso, a abordagem da governança propende a mudar conforme a empresa se torna mais complexa.
5. *Diferenças de indústria e regionais:* as diferenças de indústria e regionais geram pressões únicas sobre as empresas e tais pressões refletem-se na sua Governança de TI. As culturas decisórias variam consideravelmente entre as diferentes regiões do mundo, muitas vezes complicando a governança em empresas globais. A última seção deste capítulo explora essas diferenças e apresenta os padrões típicos de Governança de TI por indústria e região. Para ajudar nas comparações, uma série de tabelas sumariza as diversas abordagens à governança por região e indústria[6].

Finalmente, a variação nos arranjos de governança reflete os níveis variáveis de eficácia da governança. As empresas de melhor desempenho governam diversamente. Explicaremos as diferenças no Capítulo 5. Agora avaliaremos os arranjos de governança da DuPont, do DBS Bank e da Motorola – três firmas excelentes, todas em busca de crescimento, cada uma aplicando arranjos de governança específicos às suas necessidades.

Estudo de caso: DuPont

A DuPont é um fabricante de 25 bilhões de dólares de soluções científicas, que atua em indústrias que abrangem alimentação e nutrição, serviços de saúde, casa e construção, indumentária, artigos eletrônicos e transporte[7]. A companhia, que celebrou seu segundo centenário em 2002, tem mais de 79 mil funcionários em setenta países. Ela se organiza em seis plataformas de crescimento de mercado, que se subdividem em unidades de negócio estratégicas. Apesar das condições econômicas difíceis, a DuPont iniciou seu terceiro século como uma das vinte empresas identificadas pela *BusinessWeek* como tendo a flexibilidade e o poder financeiro para tirar vantagem das oportunidades de aquisição disponíveis durante o período de mercado em baixa.

O poder financeiro é importante para que a DuPont custeie seu reiterado intuito estratégico de crescimento sustentável. A DuPont desativa linhas de produtos que não prometem crescer, mesmo quando o desempenho é bom. Para estimular o crescimento, a DuPont compra companhias menores com tecnologias únicas e *know-how* de mercado.

A TI na DuPont é incumbida de promover a visão "One DuPont" ("Uma Só DuPont"). Essa visão congrega as diversas *expertises* da empresa para desenvolver soluções inovadoras para problemas específicos do cliente. A "One DuPont" proverá também uma única face aos clientes globais que fazem negócios com múltiplas linhas de produção e unidades de negócio da DuPont.

Para endereçar as necessidades de informação de suas diversas unidades de negócio, a DuPont tem uma arquitetura global que define os pontos de intersecção entre os negócios. Um pequeno conjunto de "Grandes Regras" determina os elementos críticos da arquitetura[8]. Por exemplo, uma Grande Regra especifica: "Ao criar serviços de comunicação e compartilhamento de dados na empresa, utilize os padrões da indústria química para compartilhar os dados recebidos e enviados"[9].

Para dar suporte à visão de negócios e implementar as Grandes Regras, a DuPont criou serviços de infra-estrutura para a empresa toda, como os serviços de gerenciamento de canais, telecomunicações, segurança, computadores e aplicações globais. Embora a corporação tenha instituído certos padrões de aplicações, como o Lotus Notes para a colaboração e o SAP para as finanças, as unidades organizacionais definem a maior parte de suas necessidades de aplicações. Tais necessidades podem ser definidas no nível das regiões, das unidades de negócio ou das linhas de produção.

A maior parte do desenvolvimento de infra-estrutura global da DuPont tem sido custeada centralmente, mas as unidades de negócio acabam eventualmente pagando por todos esses serviços via processos de cobrança reversa. As unidades de negócio tomam suas próprias decisões de investimento para custear as variações significativas em processos como P&D, manufatura, distribuição e gerenciamento da cadeia de suprimentos.

A Governança de TI da DuPont para a empresa toda (mapeada na Matriz de Avaliação de Governança na Figura 3-5, incluídos os principais mecanismos de TI) reflete as demandas globais de mercado, a diversidade de seus negócios e sua ênfase no crescimento. Seria possível, também, fazer uma Matriz de Arranjos de Governança para cada uma das seis plataformas de crescimento da DuPont.

Os princípios de TI concentram-se em transmitir a visão "One DuPont". Eles surgiram de discussões entre a equipe de executivos seniores e os líderes de TI. Um CIO regional descreveu, da seguinte maneira, seu papel em definir a estratégia e os princípios de TI: "Muitas vezes eu estava educando as pessoas sobre o potencial da TI de desempenhar um papel estratégico diferente. E muitas vezes eu estava tentando tomar uma parte da estratégia nas mãos e descobrir como poderíamos desenvolvê-la realmente e implementá-la num processo de negócios"[10].

Decisões sobre arquitetura resultam largamente dos esforços de uma equipe global de arquitetura composta por quarenta profissionais de TI de todas as regiões, unidades de negócio e centros de competência de TI. Essa equipe formula as regras e políticas embutidas na arquitetura e faz recomendações à Equipe de Liderança Global de TI (IGLT) da DuPont, composta por cerca de quinze dos mais altos líderes de TI dos negócios e das regiões. Os gerentes de TI da DuPont observam que todo líder tecnológico deve trabalhar juntamente com os líderes de negócio e representar tanto as unidades de negócio como a empresa nas decisões sobre arquitetura. Essa capacidade da Tecnologia da Informação para representar as áreas de negócios se deve aos papéis operacionais e de relatores dos líderes de TI nas unidades de negócio.

FIGURA 3-5

Como a DuPont Governa a TI

DECISÃO

Arquétipo de Governança	Princípios de TI		Arquitetura de TI		Estratégias de infra-estrutura de TI		Necessidades de aplicações de negócio		Investimentos em TI	
	Contribuição	Decisão	Contribuição	Decisão	Contribuição	Decisão	Contribuição	Decisão	Contribuição	Decisão
Monarquia de negócio										
Monarquia de TI			Equipe de arquitetura	Líderes de TI	Centro de competência	Líderes de TI				
Feudalismo	Unidade de negócio							Líderes de negócios		
Federalismo									Executivos seniores Líderes de negócio	TI corporativa Líderes de negócio
Duopólio		Executivos seniores TI corporativa					Executivos seniores TI corporativa			

☐ Padrões mais comuns em todas as firmas.

Mecanismos de governança:

Equipe de arquitetura – Quarenta especialistas em TI oriundos de várias áreas da empresa.
Líderes de negócio – Líderes das unidades de negócio.
Unidade de negócio – Líderes de negócio e de TI nas unidades de negócio.
Centro de competência – Representantes de centro de competência global de TI.
TI corporativa – CIO e quatro subordinados diretos.
Líderes de TI –TI corporativa e quinze CIOs de negócios.
Executivos seniores – Equipe executiva sênior, incluindo o CIO.

Os líderes de TI da DuPont tomam decisões de infra-estrutura oferecendo serviços compartilhados às unidades de negócio e obrigando as unidades que preferirem não utilizar os serviços compartilhados a apresentar um argumento que justifique sua particularidade. As unidades de negócio devem pagar por esses serviços, de modo que preferem negociar suas necessidades com a equipe central de infra-estrutura. Como no caso da arquitetura, a maioria dessas negociações ocorre entre membros das equipes locais e corporativas de TI, que devem representar as necessidades de negócio. Assim, a exemplo da arquitetura, a DuPont governa a infra-estrutura com monarquias de TI, tanto para decisões como para contribuições. A infra-estrutura dentro da DuPont existe em diversos níveis. Além da infra-estrutura da empresa toda aqui considerada, as unidades de negócio estratégicas desenvolvem sua própria infra-estrutura com seus próprios arranjos de governança. A governança geral de arquitetura assegura a compatibilidade entre os diversos níveis.

Como as necessidades de aplicações variam significativamente entre as unidades de negócio, a maioria das decisões a esse respeito – bem como a responsabilidade pela implementação – cabe às próprias unidades. A DuPont corporativa orienta a utilização de alguns pacotes de fabricantes, mas as unidades de negócio têm arbítrio próprio na implementação. Com isso, a abordagem feudal melhor descreve a tomada de decisões sobre aplicações de negócios na DuPont. No entanto, as aplicações gerais definidas pela administração corporativa de negócios e TI influenciam essas decisões, fazendo do processo de contribuição primariamente um duopólio.

Finalmente, as decisões sobre investimentos em TI resultam de negociações entre executivos corporativos e das unidades de negócio. Essas negociações envolvem executivos tanto de TI como de negócios, mas a inclusão de líderes tanto corporativos como das unidades de negócio faz da tomada de decisões um processo federalista. As unidades de negócio e a instância corporativa contribuem, também, para o processo de investimento, o que torna as contribuições, como as decisões, federalistas.

Em suma, a escala global da DuPont, suas metas de crescimento, sua estrutura complexa e a estratégia "One DuPont" resultaram em decisões feudais sobre necessidades de aplicações, equilibradas por uma abordagem federalista aos investimentos. Devido a seu porte e a sua diversidade global, a DuPont conta mais do que outras empresas do nosso estudo com profissionais de TI para representar as necessidades de negócio. A DuPont valoriza, ainda, o alinhamento entre a Tecnologia da Informação e a estratégia de negócios, mas confia mais do que outras empresas em profissionais de TI quando se trata de definir soluções para oportunidades de negócios.

Estudo de caso: DBS Bank

O DBS Bank é o banco líder em Cingapura, que atende a mais de 4 milhões de clientes em Cingapura, na Tailândia, em Hong Kong, na Indonésia e nas Filipinas[11]. Como no caso da DuPont, a estratégia do DBS enfatiza o crescimento, posicionando o banco especialmente para se tornar uma das principais franquias regionais asiáticas.

Em parte, o DBS procura fomentar seu crescimento adaptando rapidamente os bancos adquiridos à plataforma DBS. Para isso, o DBS está desenvolvendo uma plataforma para a empresa toda com tecnologia, definições de dados e métricas comuns. Embora a responsabilidade pelo desempenho deva permanecer em nível local, a alta gerência impõe sinergias entre os bancos. A visão que a administração tem do futuro é mais a de uma "rede de relacionamentos" do que a de bancos físicos. A plataforma da empresa é essencial para habilitar os bancos a oferecer um conjunto consistente de serviços DBS de acordo com as necessidades locais.

Os esforços de TI no DBS são orientados por um conjunto de princípios que abrangem a governança, a propriedade de dados e a arquitetura. A nova arquitetura do DBS define quinze serviços de infra-estrutura a serem oferecidos em toda a empresa. Um processo de exceções permite que as equipes de desenvolvimento por vezes fujam às normas de arquitetura, embora a arquitetura deva, então, passar a incorporar os novos requisitos. As equipes de desenvolvimento são centralizadas e atuam com funcionários dedicados exclusivamente à arquitetura, para assegurar uma abordagem arquitetônica boa a todo o desenvolvimento de aplicações.

Os investimentos em TI caem em três camadas de investimentos – e é assim que o DBS lida com todos os investimentos de capital. Os líderes das unidades de negócio têm autoridade para investimentos de até um milhão de dólares cingapurianos. Conselhos regionais de projetos, constituídos pelos principais administradores de TI e negócios, avaliam projetos na faixa de S$ 1 a 5 milhões. O escritório corporativo incumbe-se de todos os projetos acima de S$ 5 milhões, embora todas as decisões de investimento relativas à TI sejam tomadas segundo recomendações do CIO do grupo. Qualquer iniciativa de grande porte é avaliada em termos de objetivos tanto financeiros como não financeiros. A Governança de TI no DBS Bank é mapeada na Matriz de Avaliação de Governança, na Figura 3-6.

Apesar de compartilharem uma visão de crescimento, o DBS e a DuPont adotam abordagens bastante diferentes para a Governança de TI. Essas disparidades provavelmente estejam relacionadas às diferenças de indústrias no modo como as firmas crescem. A DuPont inova e adquire novos negócios de acordo com as linhas

FIGURA 3-6

Como o DBS Bank Governa a TI

DECISÃO

Arquétipo de Governança	Princípios de TI		Arquitetura de TI		Estratégias de infra-estrutura de TI		Necessidades de aplicações de negócio		Investimentos em TI	
	Contribuição	Decisão	Contribuição	Decisão	Contribuição	Decisão	Contribuição	Decisão	Contribuição	Decisão
Monarquia de negócio		Escritório corporativo CIO						Escritório corporativo CIO		Conselho de projetos Escritório corporativo
Monarquia de TI				Escritório de arquitetura	CIO Líderes de TI	CIO Líderes de TI				
Feudalismo										
Federalismo							Líderes de negócio Detentores de processos de negócios			
Duopólio	Líderes de negócio Líderes de TI		Líderes de negócio Líderes de TI						Líderes de negócio Líderes de TI Gerentes de NT	

☐ Padrões mais comuns em todas as firmas.

Mecanismos de governança:

Escritório de arquitetura.

Líderes de negócio.

Detentores de processos de negócios.

Gerentes de NT – Gerentes de relacionamento entre negócios e tecnologia.

CIO – Escritório e pessoal do CIO.

Escritório corporativo – Escritório corporativo (o CEO, o CIO e três líderes de negócio).

Líderes de TI – Grupo de liderança de TI.

Conselho de projetos – Conselhos regionais de projetos.

das unidades de negócio. A necessidade de sustentar o crescimento individual de suas unidades de negócio estratégicas leva a DuPont a um modelo de governança feudal para aplicações de negócio e a um duopólio para ditar os princípios que promoverão e orientarão comportamentos com respeito à Tecnologia da Informação. No entanto, a DuPont adota um modelo federalista para investimentos, para garantir o suporte tanto aos objetivos gerais da empresa como aos das unidades de negócio. Em contraste, o DBS cresce replicando componentes de negócio padronizados, de modo que decisões estratégicas de negócios são centralizadas na monarquia de negócio, ao passo que decisões técnicas centralizam-se na TI. Como resultado, o DBS pode crescer rapidamente na região e ao mesmo tempo concorrer como um prestador de serviços de baixo custo.

Estudo de caso: Motorola

A Motorola é um exemplo de empresa que busca o crescimento e ao mesmo tempo administra os problemas inerentes de segurança[12]. É uma líder global na provisão de comunicações integradas e soluções eletrônicas embarcadas. Tendo celebrado seu septuagésimo quinto aniversário em 2003, a Motorola consiste em seis setores que abrangem equipamentos de telecomunicações, soluções de *software* e serviços, além de produtos de semicondutores e sistemas integrados. A Motorola vem se recobrando de condições de mercado muito difíceis nos últimos anos, desde o extraordinário *boom* das empresas de telecomunicações e pontocom, no fim da década de 90. Com vendas de 27,3 bilhões de dólares em 2002, a Motorola procura retornar ao que o CEO chama de crescimento constante e racional, com "produtos reais que atendem a necessidades reais em mercados reais"[13]. A Motorola é a número um ou dois em seus mercados-chave e a gerência acredita que ela tende a crescer conforme a economia global se recupere. O crescimento, no caso da Motorola, advirá do aproveitamento de seu forte relacionamento com o cliente e da inovação contínua em produtos e aplicações de *software*.

Como as indústrias de *software* e telecomunicações são particularmente vulneráveis a riscos de segurança, a gerência da Motorola acredita que a segurança da informação é crítica para seus objetivos de crescimento e, assim, define a segurança de informação como a proteção de informações e sistemas contra falhas de disponibilidade, confidencialidade e integridade. A Motorola firmou um compromisso com a segurança da informação em suas operações e em seus produtos, o qual tornou a segurança de informação uma importante questão da alta gerência e uma parte essencial de sua governança de TI.

A Governança de TI da Motorola baseia-se em relações estreitas entre a TI e os negócios nos níveis corporativo e setorial. O CIO integra a equipe executiva e participa das decisões de princípios e investimento junto ao Conselho Administrativo. A equipe de liderança do CIO é composta dos líderes de arquitetura, infra-estrutura, aplicações empresariais e segurança, bem como dos CIOs dos seis setores. Essa equipe de liderança do CIO é responsável por decisões referentes à arquitetura e à infra-estrutura. As decisões sobre aplicações de negócio envolvem negociações entre os líderes corporativos e setoriais de TI e os líderes das unidades de negócio, num arranjo duopolista. Os arranjos de governança em TI da Motorola são mostrados na Figura 3-7.

O diretor corporativo de segurança da informação na Motorola, que se reporta ao CIO, reúne-se com este último nos encontros trimestrais do Conselho Administrativo. Nessas reuniões, o diretor de segurança detalha os riscos de segurança da Motorola e as alternativas para enfrentá-los. Um elemento-chave da governança da segurança da informação é a educação continuada. O diretor de segurança trabalhou com a alta gerência para determinar como considerar a probabilidade de diversas brechas de segurança e os potenciais impactos no negócio de cada uma das ameaças.

Como em outras áreas da Governança de TI, o Conselho Administrativo estabelece princípios de segurança e define prioridades. O Conselho especifica o orçamento de segurança separadamente do restante do orçamento de TI. A Motorola implementa seus planos de segurança nos níveis tanto corporativo como setorial. A equipe do diretor de segurança concebe e desenvolve tecnologias apropriadas. O pessoal de segurança trabalha, além disso, com arquitetos de TI nos níveis corporativo e setorial, para assegurar que medidas de segurança sejam embutidas continuamente na infra-estrutura e nas aplicações.

Na Motorola, as iniciativas de governança voltadas à segurança são um exemplo de como as empresas governam para endereçar questões estratégicas. As preocupações da Motorola com a segurança refletem-se em sua estrutura e em seus papéis organizacionais, em seus arranjos de governança e em seus processos específicos de arquitetura. Muitas empresas se preocupam com a segurança, mas a Motorola fez dela uma prioridade estratégica. Seus arranjos de governança garantem que considerações sobre a segurança sejam inseridas nos comportamentos desejáveis.

FIGURA 3-7

Como a Motorola Governa a TI

DECISÃO

Arquétipo de Governança	Princípios de TI – Contribuição	Princípios de TI – Decisão	Arquitetura de TI – Contribuição	Arquitetura de TI – Decisão	Estratégias de infra-estrutura de TI – Contribuição	Estratégias de infra-estrutura de TI – Decisão	Necessidades de aplicações de negócio – Contribuição	Necessidades de aplicações de negócio – Decisão	Investimentos em TI – Contribuição	Investimentos em TI – Decisão
Monarquia de negócio										
Monarquia de TI				Líderes de TI Líderes de segurança		Líderes de TI Líderes de segurança				
Feudalismo										
Federalismo	Líderes de negócio						TI setorial Líderes de negócio		TI setorial Líderes de negócio	
Duopólio		Conselho administrativo Líderes de TI	Pessoal do CIO TI setorial		Pessoal do CIO TI setorial			Líderes de negócio TI setorial Pessoal do CIO		Conselho administrativo Líderes de TI

☐ Padrões mais comuns em todas as firmas.

Mecanismos de governança:

Líderes de negócio – Líderes das unidades de negócio dentro dos setores.
Pessoal do CIO – Funcionários do CIO.
Líderes de TI – Quatro subordinados diretos do CIO, seis CIOs setoriais.
Conselho administrativo – Equipe executiva sênior, inclusive o CIO.
Líderes de segurança – Liderança de TI e pessoal de segurança.
TI setorial – Pessoal do CIO setorial.

Os três casos ilustram, também, como diferentes conjuntos de mecanismos de TI podem ser utilizados para implementar efetivamente a governança. A Matriz de Arranjos de Governança de cada firma identifica os mecanismos através dos quais a firma implementa seus arranjos de governança. Por exemplo, a DuPont utiliza mecanismos como uma equipe de arquitetura de quarenta especialistas e centros de competência global de TI. Os mecanismos do DBS incluem um escritório de arquitetura e conselhos regionais de projetos. A Motorola utiliza mecanismos que incluem um conselho administrativo e líderes de segurança. No próximo capítulo, examinamos os mecanismos utilizados para implementar a Governança de TI e o modo como eles funcionam – tanto independentemente como em conjunto.

Diferenças de indústria e regionais na Governança de TI

Como demonstram os casos da DuPont, do DBS e da Motorola, perfis "típicos" de Governança de TI não servem como diretrizes genéricas de governança. Muitos fatores influenciam os requisitos de governança. A indústria e a região são dois desses fatores.

Para ilustrar algumas das diferenças entre as indústrias, compare os setores com fins lucrativos, sem fins lucrativos e governamental. Mensurar o desempenho é mais difícil e muito menos claro nos setores governamental e sem fins lucrativos. Essa diferença afeta a cultura da organização e o senso de responsabilidade de cada indivíduo, uma vez que todos trabalham para prestar serviços que se justificam pela acessibilidade e por méritos legislativos ou sociais, e não por seu impacto em vendas ou lucros futuros. As diferenças de governança entre o setor com fins lucrativos, por um lado, e o governo e o setor sem fins lucrativos, por outro, refletem essas diferenças em cultura, mensurações e responsabilidades. Por exemplo, os setores governamental e sem fins lucrativos empregam significativamente mais monarquias de negócio para decisões de princípios e investimentos em TI do que as empresas com fins lucrativos. O uso mais intensivo de monarquias de negócio reflete o processo decisório mais centralizado em alguns tipos de empresas governamentais e sem fins lucrativos, como as de resposta a emergências, tributação e defesa. Os objetivos múltiplos e freqüentemente conflitantes das empresas sem fins lucrativos exigem uma direção firme do centro. O poder decisório dos CxOs pode, também, resultar em atitudes diferentes em relação à gestão de riscos e à delegação de poder. Empresas governamentais e sem fins lucrativos também contam mais intensamente com modelos federalistas para decisões sobre necessidades de aplicações de negócio. Os modelos federalistas para aplicações de negócios permitem à liderança central assegurar que os objetivos da empresa sejam levados em conta, reconhecendo ao mesmo tempo que as unidades funcionais têm requisitos únicos de TI para concretizar seus respectivos objetivos. O Capítulo 7 amplia a discussão sobre como empresas governamentais e sem fins lucrativos aplicam a governança para atender a seus objetivos estratégicos.

Outras diferenças de indústrias também são visíveis, como, por exemplo, as firmas de serviços financeiros, que fazem maior uso de duopólios do que as empresas "típicas" e, em menor medida, de monarquias de TI para decisões de princípios de TI. O intenso envolvimento de profissionais de Tecnologia da Informação nas decisões de princípios provavelmente decorre da natureza do produto. Nos serviços financeiros, a informação é o produto. Assim, a TI tem historicamente desempenhado um papel estratégico nas empresas de serviços financeiros. A indústria de serviços distingue-se, também, da empresa "típica" por seu uso significativamente menor da governança federalista nas decisões de TI. O modelo federalista é muito utilizado para contribuir para as decisões nas empresas de serviços financeiros, de modo que tanto funções compartilhadas como unidades de negócio individuais influenciam o processo decisório. Mas abordagens decisórias federalistas são raras, provavelmente porque muitas empresas de serviços se organizam em linhas de produtos individuais. As firmas de serviços financeiros fazem um uso consideravelmente maior de abordagens feudais para necessidades de aplicações de negócio do que as empresas "típicas". A abordagem feudal pode ser um artefato histórico do foco em linhas de produto – que até recentemente era comum na indústria de serviços financeiros.

Os arranjos de governança das indústrias de telecomunicações e de serviços públicos são similares aos das empresas sem fins lucrativos. As indústrias de telecomunicações e de serviços públicos empregam monarquias de negócio acima do nível "típico" para decisões sobre princípios e investimentos em TI. O uso do processo decisório federalista para as necessidades de aplicações de negócio nas telecomunicações e nos serviços públicos é consideravelmente maior do que em qualquer outra indústria.

As empresas de manufatura, em contraste, fazem um uso maior de duopólios para as necessidades de aplicações de negócio, provavelmente porque nessas indústrias essas aplicações requerem uma cadeia de suprimentos cada vez mais contínua. O envolvimento da TI nas aplicações de negócio pode esclarecer as capacidades e as limitações da infra-estrutura existente e criar uma nova infra-estrutura para suportar novas aplicações. As empresas de manufatura contam mais do que outras indústrias com a abordagem federalista em decisões sobre investimentos em TI. Essa governança reflete, provavelmente, as necessidades únicas de diferentes linhas de produtos, departamentos funcionais e escritórios regionais, assegurando, ao mesmo tempo, a robustez da cadeia de suprimentos central e a habilidade de atender às necessidades de clientes globais grandes e geograficamente dispersos.

Descobrimos que as diferenças regionais não eram tão pronunciadas quanto as de indústria, provavelmente porque muitas das empresas na amostra eram globais, o que diminui a incidência de diferenças entre regiões. As firmas européias tendem a fazer um uso maior de monarquias de negócio para decisões de princípios, refletindo talvez a necessidade de esclarecer como a TI habilitaria a coordenação entre unidades de negócio. As vinte e sete firmas do Pacífico Asiático do estudo demonstraram maior propensão a adotar padrões federalistas de governança e um uso menor de monarquias de TI. Firmas americanas tinham uma influência maior das unidades de negócio, particularmente em necessidades de aplicações de negócios.

Entendendo os perfis "típicos" dos modelos de governança

As comparações são um ponto de partida para a concepção do modelo de Governança de TI. Para iniciar o processo de avaliação do modelo de governança, constatamos que a abordagem mais útil no uso de nossos resultados é fazer a pergunta: você consegue explicar a diferença entre a governança de sua empresa e a abordagem mais comum? Você pode também querer comparar seu modelo de governança com o mais freqüente em sua indústria e região. Descrever de modo convincente a diferença é um indicador de boa harmonia entre sua governança e sua estratégia. A inabilidade para descrever a diferença indica a necessidade de repensar o modelo de governança de sua empresa.

4

Mecanismos para Implementar a Governança de TI

UM DE NOSSOS MENTORES costumava dizer que há duas coisas que é melhor não vermos como são feitas – salsichas e leis. Em ambos os casos, um produto bem embalado resulta de processos caóticos. Similarmente, a Governança de TI pode ser caótica. Ela fomenta debates, negociações, discórdias construtivas, educação mútua e muitas vezes frustração. O processo é caótico, mas bons arranjos de governança habilitam indivíduos que representam metas conflitantes a reconciliar suas visões em benefício de sua empresa.

As empresas implementam seus arranjos de governança por meio de um conjunto de mecanismos de governança – estruturas, processos e comunicações. Mecanismos bem concebidos, bem compreendidos e transparentes promovem comportamentos desejáveis em termos de TI. Por outro lado, se os mecanismos forem mal implementados, os arranjos de governança não trarão os resultados desejados. O Capítulo 3 mostrou como a DuPont, o DBS e a Motorola implementaram seus arquétipos para cada decisão (veja as Figuras 3-5, 3-6 e 3-7). Este capítulo trata de mecanismos de governança comuns e como eles implementam os diferentes arquétipos. Oferecemos exemplos detalhados desses mecanismos e concluímos com um estudo de caso das Companhias Carlson, exemplificando como as empresas reúnem um conjunto coerente de mecanismos. Encerramos o capítulo com uma breve lista de princípios para definir os mecanismos de governança.

A Figura 4-1 enumera quinze dos mecanismos mais comuns de Governança de TI. Uma governança eficaz adota três tipos diferentes de mecanismos:

- *Estruturas de tomadas de decisão*: Unidades e papéis organizacionais responsáveis por tomar decisões de TI, como comitês, equipes executivas e gerentes de relacionamento entre negócios e TI.
- *Processos de alinhamento*: Processos formais para assegurar que os comportamentos cotidianos sejam consistentes com as políticas de TI e contribuam com as decisões. Incluem processos de avaliação e proposta de investimentos em TI, processos de exceções de arquitetura, acordos de nível de serviço, cobrança reversa e métricas.
- *Abordagens de comunicação*: Comunicados, porta-vozes, canais e esforços de educação que disseminam os princípios e as políticas da Governança de TI e os resultados dos processos decisórios em TI.

Discutiremos todos os tipos de mecanismo neste capítulo e explicaremos as capacidades e as limitações de cada um.

Estruturas de tomadas de decisão

Os mecanismos mais visíveis da Governança de TI são as estruturas organizacionais que alocam responsabilidades decisórias de acordo com os arquétipos pretendidos. Idealmente, toda empresa envolve líderes tanto de TI como de negócios no processo de governança. As estruturas de tomadas de decisão são a abordagem natural para gerar comprometimento – embora alguns executivos tenham notoriamente se livrado de suas responsabilidades pela Governança de TI. Para avaliar as alternativas de modelos de governança, identificamos os mecanismos decisórios mais comumente empregados nos arquétipos de monarquia de negócio, federalismo, monarquia de TI e duopólio. Empresas com uma governança eficaz mesclam e combinam estruturas de tomadas de decisão para implementar arquétipos predefinidos e atingir ao final suas metas organizacionais.

Estruturas de tomadas de decisão das monarquias de negócio

A TI pode habilitar a estratégia da empresa apenas se a alta gerência estabelecer um direcionamento estratégico e elaborar um modelo operacional[1]. As empresas adotam grande número de abordagens para promover esse direcionamento. Monarquias de negócio – usualmente na forma de comitês executivos – têm freqüentemente um papel nesse processo. As empresas diferem consideravelmente no modelo de seus comitês executivos.

FIGURA 4-1

Mecanismos Comuns de Governança

Pesquisa realizada em 256 empresas em 23 países.

Em algumas empresas o CEO trabalha com uma pequena equipe de altos executivos para assegurar que a TI se alinhe com os objetivos corporativos. No DBS Bank, por exemplo, o Escritório Corporativo, constituído pelo *chairman* e CEO, pelo vice-*chairman* e pelo *chairman* do DBS Hong Kong, ratifica princípios e encarrega-se de decisões de investimento em TI superiores a S$ 5 milhões[2]. (Ver o caso do DBS no Capítulo 3.) A visibilidade do CEO nas decisões de TI no DBS tem importância, porque a firma adota uma abordagem "direta" na administração de TI. O DBS não depende de consenso. O CEO espera que o CIO tome e divulgue decisões-chave sobre os princípios corporativos. O envolvimento direto do CEO no estabelecimento da direção reforça, assim, a posição do CIO.

Outras empresas concentram sua atenção num subgrupo da equipe administrativa sênior para questões de TI. Por exemplo, na ING, conglomerado financeiro holandês, três membros do Conselho Executivo integram o Conselho de Política de TI (ITPB). O ITPB desenvolve estratégias, aprova normas técnicas e estabelece prioridades para projetos de grupo. O ITPB tem, também, seu papel em garantir a segurança dos sistemas, nomeando a alta gerência de TI e aprovando políticas em áreas como aplicações da empresa, infra-estrutura e arquitetura. Com três membros do Conselho Executivo desempenhando um papel tão ativo na governança e administração de TI, a ING assegura tanto que a TI cumpre os objetivos corporativos como que as ações do Conselho Executivo são determinadas pelas capacidades de TI.

O nível de envolvimento dos altos executivos na Governança de TI aumenta conforme as empresas ganham experiência no uso estratégico da Tecnologia da Informação. Na Dow Corning, fabricante de silício, a equipe executiva sênior constatou a necessidade de converter a TI de uma função de retaguarda num habilitador estratégico em meados dos anos 90[3]. Por muitos anos, o comitê executivo reuniu-se regularmente para redefinir o papel da TI, articular o papel do CIO, estabelecer princípios de arquitetura, delinear projeto-chave – particularmente a implementação de um sistema empresarial – e administrar de perto as prioridades de investimento em TI. O comitê executivo completo fez da Tecnologia da Informação uma função essencial com um líder capaz, desenvolveu confiança no CIO e competência para articular como a TI deveria habilitar os negócios. Responsabilidades permanentes pela Governança de TI foram atribuídas, então, a um subgrupo de membros do comitê executivo.

Similarmente, a UPS fez uso de uma equipe administrativa sênior composta de 7 membros para direcionar o custeio e moldar o papel da Tecnologia da Informação no fim dos anos 80. Depois que a UPS reforçou suas capacidades de TI em meados da década de 90, a equipe administrativa sênior foi reduzida para quatro membros. Ao reduzir o número de gerentes seniores no comitê diretivo, a UPS redirecionou parte dos recursos e da atenção da administração para outras necessidades estratégicas. A redução do porte do comitê diretivo foi um reconhecimento de que a UPS criou uma consciência sustentável da importância da TI em meio à alta gerência. A alta gerência havia incorporado questões referentes à TI numa visão mais holística da estratégia da UPS. O comitê diretivo reduzido poderia representar a equipe administrativa sênior e compartilhar o aprendizado sobre TI com outros gerentes seniores.

Para empresas como a Dow Corning e a UPS, a inclusão do CIO como membro da equipe executiva aumentou a capacidade da monarquia de negócio de compreender o papel da TI na estratégia de negócios e de estabelecer o papel da Governança de TI da equipe executiva. Fazer do CIO um membro tanto da monarquia de negócio como da monarquia de TI proporcionou um elo natural entre as estratégias de negócios e de TI. Para empresas complexas e de grande porte, contudo, embelezar o papel do CIO não resolve as difíceis questões associadas ao equilíbrio entre as diferentes necessidades das várias unidades de negócio. Empresas de grande porte implementam com freqüência arranjos federalistas.

Estruturas federalistas de tomadas de decisão

Quase 90% das empresas em nosso estudo informaram que um comitê executivo sênior tomava parte na Governança de TI. Nos casos em que essas equipes executivas incluíam membros de todas as unidades de negócio, o arquétipo implementado era o federalismo, e não a monarquia de negócio. Como as estruturas federalistas equilibram abertamente as prioridades da empresa com as das unidades de negócio, elas podem suscitar contribuições valiosas para as decisões de Governança de TI.

O desejo por dados e infra-estruturas de TI compartilhados está no cerne da maioria dos modelos federalistas de organização da TI. Mecanismos que implementem uma Governança de TI federalista protegem a autonomia das unidades de negócio e ao mesmo tempo desenvolvem as normas necessárias para capacidades de negócios integradas. A administração da Brady Corporation, fabricante de produtos de identificação com um patrimônio de 500 milhões de dólares, concluiu em meados da década de 90 que seu sucesso dependeria de as unidades de negócio deixarem de competir entre si e começarem a cooperar[4]. A administração acreditava que a TI seria fundamental para promover a mudança. Assim, a Brady criou uma Equipe Diretiva de TI constituída pelos líderes de seus três grupos de negócios, pelos líderes das unidades de negócio-chave, pelo CFO e pelo CIO. Essa equipe assumiu a responsabilidade pelas decisões sobre princípios e investimentos. A inclusão dos líderes das unidades de negócio nessas discussões facilitou o desenvolvimento de – e o compromisso com – uma infra-estrutura compartilhada e definições de dados comuns.

Similarmente, a Old Mutual South Africa, firma de serviços financeiros com operações bancárias, de seguros e de administração de ativos, procura operar como um sistema único, mas atribuindo responsabilidades às unidades de negócio. O Comitê de Investimento Estratégico da OMSA (o Sicom) é presidido pelo CEO e inclui o CFO, o CIO e três líderes de negócio. O Sicom toma as decisões de investimento em TI e rastreia os resultados – como faz com todos os outros investimentos na OMSA. A vantagem de tomar decisões de investimento em TI nesse nível é que a *expertise* conjunta dos tomadores de decisão provê uma visão holística da empresa. O comitê tem perfeita ciência das concessões necessárias entre suas opções de investimento. Com isso, ele fica mais inclinado a investir estrategicamente do que a esbanjar seus dólares em soluções de negócios atrativas, mas não necessárias.

Embora a importância do envolvimento dos executivos de negócios na Governança de TI esteja bem estabelecida, muitos executivos seniores reconhecem que não conseguiram esse envolvimento logo na primeira tentativa. Ou as pessoas erradas estavam no comitê, ou os membros do comitê nem sempre compareciam às reuniões, ou não compreendiam suas responsabilidades. Não são poucos os executivos que acham as decisões de TI cansativas. Mas a persistência compensa. Executivos decididos acabam aprendendo a gerar novo valor de negócio e a dominar a TI com sua atuação nos comitês. E assim que compreendem o valor que esses comitês podem gerar, o trabalho torna-se literalmente obrigatório.

Estruturas de tomadas de decisão baseadas em monarquias de TI

Complementando as monarquias de negócio, as monarquias de TI tomam a maioria das decisões no mundo sobre arquitetura e infra-estrutura. Descreveremos as duas implementações mais comuns das monarquias de TI: as equipes de liderança de TI e os comitês de arquitetura de TI.

Equipes de liderança de TI

Na maioria dos casos, a monarquia de TI é representada, ao menos em parte, pelas equipes de liderança de TI. Essas equipes podem incluir os líderes das funções (operações, arquitetura, aplicações e assim por diante), podem ser os CIOs das unidades de negócio ou podem ser uma combinação de ambos. Em muitas firmas de serviços financeiros, as equipes de liderança de TI incluem os vice-presidentes de TI de todas as unidades de negócios e funções (muitas vezes em número de quarenta ou mais). Essas equipes com freqüência tomam as decisões sobre arquitetura e infra-estrutura.

Em muitas empresas os CIOs das unidades de negócio formam um órgão decisório. Na Old Mutual South Africa, os CIOs das unidades de negócio, que se reportam ao CIO, são tomadores de decisão em todas as questões-chave, exceto as de investimento. Eles aprovam a recomendação de comitês especializados sobre arquitetura e infra-estrutura de TI e estabelecem políticas sobre a Tecnologia da Informação para a empresa toda. Identificam e solucionam os espinhosos problemas de conciliação entre as unidades de negócio e a empresa em geral.

Um dos desafios mais difíceis das equipes de liderança é resolver as diferentes necessidades das unidades de negócio que variam substancialmente em porte e, por conseguinte, em poder. As equipes de liderança de TI em empresas com unidades de negócio de portes muito variados não conferem o mesmo peso aos votos de seus membros. Como observou um CIO: "Isto aqui não é uma democracia". Tipicamente, a empresa se beneficiaria concentrando mais recursos e moldando suas políticas em torno das necessidades das unidades de negócio dominantes; mas tais decisões, válidas para a empresa toda, podem marginalizar as unidades de negócio pequenas.

Mais de 85% das empresas têm equipes formais de liderança de TI. Em nosso estudo, as empresas, que possuíam uma equipe de liderança de TI tinham um desempenho em governança mais eficaz do que as que não o possuíam. Desde que essas equipes incluam indivíduos competentes, de alto nível e motivados a satisfazer as necessidades do negócio, elas podem fazer contribuições inestimáveis para o sucesso da empresa.

Comitês de arquitetura

Um segundo tipo de estrutura para a tomada de decisões em TI é o comitê de arquitetura. Composto, usualmente, de especialistas técnicos, esse comitê é responsável por definir normas e, em alguns casos, conceder exceções. Na maioria dos casos, o papel do comitê de arquitetura é aconselhar a equipe de liderança de TI sobre questões de arquitetura, mas, ocasionalmente, esse comitê é um órgão-chave de tomada de decisões em governança.

Na Campbell Soup, a equipe de liderança de TI estabelece mandatos para o Architecture Review Board (Conselho de Avaliação da Arquitetura), que inclui representantes das unidades de negócio e da equipe corporativa de arquitetura[5].

O Conselho de Avaliação da Arquitetura elabora a cada três anos uma planta da arquitetura da companhia e monitora os padrões tecnológicos, classificando o status de tecnologias relevantes pelos quesitos pesquisar, investir, manter ou aposentar. O conselho atua juntamente com as equipes de gestão de projetos, de avaliação de programas e de observância da empresa, para garantir que os projetos estejam de acordo com os padrões de arquitetura e atendam aos objetivos de negócio. Uma preocupação fundamental do Conselho de Avaliação da Arquitetura é assegurar que o ambiente de TI da Campbell evolua de modo consistente com as metas de negócios. Arquiteturas de TI não são estáticas. Padrões antigos são, lentamente, aposentados. Novos padrões surgem com novas aplicações ou suas atualizações. O Conselho de Avaliação da Arquitetura estabelece um direcionamento tecnológico para a empresa e monitora as implementações para mantê-la na rota.

Aproximadamente 85% dos CIOs em nosso estudo declararam ter um comitê de arquitetura. Em muitas empresas, esses comitês têm estréias difíceis porque, em geral, são formados para “impor” padrões tecnológicos na empresa. Como os padrões limitam a autonomia, os desenvolvedores e seus parceiros de negócios tendem a resistir. Desde que a alta gerência espose a padronização por razões de negócios, contudo, os padrões são, gradualmente, aceitos. Os gerentes das unidades de negócio e do desenvolvimento de aplicações passam a valorizar a simplificação e confiabilidade do ambiente com tecnologia padronizada. A crescente aceitação permite aos comitês de arquitetura definir com maior eficácia a arquitetura da empresa e facilitar sua implementação.

Quando os comitês de arquitetura trabalham juntamente com os gerentes das unidades de negócio, eles não só introduzem padrões tecnológicos com eficácia, como antecipam a necessidade de novas tecnologias com capacidades valiosas. Para terem impacto, os comitês de arquitetura devem trabalhar intensivamente com os líderes das unidades de negócio e com os desenvolvedores de aplicações, educando-os quanto aos benefícios da arquitetura e familiarizando-se continuamente com suas necessidades. Como as equipes de liderança de TI, os comitês de arquitetura de TI podem fazer contribuições significativas para os objetivos da empresa. Quando mal concebidos e implementados, contudo, podem gerar obstáculos ao sucesso da empresa.

Coordenando as monarquias de negócio e de TI

As monarquias de TI são uma abordagem natural e valiosa para a aplicação da *expertise* tecnológica da empresa. Mas o risco das monarquias de TI é que, ao coordenar os esforços de TI, elas possam se alienar da realidade organizacional. Empresas desperdiçam recursos consideráveis fazendo melhorias técnicas que ninguém converte em valor de negócio. Ter membros em comum nas equipes de liderança de TI e nas equipes executivas seniores, especialmente na figura do CIO, pode alinhar as atividades das monarquias de negócio e de TI. Os CIOs das unidades de negócio são um segundo elo popular para preservar as conexões entre as monarquias de TI e os líderes de negócio. Em muitos casos, esses CIOs das unidades de negócio atuam tanto na equipe de liderança de TI como na equipe administrativa de suas unidades de negócio. O efeito dessas monarquias de TI é, então, similar ao de um arranjo federalista, embora seja mais fácil implementá-las.

Estruturas de tomadas de decisão baseadas em duopólio

O papel típico dos líderes de negócio na Governança de TI é esclarecer os objetivos de negócios e incorporar capacidades de TI na formulação da estratégia. O papel típico dos líderes de TI é ajudar a conceber estratégias habilitadas pela Tecnologia da Informação, esclarecer padrões de arquitetura e conceber infra-estruturas compartilhadas. As responsabilidades desses dois grupos estão obviamente entrelaçadas. Elos formais de governança resultam freqüentemente em melhor desempenho, como veremos no próximo capítulo.

Esses elos são formados às vezes graças à existência de membros comuns nas monarquias de negócio e de TI, como se observou na seção anterior. Como alternativa, algumas empresas estabelecem arranjos de governança duopolistas, que compreendem membros das áreas tecnológica e de negócios. Mais de 70% das empresas de nosso estudo tinham conselhos de TI com membros conjuntos de negócios e de TI. Cerca de 85% das empresas tinham equipes de processos com membros da TI, e uma porcentagem similar tinha gerentes de relacionamento entre negócios e TI. Esses três mecanismos dão suporte aos arquétipos duopolistas.

Conselhos de TI com membros das áreas de negócios e TI

Uma abordagem para assegurar a interação entre a TI e os negócios é um conselho decisório conjunto. Por exemplo, na Abbey National, o sexto maior grupo bancário do Reino Unido, o grupo de liderança de mensagens instantâneas inclui representantes tanto de TI como de negócios. Além disso, muitos dos membros do grupo têm responsabilidades tanto de negócios como de TI. O diretor de TI da empresa, por exemplo, também é responsável por funções de negócios, como gestão de dívidas e obtenção de suprimentos. A mescla de habilidades de negócios e de TI representada tanto nos conjuntos de aptidões individuais como na composição do comitê permite que a equipe alinhe a estratégia de negócios e de Tecnologia da Informação ao tomar decisões sobre arquitetura, infra-estrutura e aplicações de negócios. A composição da equipe também ajuda a identificar e solucionar requisitos muito diversos de TI para negócios que vão desde o amplo negócio de serviços financeiros pessoais da empresa no Reino Unido até seu braço menor de bancos de atacado.

Organizações de processos

A crescente ênfase em processos de negócios interfuncionais levou muitas empresas a se concentrarem em mecanismos de governança de processos. O casamento entre os processos e a TI é natural na maioria das empresas, já que processos de negócios inter-funcionais dependem de fluxos de informação que cruzam fronteiras organizacionais e são sustentados pela infra-estrutura de TI. Encontramos conselhos de processos – integrados pelos detentores dos processos – atuando com executivos de TI para tomar decisões sobre aplicações de negócios em organizações como o DBS e a ING. Os conselhos de processos contribuem também para outras decisões de TI, pois determinam necessidades infra-estruturais no nível da empresa.

Grande parte da ênfase nos processos de negócios reflete-se em unidades organizacionais estruturadas em torno de projetos. Modelos organizacionais centrados em projetos facilitam a gestão de processos interfuncionais e de unidades de negócio múltiplas e redirecionam o foco da gestão dos objetivos das unidades de negócio para os da empresa. Esses modelos preparam também a empresa para os requisitos de mudança organizacional dos projetos de TI.

Como um exemplo, a MeadWestvaco tem até 275 projetos em andamento simultaneamente, a maioria com um componente de TI[6]. A MeadWestvaco formulou seu Modelo de Zeladoria da TI para organizar a Governança de TI em torno de projetos (Figura 4-2). Com a implementação de seu sistema integrado de gestão empresarial (ERP), a firma vem criando equipes de desempenho para cada um de seus processos centrais. Os detentores dos processos lideram as equipes de desempenho e as atribuem às equipes de projetos, oriundas de múltiplas áreas funcionais, a integrar iniciativas para o aprimoramento de processos. Os membros das equipes de projetos retêm suas responsabilidades funcionais na MeadWestvaco, mas são responsáveis (e mutuamente responsáveis) pelo sucesso de seus projetos. As equipes de projeto monitoram, atentamente, seus projetos, classificando-os em vermelhos, amarelos ou verdes de acordo com seus status. Os projetos são vermelhos quando algo sai errado, de modo que os membros da equipe endereçam o problema e a alta gerência pode investigá-lo. Quando um projeto se torna amarelo, ele recebe atenção para não ficar vermelho. Todos na equipe são responsáveis por notar quando algo sai errado e por mudar o código do projeto de verde para amarelo.

FIGURA 4-2

O Modelo de Zeladoria de TI e os Papéis na MeadWestvaco

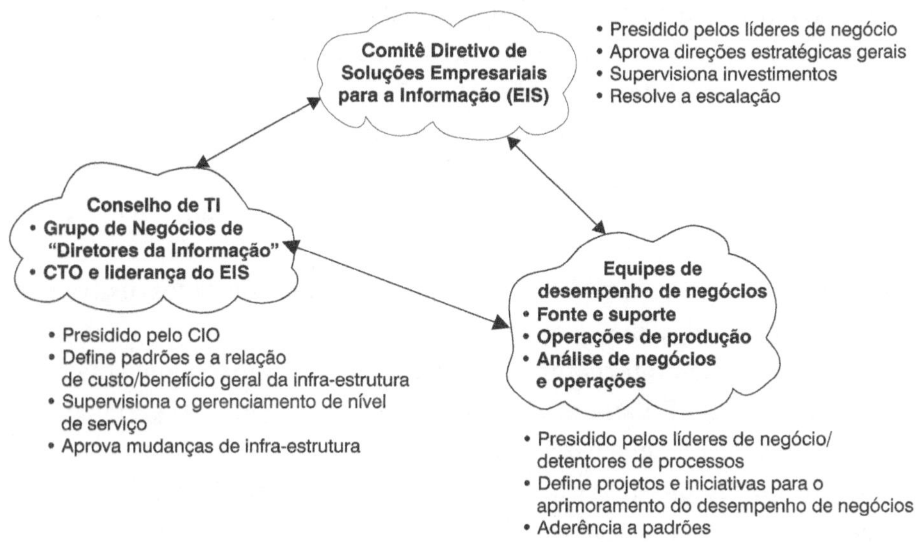

Fonte: Registros corporativos da MeadWestvaco. Usado com permissão.

Este arranjo atentamente monitorado de projetos opera em paralelo com o Conselho de TI da MeadWestvaco. O Conselho de TI é presidido pelo CIO corporativo e seus membros têm um alto nível de responsabilidade pela TI dentro das unidades de negócio (como o CIO ou o CFO da unidade de negócio). O Conselho toma decisões sobre padrões e aprova mudanças na infra-estrutura, com o intuito de atender às necessidades das equipes de desempenho de negócios. O conselho trabalha também com o Comitê Diretivo de Soluções Empresariais para a Informação (EIS), que define a direção estratégica geral. Compreendendo os vice-presidentes executivos, o vice-presidente sênior de pesquisa e tecnologia, o CFO, o CIO e um presidente de divisão, o Comitê Diretivo EIS aprova os principais investimentos em TI. Ao conceber uma governança que envolve líderes tanto de negócios como de TI em suas estruturas de tomadas de decisão, a MeadWestvaco transcendeu as fronteiras organizacionais formais na busca pela melhoria dos processos e pelo aprimoramento de seu ERP. Estruturas de tomadas de decisão que reúnam tomadores de decisão de negócios e de TI na governança de processos, especialmente no que toca a projetos, oferecem uma oportunidade particularmente tangível de manter os executivos de TI e de negócios concentrados nos objetivos estratégicos.

Gerentes de relacionamento entre negócios e TI

As unidades de negócio e as funções locais podem considerar onerosas ou confusas as ordens coordenadas centralmente. Gerentes de relacionamento entre negócios e TI desempenham um importante papel em comunicar essas ordens e suas implicações e em atender às necessidades dos gerentes das unidades de negócio, ajudando-os a ver antes os benefícios que os inconvenientes. Gerentes de relacionamento eficazes devem ser verdadeiramente híbridos – igualmente à vontade para discutir questões de negócios, como a segmentação efetiva do mercado, e questões técnicas, como o melhor modelo para um banco de dados distribuído que colete informações sobre os segmentos de clientes. Quando bem-sucedidos, os gerentes de relacionamento tornam qualquer arquétipo de governança mais eficaz.

O Commonwealth Bank of Australia (CBA) manteve seus gerentes de relacionamento internos ao terceirizar seus serviços de TI. Esses gerentes zelam pelo relacionamento entre a empresa e as prestadoras de serviços, para ajudar as unidades de negócio a articular suas necessidades de negócio, maximizar o valor e minimizar o custo da TI para suas unidades. O CBA descobriu que o segredo para uma gestão bem-sucedida de relacionamentos é ter gerentes de TI de alto nível, capazes de conquistar o respeito dos administradores seniores das unidades de negócio.

A unidade de TI da Tennessee Valley Authority incumbe os gerentes de contas de dar apoio às unidades de negócio, agindo como seus porta-vozes em discussões com a TI corporativa. Os gerentes de contas promovem os processos de Governança de TI assegurando que os padrões de TI e sua respectiva lista de compras sejam compreendidos e seguidos. Ao mesmo tempo, esses gerentes comunicam questões de negócios a seus colegas de TI. Dão suporte ao processo de exceções e auxiliam oferecendo argumentos comerciais durante os processos de aprovação. Como resultado, a eficácia dos gerentes de contas depende em grande parte de sua habilidade de tornar a infra-estrutura responsiva às necessidades das unidades de negócio[7].

Em empresas como a DuPont, a Campbell Soup e a Marriott, os CIOs das unidades de negócio desempenham o papel de gerentes de relacionamento. Eles se encontram com a TI corporativa e os líderes da TI das unidades de negócio para negociar decisões sobre princípios, arquitetura e investimentos em TI. O *status* organizacional desses CIOs das unidades de negócio permite-lhes tomar decisões que comprometam tanto as unidades de negócio como a empresa.

Duopólios são particularmente eficazes para empresas que enfrentam problemas em alinhar os negócios e a TI. Nos duopólios, os interesses de negócios e TI são conectados através de processo decisório conjunto, mas ainda com o enfoque em atender às necessidades específicas das unidades de negócio. Essa conexão e esse enfoque aumentam a probabilidade de que a TI esteja estrategicamente alinhada e os executivos de negócios compreendam seu papel em gerar valor para a TI. Mecanismos duopolistas de tomadas de decisão, contudo, requerem, freqüentemente, um grande número de membros com aptidões únicas. Os duopólios também contam tipicamente com o grupo central de TI para implementar iniciativas de TI na empresa toda, como serviços compartilhados ou plataformas comuns para os processos de negócios. O segredo dos duopólios bem-sucedidos é encontrar uma combinação de líderes seniores, que representem tanto os negócios como a TI, com o *status* necessário para envolver a empresa toda em iniciativas habilitadas por TI*, e que reconheçam ao mesmo tempo as necessidades de cada unidade de negócio.

Processos de alinhamento

As estruturas de tomadas de decisão são o primeiro passo na concepção da Governança de TI. Mas uma governança eficaz é uma questão tanto de ações como de decisões. Os processos de alinhamento são técnicas da administração de TI para assegurar o envolvimento geral na administração e utilização efetiva da Tecnologia da Informação. Os processos de alinhamento devem levar todos a bordo, tanto contribuindo para as decisões de governança como disseminando os produtos das decisões de TI. Os principais processos de alinhamento incluem o processo de aprovação de investimentos, o processo de exceções à arquitetura, os acordos de nível de serviço, a cobrança reversa, o acompanhamento de projetos e o rastreamento formal do valor de negócios gerado da TI.

---

* Por exemplo, a criação de novos aplicativos de negócio. (N. da R.T.)

O processo de aprovação de investimentos em TI

O objetivo do processo de aprovação de investimentos em TI é assegurar que os investimentos em TI gerem retornos significativos para a empresa em comparação com outras oportunidades alternativas de investimento. A maioria das empresas formaliza seu processo de proposta de investimentos em TI para garantir que idéias criativas e prioridades estratégicas sejam consideradas pelos tomadores de decisões de investimentos. Muitas empresas usam modelos padronizados de solicitação de aprovação de investimentos, procurando estimar métricas como o ROI*, o VPL† e o risco de cada projeto. Sem modelos de investimento, os tomadores de decisão têm dificuldade em comparar projetos e podem perder oportunidades de gerar valor, fazendo investimentos com benefícios menos assegurados.

Embora as propostas padronizadas exponham os benefícios e os riscos relativos de cada projeto, elas são menos eficazes para estabelecer de que modo um projeto proposto contribui para os objetivos estratégicos de uma empresa. A maioria das empresas incumbe as unidades de negócio e as funções de estabelecer suas prioridades com base em seus próprios objetivos. Comitês de investimento determinam tipicamente o conjunto de projetos que juntos proporcionam os maiores benefícios estratégicos à empresa.

A UPS enfoca as prioridades estratégicas organizando o processo de investimentos em torno de seus processos centrais. As propostas de investimento em TI são produzidas pelas quatro equipes interfuncionais de processos da firma. Essas equipes de processos submetem anteprojetos formais ao Comitê Diretivo de TI. Como os processos são interfuncionais, os anteprojetos transcendem as fronteiras organizacionais. Os processos incorporam as prioridades estratégicas da empresa, facilitando ao comitê diretivo avaliar o impacto estratégico de oportunidades de investimento em TI.

A USAA emprega seu Comitê Diretivo de Integração para avaliar as prioridades estratégicas de todos os projetos, relativos ou não à TI[8]. Esse comitê constituído por nove membros tem representantes seniores de grandes unidades de negócio e funções, incluindo TI. Liderado pelo diretor executivo de Operações Comerciais da Empresa, que é um subordinado direto do CEO, o comitê considera fatores como requisitos comuns entre propostas, o valor potencial para a firma, a disponibilidade da infra-estrutura necessária e a prontidão da organização para

---

* ROI – Return On Investment. (N. da R.T.)

† VPL – Valor Presente Líquido. (N. da R.T.)

implementar efetivamente o projeto. A missão do Comitê Diretivo de Integração é implementar o modelo operacional da empresa – um modelo baseado numa visão única do cliente. Como o modelo operacional exige a integração das unidades de negócio, uma porcentagem crescente dos dólares de investimento da USAA vem custeando projetos da empresa como o gerenciamento do relacionamento com o cliente, aplicações de comércio eletrônico, administração do fluxo de trabalho e a *intranet* dos funcionários. Mas na USAA até mesmo projetos específicos das unidades de negócio devem passar pelo teste de importância estratégica para a empresa.

Sem um processo efetivo de aprovação, os investimentos em TI visam invariavelmente a metas localizadas, em vez de metas gerais da empresa. Com isso, as propostas de projetos freqüentemente superestimam os benefícios, porque não falham em considerar o impacto combinado de todos os projetos da empresa. Um comitê de investimentos avaliou um conjunto de propostas de TI que, de acordo com os benefícios estimados, poderiam ser combinados para reduzir os custos totais da firma em mais de 100%! O processo de aprovação de investimentos é um fator crítico para determinar se a TI é uma ferramenta estratégica habilitadora ou simplesmente uma grande despesa.

O processo de exceções à arquitetura

Poucas empresas podem dar suporte a todas as plataformas técnicas que pareçam úteis aos negócios. Os padrões tecnológicos são críticos para a eficiência da TI – e dos negócios. Mas exceções ocasionais não apenas são apropriadas, como necessárias. A questão é saber como identificar a exceção ocasional. A resposta é o processo de exceções à arquitetura.

É com as exceções que as empresas aprendem. As empresas adotam o processo de exceções para atender a necessidades de negócios específicas e determinar quando os padrões existentes estão se tornando obsoletos. As exceções servem como válvula de escape para reduzir pressões organizacionais. Ficamos freqüentemente impressionados com a veemência com que os administradores defendem suas posições de exceções. Sem um processo viável de exceções, as unidades de negócio ignoram os padrões da empresa e implementam exceções sem nenhuma aprovação. Essa abordagem provoca tensões organizacionais que se acumulam com o tempo à medida que mais exceções não autorizadas ocorrem. Os administradores de unidades de negócios que seguem as regras ficam frustrados. Já ouvimos histórias de debates inflamados e ocasionais murros na mesa. O resultado é tipicamente uma imposição mais vigilante da arquitetura de TI, que já ouvimos descrita assim: "Lá vem a polícia da TI novamente!". Pior ainda, as exceções não autorizadas privam a empresa da oportunidade de aprender.

Os comitês de arquitetura costumam ser responsáveis pelo estabelecimento de padrões. Em muitos casos, o comitê de arquitetura assume também a responsabilidade por autorizar exceções aos padrões. Esses comitês, entretanto, podem facilmente se atolar em batalhas insignificantes, criando um gargalo para as implementações de TI. Para evitar esse dilema, a maioria das solicitações de exceção de arquitetura deve ser resolvida antes de chegar ao comitê de arquitetura.

Os processos de exceções mais bem-sucedidos resolvem a maioria das questões no nível da equipe de projetos, passando logo adiante quaisquer pedidos de exceção potencialmente estratégicos. Uma abordagem é pôr um arquiteto de TI em todas as equipes de projetos. Os arquitetos esclarecem padrões e resolvem debates menores. Também podem ajudar a equipe de projetos a elaborar seus argumentos para exceções com valor.

Em empresas onde a padronização se ajusta facilmente – por exemplo, nas empresas que enfatizam operações de baixo custo –, os pedidos de exceção são necessariamente raros. Os arquitetos de projetos compreendem a expectativa de que as implementações de sistemas devem se conformar aos padrões. Os CIOs da Air Products e da MeadWestvaco observam que, como as exceções são raras, eles podem lidar pessoalmente com os pedidos ocasionais de exceções. Não é necessário envolver comitês de arquitetura.

Em empresas de serviços financeiros, logística e outras em que a TI é parte do produto, os pedidos de exceção são mais freqüentes. Se o arquiteto de projetos sentir a necessidade de uma exceção, freqüentemente o caso será submetido a um comitê de arquitetura. Comitês eficazes de arquitetura têm um patamar mínimo elevado para a qualidade do argumento de negócios que deve acompanhar o pedido de exceção. Esse patamar ajuda a reduzir o número de exceções, restringindo-as àquelas de importância particularmente elevada para as equipes de projetos – e a empresa.

Na State Street Corporation, o gerente local de TI ou o gerente de projetos que atua na iniciativa em questão é responsável por justificar uma exceção aos padrões e apresentá-la ao detentor do padrão e ao Escritório de Arquitetura da empresa. O gerente de projetos e o detentor do padrão discutem as vantagens e as desvantagens de "fugir aos padrões". Se ambos não concordarem quanto à exceção, ela será imediatamente submetida ao arbítrio do CIO, do COO e do líder da unidade de negócio. Este parece ser um processo de escalada íngreme, mas, como explica o CIO, há algumas vantagens inerentes nessa abordagem. "Claro que parece severo subir imediatamente a esse nível, mas é a maneira mais fácil de lidar com a questão da responsividade, já que, se não respondermos rapidamente, o negócio poderá se envolver com potenciais demoras e lograr o processo como um todo."[9]

A eficiência do processo de exceções à arquitetura depende da habilidade da unidade de TI de pesquisar e definir padrões e do comprometimento da empresa com os padrões tecnológicos. Nos casos em que a padronização da tecnologia é implementada com êxito, um rápido processo de escalada das exceções reforça a arquitetura da empresa e ajuda a empresa a desenvolver capacidades habilitadoras de TI.

Acordos de nível de serviço

Os acordos de nível de serviço (SLAs), usados por 90% das empresas de nosso estudo, enumeram os serviços disponíveis, os níveis alternativos de qualidade e os respectivos custos. Por meio de negociações entre a unidade de serviços de TI e as unidades de negócio, um SLA permite a articulação das ofertas de serviços de TI e de seus custos. Essas negociações esclarecem os requisitos das unidades de negócio, informando com isso as decisões da governança sobre a infra-estrutura, a arquitetura e as necessidades de aplicações de negócios.

Os SLAs estimulam freqüentemente comparações com provedores externos. As comparações devem resultar na prestação de serviços internos com boa relação de custo/benefício ou na decisão de terceirizar alguns serviços de infra-estrutura – em ambos os casos com resultados desejáveis. O Commonwealth Bank of Australia, por exemplo, estima que uma economia anual de cerca de 20% nos gastos com TI resulte de remodelar e eventualmente terceirizar serviços de infra-estrutura. Os SLAs estimulam também as unidades de negócio a serem mais conscienciosas em suas solicitações de TI. Tempos de resposta garantidos de frações de segundos para transações na Web custam tipicamente mais do que tempos de resposta de três segundos. Similarmente, um tempo de resposta garantido de trinta minutos para uma estação de trabalho que sofra panes é mais caro do que um de quatro horas. Um representante de serviços de clientes numa central de atendimento pode justificar o custo extra de um tempo de resposta de trinta minutos mencionando a possibilidade de perda de receita. Um assistente administrativo no escritório de contabilidade provavelmente não poderia usar uma justificativa similar.

Os SLAs obrigam as unidades de TI a pensar como provedores externos. Elas "vendem" seus serviços e por isso devem procurar, constantemente, novos meios de poupar dinheiro. O desafio do processo de SLAs está em converter os requisitos de negócio de nível de serviço em serviços de Tecnologia da Informação. Os custos da TI resultam da mão-de-obra e dos tempos de processamento, da capacidade de armazenamento e assim por diante. As unidades de negócio requerem serviços como o processamento de faturas, o acesso à *Web* e respostas rápidas a consultas *online*. Cada vez mais, as unidades de TI vêm traduzindo seus custos em encargos que os administradores de negócios conseguem compreender. Um SLA que enumere os custos de TI em termos tecnológicos não ajudará as unidades de negócio a escolher entre níveis de serviço de TI nem a utilizar os serviços sabiamente. Tampouco ajudará os comitês de serviços de TI a conceber serviços compartilhados. O SLA tem valor quando a comunicação sobre as necessidades de negócios e serviços de TI facilita decisões que resultem em custos menores e melhor utilização dos recursos de TI.

Os SLAs devem ajudar os administradores de negócios e de TI a fazer escolhas melhores – escolhas sobre como comprar, vender e apreçar. SLAs bem concebidos estimulam o profissionalismo de ambas as partes da cadeia de oferta e demanda. O resultado são melhores serviços de Tecnologia da Informação e melhor compreensão, por parte tanto dos negócios como da TI, sobre o valor de negócio gerado.

Cobrança reversa

A cobrança reversa é um mecanismo contábil para alocar os custos centrais da TI nas unidades de negócio. A princípio, ela não parece associar-se às decisões de Governança de TI. No entanto, descobrimos que algumas empresas usam a cobrança reversa com bons resultados para alinhar as decisões sobre infra-estrutura, necessidades de aplicações de negócios e investimentos em TI com os objetivos do negócio.

O propósito da cobrança reversa é alocar custos de tal modo que os custos de TI das unidades de negócio reflitam o uso de serviços compartilhados e que a unidade de serviços compartilhados ajuste ao mesmo tempo seus custos aos negócios a que ela dá suporte. A cobrança reversa pode funcionar juntamente com o SLA, como um mecanismo de cobrança por serviços prestados, ou pode ser uma alternativa ao SLA no caso de serviços de TI para os quais não haja níveis alternativos de serviço. Como no caso dos SLAs, a administração usualmente espera que a cobrança reversa resulte num uso eficaz da TI. A maioria dos administradores reflete comportamentos baseados no mercado em resposta à cobrança reversa de TI, ajustando sua demanda de acordo com o valor que recebem e cortando as cobranças das unidades de TI quando elas parecem fora de linha.

A natureza fixa de muitas despesas de TI e as necessidades variáveis dos clientes internos de TI complicam os cálculos de custo e obscurecem alguns cortes de gastos. Como consequência, as cobranças de TI resultam freqüentemente em debates internos tipicamente sem valia. Em vez de promover discussões informativas sobre o valor de TI e de negócio ou promover comportamentos mais responsáveis de compra e consumo, a cobrança reversa tem muitas vezes resultados indesejáveis – queixas sem fim, falta de confiança, o contorno dos processos formais de aprovação ou a não-utilização dos serviços compartilhados.

Quando a TI compreende seus custos e faz cobranças condizentes, os processos de *cobrança reversa* demonstram a redução de custos resultante de serviços compartilhados. Empresas com mecanismos eficazes de alocação de custos descobrem que a cobrança reversa pode promover discussões úteis entre as unidades de negócio e de TI sobre as cobranças de TI[10]. Essas discussões resultam em decisões de Governança de TI mais bem informadas.

Acompanhamento de projetos

Um passo crítico na implementação da Governança de TI é desenvolver a disciplina para acompanhar o progresso de projetos individuais de TI. Mais de 90% das empresas de nosso estudo informaram rastrear os recursos consumidos pelos projetos. As empresas usam uma variedade de ferramentas para dar suporte ao acompanhamento dos projetos. Painéis – alguns como o sistema de luzes vermelhas, amarelas e verdes usado na MeadWestvaco, outros mais quantitativos – informam quando os projetos estão saindo do seu alvo. Esses painéis alertam a administração desde cedo quanto a problemas potenciais e possibilitam ações para prevenir atrasos ou excessos de custo.

Nas empresas de melhor desempenho, o acompanhamento é apenas um dos elementos de uma metodologia padronizada de gestão de projetos. Algumas empresas fazem uso do Modelo de Maturidade da Capacidade (CMM), um processo altamente padronizado para certificar a gestão organizacional de projetos[11]. Outras empresas aplicam uma metodologia de gestão de projetos desenvolvida internamente. Há pouca evidência de que um tipo de métrica ou metodologia de gestão de projetos seja mais bem-sucedida do que um outro tipo, mas qualquer tentativa de mensurar o progresso de implementações e de identificar e corrigir problemas rapidamente aumenta em muito a possibilidade de sucesso da implementação.

O rastreamento formal do valor de negócio

Grande parte do desafio de criar uma Governança de TI eficaz decorre da dificuldade de estimar o valor da Tecnologia da Informação. Os tomadores de decisões sobre TI decidem tanto melhor quanto melhor compreendem o valor que a empresa aufere da TI. Rastrear formalmente o valor de negócio da TI aumenta o aprendizado organizacional sobre o valor de iniciativas habilitadas pela Tecnologia da Informação.

Aproximadamente 60% dos entrevistados de nosso estudo informaram que suas empresas rastreavam formalmente o valor de negócio. Rastrear inclui determinar se as expectativas de redução de custo de um projeto ou de aumento de receita realmente se materializaram. Uma CTO comentou que, na primeira vez em que sua firma realizou avaliações pós-implementação, descobriu-se que 0% dos projetos do ano anterior havia atingido seus objetivos. Passado um ano, a porcentagem de projetos que atingiram os objetivos de negócios aumentou para 40% – o que se deveu em grande parte ao foco de atenção dos administradores nas expectativas. O processo de rastreamento de valor ajuda executivos tanto de negócios como de TI a compreender as fontes e os obstáculos para gerar valor a partir dos investimentos em TI. Com a prática, ele também possibilita estimativas mais realistas dos benefícios propostos de um sistema.

Como os resultados dos projetos são difíceis de isolar – particularmente quando os projetos são parte das metas de programas maiores –, um número crescente de empresas vem formalizando objetivos intermediários. Por exemplo, a JPMorgan Chase rastreia o número de projetos que introduzem tecnologias fora do padrão, como um indicador da viabilidade de seu processo de estabelecimento de padrões. Muitas unidades de TI rastreiam o custo de serviços de infra-estrutura com a meta de reduzir constantemente os custos das unidades. Esses objetivos intermediários aplicam freqüentemente técnicas de gestão da qualidade do tipo *six sigma* ou similares. As métricas adicionais proporcionadas pelos objetivos intermediários esclarecem as responsabilidades da administração e provêem uma outra base para se avaliarem os resultados da TI.

A Governança de TI envolve a concessão de poderes a todos os funcionários da empresa. Os mecanismos de tomada de decisões concentram-se em trabalhar a estratégia do negócio e as implicações para a TI. Os processos de alinhamento permitem que decisões estratégicas orientem ações cotidianas. Além disso, os processos de alinhamento permitem que experiências do dia-a-dia com a TI proporcionem *feedback* ao processo estratégico. Um terceiro tipo de mecanismo – as abordagens de comunicação – é essencial para que os arranjos de governança sejam conhecidos.

Abordagens de comunicação

Os mecanismos de comunicação destinam-se a "difundir a palavra" por toda a empresa sobre as decisões e os processos de Governança de TI e sobre os respectivos comportamentos desejáveis. As empresas comunicam de várias maneiras seus mecanismos de governança. Descobrimos que quanto mais a administração comunicava formalmente a existência de mecanismos de governança, como eles funcionavam e quais os resultados esperados, mais eficaz era sua governança.

Comunicados da alta gerência

Comunicados da alta gerência que esclareçam prioridades e demonstrem comprometimento costumam atrair muita atenção em toda a empresa. Oitenta e sete por cento das empresas pesquisadas informaram comunicar sua governança por meio de tais anúncios. Muitas firmas testaram a comunicação da governança no fim da década de 90 ao implantar sistemas gerais para a empresa toda ou grandes e novas plataformas de infra-estrutura. Por exemplo, a Dow Corning anunciou que durante seu processo de dois anos de implementação de ERP nenhuma outra implementação de TI seria considerada. Similarmente, a administração na Delta Air Lines comprometeu-se a reconstruir a infra-estrutura de operações da companhia aérea e a experiência dos clientes e recusou-se explicitamente a considerar outras funções ou processos. O comprometimento com esse tipo de clareza quanto ao que será ou não será feito ajuda todos da empresa a concentrar sua atenção nos objetivos estratégicos[12].

Conforme a Tecnologia da Informação se torna mais estratégica nas empresas, a Governança de TI ganha importância. Desenvolver uma estratégia de comunicação para difundir e explicar novos processos de governança contribui para que os objetivos do modelo de governança sejam atingidos. Um grande número de empresas usa lemas motivadores para manter todos concentrados nesses objetivos. A administração do DBS difundiu a idéia sobre o Asia21, um programa para criar a infra-estrutura para a próxima geração de serviços e produtos do DBS. Ancorado numa fundação tecnológica, o Asia21 incorpora novas abordagens para a inovação de processos, o gerenciamento de riscos, as medidas de desempenho, as estruturas de pessoal e organizacionais e a administração de dados.

Muitas iniciativas atuais de TI destinam-se a criar empresas mais integradas. Integrar funções ou unidades de negócio anteriormente autônomas envolve mudanças não somente na TI, mas também nos processos de negócios e na cultura organizacional. Lemas bem difundidos e persistentes, como "Uma Única *State Street*", preparam os membros da organização para a mudança. Comunicar os processos de governança facilita a mudança e proporciona um mapa de orientação para o que de outro modo poderia ser visto como uma ameaça ou promessa vã.

Comitês formais

Apesar dos receios de que reuniões de comitês exigem tempo demais, grande parte da Governança de TI é trabalho dos comitês. O ideal é que a Governança de TI exija poucos comitês novos; as decisões de governança, especialmente no nível executivo, podem ser incluídas entre as responsabilidades correntes. Contudo, comitês *ad hoc* são freqüentemente mecanismos importantes. Os órgãos de tomadas de decisão descritos anteriormente neste capítulo são amiúde comitês. Os comitês tomam também decisões de governança de níveis inferiores e incumbem-se de decisões de alto nível. Por exemplo, projetos requerem muitas vezes comitês de *stakeholders* que definam requisitos, monitorem o progresso e identifiquem possíveis problemas. Quando o Chase Manhattan Bank (hoje JPMorgan Chase) estava implementando iniciativas de comércio eletrônico, o líder de comércio eletrônico reunia-se com *stakeholders* de todas as iniciativas durante quarenta e cinco minutos por semana[13]. Os participantes das reuniões discutiam o progresso dos projetos e de esforços co-relacionados, inclusive o desenvolvimento da infra-estrutura e questões de arquitetura. Essas grandes reuniões ensejavam uma compreensão maior das decisões de governança sobre a arquitetura da empresa e a infra-estrutura compartilhada e sobre suas implicações para projetos específicos de aplicações de negócios.

As reuniões de comitês são também importantes porque mecanismos informais como discussões no bebedouro ou durante o cafezinho já se mostraram tristemente ineficazes. Em nosso estudo, o uso extensivo da comunicação informal foi a única abordagem de comunicação não associada com a alta eficácia da governança. Nomeações cuidadosas para comitês são necessárias para envolver os executivos em decisões importantes para eles. Ferramentas eletrônicas* podem superar barreiras geográficas, possibilitando a formação de comitês capazes de tomar deci-

* Por exemplo, videoconferência ou mesmo correio eletrônico e mensagem. (N. da R.T.)

sões, aceitar responsabilidades e monitorar implementações. A comunicação nos comitês e entre eles alinha seus esforços com outras iniciativas de governança.

O escritório do CIO ou da Governança de TI

A Governança de TI requer um porta-voz reconhecido, um dono e um lar organizacional. Oitenta e seis por cento dos participantes de nosso estudo empregavam um escritório de Governança de TI ou o escritório do CIO para comunicar os arranjos de governança. A Governança de TI requer um dono que assegure que os mecanismos individuais se reforcem uns aos outros, ao invés de se contradizerem, e comunique os processos e propósitos da governança. Igualmente importante, a pessoa, equipe ou comitê responsável pela Governança de TI precisa assegurar o alinhamento entre a Governança de TI e a governança dos demais ativos principais da empresa (financeiros, humanos, físicos, de propriedade intelectual e de relacionamentos). O escritório do CIO ou da Governança de TI é um mecanismo efetivo para advogar a governança e ensiná-la. Quem deve possuir e ser responsabilizado pela Governança de TI é uma decisão importante, à qual voltaremos no Capítulo 8.

Trabalhando com dissidentes

É raro que todos os administradores afetados acolham com entusiasmo as decisões de Governança de TI. Quando os administradores assumem comportamentos que comprometem a arquitetura da empresa, desconsideram as diretrizes para investimentos em TI, duplicam a infra-estrutura compartilhada ou ignoram os padrões para o acompanhamento de projetos, eles podem estar demonstrando falta de ciência quanto às decisões de governança ou indisposição em adotar as práticas ditadas. Trabalhar com administradores que se afastam dos comportamentos desejáveis é uma tarefa necessária para gerar o valor potencial dos processos de governança.

Oitenta e quatro por cento dos entrevistados em nosso estudo reagiam a comportamentos dissidentes visitando os infratores para explicar os motivos da Governança de TI. As visitas usualmente determinavam se os administradores estavam ignorando os arranjos de governança por não conhecê-los ou por não concordar com eles. Em seguida, é possível iniciar um diálogo para educar, endereçar preocupações, fazer exceções ou mesmo mudar governança ou administradores ineficazes. A maioria das unidades de TI acha a visita um mecanismo particularmente importante para comunicar a arquitetura e suas implicações. No DBS, os arquitetos de TI aceitaram a responsabilidade por orientar os administradores a aceitar a arquitetura. Um arquiteto observou: "Nós nos consideramos mais assistentes sociais da arquitetura do que a polícia da arquitetura"[14].

Portais baseados na *Web*

Grande parte da comunicação sobre a Governança de TI destina-se a educar os membros da organização sobre os processos de governança, incluindo-se nisso procedimentos específicos para mecanismos como propostas de investimento, exceções à arquitetura e acordos de nível de serviço. Os portais *Web* provêem um canal central de comunicação para muitas empresas. Alguns portais têm exemplos de casos de investimento em TI acompanhados de modelos. Outros têm listas de *software* e *hardware* de TI aprovados, com instruções para requisitá-los. Os portais podem também dar suporte à Governança de TI publicando métricas de sistemas de acompanhamento de projetos. Noventa por cento das empresas em nosso estudo usavam portais para comunicar a Governança de TI. Os portais aumentam também a transparência da governança ao disponibilizar as políticas, os padrões, o desempenho e algumas vezes os debates da empresa.

Sete dos mecanismos que discutimos anteriormente tinham alto impacto, mas eram desafiadores de implementar (Figura 4-3). Quando bem implementados, resultavam em melhor desempenho da Governança de TI, o que, como descobrimos, tem implicações no desempenho financeiro. A Figura 4-3 descreve esses mecanismos quando eles funcionam bem e quando vão mal. Nosso conselho é que se concentre em implementar efetivamente esses mecanismos, de modo que eles compensem, ou os abandone completamente. Qualquer meio-termo cria frustração, ruído e desperdício.

No fim das contas, o efeito de qualquer mecanismo de governança depende de quão bem implementado ele é e como ele se ajusta aos demais mecanismos. As grandes empresas acham a governança um desperdício, a menos que dêem atenção a todos os três tipos de mecanismos: estruturas de tomadas de decisão para esclarecer quem é responsável e cobrado pelas decisões; processos de alinhamento para assegurar contribuições efetivas para os tomadores de decisões e para a implementação de suas decisões; e ferramentas de comunicação para disseminar os processos de governança e as responsabilidades individuais entre todos os que precisem saber. As Companhias Carlson são um bom exemplo de como as firmas integram os três tipos de mecanismos para gerar uma boa governança.

Coordenando mecanismos múltiplos: o caso das Companhias Carlson

As Companhias Carlson (Carlson) são um conglomerado privado de US$ 19,8 bilhões no negócio de *marketing*, hotelaria e viagens. Ela tem crescido mediante aquisições e possui grupos operacionais nas áreas de serviços de *marketing* de relacionamento, programas de fidelidade, hotéis, restaurantes, cruzeiros e serviços de viagem. Entre os nomes no *portfolio* da Carlson estão as cadeias de hotéis Regent International Hotels e Radisson Hotels & Resorts, os restaurantes T.G.I. Friday's, o Carlson Marketing Group (especializado em *marketing* de relacionamentos), a Carlson Wagonlit Travel (companhia de administração de viagens de negócios), a Radisson Seven Seas Cruises e a Gold Points Reward Network (programa de fidelidade de clientes). Sediada em Minneapolis, Minnesota, as Companhias Carlson e suas franquias empregam mais de 180 mil pessoas em mais de 140 países.

Em 2000, a Chairman e CEO Marilyn Carlson Nelson articulou a idéia de apresentar aos clientes da Carlson uma visão integrada dos negócios da empresa[15]. Tradicionalmente, cada grupo operacional funcionava de maneira independente e era até mesmo incentivado a concorrer com outros grupos operacionais. Nelson tencionava mudar o relacionamento entre os grupos operacionais de competitivo para colaborativo. Ela incumbiu o CIO Steve Brown de mapear as fundações tecnológicas para essa mudança. Brown, que se reportava diretamente à CEO, recebeu a responsabilidade por definir o papel da TI na empresa integrada.

Brown definiu dois princípios de TI:

1. O desenvolvimento de aplicações pode continuar a ocorrer dentro dos grupos operacionais, mas as aplicações devem ser apresentadas aos usuários por meio de um portal comum, e, quando necessário, os dados devem ser compartilhados entre as unidades de negócio.
2. A Carlson terá uma infra-estrutura de TI compartilhada.

Para traduzir esses princípios em decisões sobre arquitetura, infra-estrutura, aplicações de negócios e investimentos em TI, a Carlson atribuiu responsabilidades pela Governança de TI a cinco estruturas de tomadas de decisão: Comitês Carlson de Arquitetura Tecnológica (CTACs) – residentes nos grupos operacionais –, Organização de Arquitetura da Empresa (EAO), Conselho de TI, Conselho Carlson de Serviços Compartilhados e Comitê de Investimentos. Nossa descrição da Matriz de Arranjos de Governança da Carlson é mostrada na Figura 4-4.

FIGURA 4-3

Mecanismos de Grande Impacto, mas Desafiadores

Mecanismos	Objetivos	Comportamentos desejáveis	Comportamentos indesejáveis observados
Comitê executivo e da alta gerência	Visão holística do negócio, inclusive da TI	Administração contínua, incorporando a TI	TI ignorada
Comitê de arquitetura	Identificar tecnologias e padrões estratégicos – e impô-los?	Tomada de decisões de TI orientada ao negócio	Atrasos e polícia da TI
Equipes de processos com membros de TI	Ter uma visão dos processos usando a TI (e outros ativos) com eficácia	Administração fim-a-fim de processos	Estagnação de habilidades funcionais e infra-estrutura de TI fragmentada
Orçamentos e aprovação de investimentos de capital	Considerar a TI como um outro investimento de negócios	Investimento prudente em TI abordagens diferentes para diferentes tipos de investimento	Paralisia pela análise Projetos pequenos, para evitar a aprovação formal
Acordos de nível de serviço	Especificar e mensurar os serviços de TI	Oferta e demanda profissionalizadas	Administração pelo SLA, e não pela necessidade do negócio
Cobrança reversa	Recuperar os custos de TI do negócio	Uso responsável da TI	Argumentos sobre as cobranças e queda na demanda
Rastreamento formal do valor de negócio da TI	Mensurar investimentos em TI e sua contribuição para o valor de negócio, usando freqüentemente *balanced scorecard*	Tornar transparentes: metas, benefícios e custos	Separação entre a TI e os demais ativos Enfoque no dinheiro, e não no valor

FIGURA 4-4

A Governança de TI nas Companhias Carlson

Decisão

Arquétipo de Governança	Princípios de TI		Arquitetura de TI		Estratégias de infra-estrutura de TI		Necessidades de aplicações de negócio		Investimentos em TI	
	Contribuição	Decisão	Contribuição	Decisão	Contribuição	Decisão	Contribuição	Decisão	Contribuição	Decisão
Monarquia de negócio	*Chairman* e CEO									Comitê de Investimentos
Monarquia de TI		CIO		CIO EAO						
Feudalismo							Todos os líderes de negócio	CIOs das unidades de negócios Alguns líderes de negócio CTAC		
Federalismo			CTAC							
Duopólio					EAO CEOs das unidades de negócio	Conselho de TI Conselho de CSS			Conselho de TI Conselho de CSS CIO	

☐ Padrões mais comuns em todas as firmas.

Mecanismos de governança:

Conselho de CSS – O Conselho Carlson de Serviços Compartilhados: CFO e CTO de cada grupo operacional.

CIO – Pessoal do CIO.

CTAC – Grupo Carlson de Arquitetura Tecnológica (um em cada grupo operacional).

EAO – Organização de Arquitetura da Empresa.

Comitê de Investimentos – Comitê de investimento: subgrupo do comitê executivo.

Conselho de TI – CIOs e CTO dos grupos operacionais.

Estruturas de tomadas de decisão

Cada grupo operacional da Carlson tem um Comitê Carlson de Arquitetura Tecnológica (CTAC) composto por tecnólogos que têm a perspectiva do grupo operacional. Os CTACs são responsáveis primariamente por atender às necessidades de seus grupos operacionais dentro dos padrões da empresa. Também contribuem para decisões sobre a arquitetura de TI da empresa como um todo.

O CIO Brown estabeleceu a Organização de Arquitetura da Empresa (EAO) para promover esforços de padronização por toda a empresa, sob a chefia de Mark Price, diretor de Tecnologia da Informação. Price trabalha com uma equipe de dois arquitetos de cada grupo operacional para estabelecer e monitorar novos padrões tecnológicos. A Organização de Arquitetura da Empresa estabelece padrões corporativos que orientam os esforços de desenvolvimento de todas as unidades operacionais.

O Comitê Executivo, incluindo Brown, criou os Serviços Compartilhados Carlson (CSS) para construir a capacidade de infra-estrutura concebida pela EAO. Os CSS prestam serviços financeiros e de infra-estrutura de TI dentro da empresa. O Conselho de CSS, que compreende os CTOs e CFOs dos grupos operacionais, examina quaisquer novas tecnologias do ponto de vista financeiro.

O Conselho de TI é composto dos CTOs e dos CIOs de todos os grupos operacionais. Esse conselho se reúne, mensalmente, para tratar de novas tecnologias e de meios de aplicá-las na Carlson. Finalmente, um Comitê de Investimentos, composto de membros do comitê executivo sênior, realiza o julgamento final de todos os grandes projetos de investimento das Companhias Carlson.

Essas estruturas de tomadas de decisão esclareceram as responsabilidades pela Governança de TI nas Companhias Carlson e são consistentes com a visão da CEO de como a firma deve operar. Solicitando contribuições de fontes adicionais, essas estruturas de tomadas de decisão alinham as decisões de TI com as metas organizacionais. A Carlson beneficia-se ainda de processos de alinhamento e ferramentas de comunicação para implementar uma governança eficaz por toda a empresa.

Processos de alinhamento

O desafio do alinhamento na Carlson envolve balancear a integração dos grupos operacionais com a preservação de uma autonomia suficiente para permitir que cada grupo operacional tenha sucesso em seu ambiente de mercado. Os principais processos de alinhamento na Carlson são seu catálogo de serviços (comparável aos acordos de nível de serviço), sua abordagem de financiamento e investimento em TI e seu processo de exceções à arquitetura.

O catálogo de serviços

No intuito de definir e administrar o *portfolio* de serviços compartilhados oferecidos pelos CSS, Brown pediu a colaboração dos CEOs dos grupos operacionais para determinar suas necessidades comuns de negócios para os serviços de infra-estrutura. Os grupos operacionais tinham a opção de comprar serviços externos, o que resultava numa combinação entre serviços prestados interna e externamente. Depois de "destrinchar" cada um dos serviços usados na Carlson, Brown e o grupo de TI coletaram oitenta e nove serviços num "catálogo de serviços". Cada definição de serviço seguia os termos normativos da indústria e era claramente compreendida pelos grupos operacionais. Uma vez definidos os serviços, o grupo de TI realizou o *benchmark* de seus serviços com os de trinta e seis fornecedores em termos de custo e disponibilidade de níveis de serviço. A empresa atualiza anualmente esses *benchmarks* e o catálogo de serviços propicia regularmente conversas entre os administradores do grupo de TI e das unidades de negócio. Por exemplo, se um negócio quer determinado serviço de rede com confiabilidade de 99,99%, o catálogo mostra quanto isso custará internamente ou provido por um fornecedor externo.

A abordagem de financiamento e investimento

Em razão da abordagem feudalista às aplicações de negócios, os grupos operacionais custeiam suas próprias aplicações. O escritório do CIO e os grupos operacionais compartilham o custeio de projetos de arquitetura da empresa, que é dividido proporcionalmente aos benefícios esperados da iniciativa. Toda solicitação passa por um Processo de Autorização para Financiamento. O processo requer detalhes sobre o que será entregue e quando e onde ocorrerão benefícios financeiros ou de negócios. Quem quer que proponha um projeto é responsabilizado pelos resultados prometidos. Para sustentar o desenvolvimento da arquitetura da empresa, o Comitê de Orçamento de Capital da Carlson destina ao CIO alguns fundos para iniciativas de arquitetura. Esses fundos exclusivos permitem ao CIO semear projetos até que os grupos operacionais possam ver neles algum benefício.

O processo de exceções à arquitetura

Para estimular a colaboração entre seu escritório e os grupos operacionais e melhor refletir as necessidades de todos grupos nas decisões sobre arquitetura, Mark Price busca a contribuição de vários indivíduos nos grupos funcionais. Ele vê seu papel como o de um facilitador: "Nossa abordagem na Organização de Arquitetura da Empresa (EAO) é na verdade a de um escritório de facilitação. Trazemos idéias e talvez alguns recursos técnicos de suporte, mas o trabalho, os modelos e as pessoas por trás deles vêm das unidades de negócio. Nós aprendemos onde as unidades de negócio têm necessidades e, desde que projetemos com base nessa direção, terminamos com uma arquitetura mais factível".

Se a proposta de uma unidade de negócio não se ajustar aos padrões correntes, ela é avaliada pela Organização de Arquitetura da Empresa. Se a aplicação estiver restrita a um grupo operacional, a decisão tecnológica fica confinada ao respectivo CTAC. Se surgirem mais do que um grupo operacional interessado, a EAO reúne, então, um pequeno grupo de trabalho, composto de um arquiteto de cada grupo operacional interessado. O grupo de trabalho define, então, o padrão para a empresa.

Estes três processos – o catálogo de serviços, o investimento e financiamento e as exceções à arquitetura – atuam juntamente com as estruturas de tomadas de decisão da Carlson, colaborando com a tomada de decisões e com a delegação de decisões em andamento a indivíduos e equipes apropriados na empresa. Para ajudar as pessoas a compreender como a governança funciona e como fazê-la funcionar, a Carlson implementou ferramentas de comunicação.

Ferramentas de comunicação

Duas ferramentas de comunicação essenciais na Carlson são os comunicados da alta gerência e os comitês formais que difundem suas decisões. A CEO Nelson compartilha regularmente sua visão para a Carlson, inclusive seu conclame por uma "Carlson integrada". O conceito da "Carlson integrada" serve como lembrete constante de como a firma pretende usar a Tecnologia da Informação. Ao mesmo tempo, comitês com membros tanto corporativos como dos grupos operacionais – mais notavelmente o Escritório de Arquitetura da Empresa, o Conselho de CSS e o Conselho de TI – oferecem oportunidades recorrentes de estabelecer contato entre os líderes dos principais grupos operacionais, para esclarecer a Governança de TI e suas implicações para os grupos operacionais.

Combinados, os mecanismos de governança da Carlson deram suporte aos esforços de Brown para reduzir os custos de TI e aproximar, ao mesmo tempo, a empresa da visão da CEO de uma "Carlson integrada". Como na Carlson, recomendamos que todas as empresas tenham pelo menos um mecanismo de alto desempenho em cada categoria. Ter um número menor de mecanismos eficazes é melhor do que ter muitos mecanismos que variem consideravelmente em eficácia e introduzam confusões quanto às responsabilidades.

Implementando a governança: princípios para os mecanismos

Este capítulo avaliou três tipos de mecanismos de Governança de TI e identificou os principais mecanismos dentro de cada tipo. Cada mecanismo deve apresentar três características:

1. *Simples*: Os mecanismos definem sem ambigüidades as responsabilidades ou objetivos para cada pessoa ou grupo específico.
2. *Transparente*: Mecanismos eficazes baseiam-se em processos formais. Como o mecanismo funciona deve ficar claro para todas as pessoas afetadas pelas decisões de governança ou que queiram contestá-las.
3. *Adequado:* Os mecanismos envolvem os indivíduos em melhor condição de tomar cada decisão.

No entanto, mecanismos não funcionam isoladamente. O impacto de mecanismos de governança depende de interações mútuas entre os mecanismos. Observamos cinco princípios para conceber conjuntos eficazes de mecanismos:

1. *Escolher mecanismos de todos os três tipos.* Mecanismos de tomadas de decisão, de alinhamento e de comunicação têm objetivos diferentes. Todos são importantes para uma governança eficaz.
2. *Limitar as estruturas de tomadas de decisão.* A tomada de decisões nas empresas não é um fenômeno de "quanto mais, melhor". Organizações complexas exigem múltiplas estruturas de tomadas de decisão, mas quanto mais estruturas de tomadas de decisão houver, maiores serão as chances de contradições e discrepâncias. As responsabilidades pela tomada de decisões devem ser disseminadas na empresa toda por meio

de mecanismos de alinhamento, e não de estruturas de tomadas de decisão.

3. *Posicionar membros comuns nas estruturas de tomadas de decisão.* A Governança de TI requer contribuições sérias em decisões sobre necessidades de negócios estratégicas e capacidades tecnológicas. Para assegurar que essas perspectivas críticas influenciem todas as decisões de Governança de TI pertinentes, os principais órgãos de tomadas de decisão precisam ter membros em comum ou mandatos claros. O modelo da Governança de TI deve evitar descompassos entre as decisões de negócios e as de TI.
4. *Implementar mecanismos em múltiplos níveis na empresa.* Embora empresas diversificadas possam ter requisitos limitados de integração e padronização, uma única unidade de negócio talvez deseje processos estreitamente integrados. Por isso, o modelo da Governança de TI no nível da empresa reflete somente uma camada da governança. A governança no nível da empresa influencia decisões no nível das unidades de negócio, mas estas precisam freqüentemente de arranjos próprios de governança, com mecanismos correspondentes. Uma boa governança numa firma com múltiplas unidades de negócio requer conexões entre a governança geral e a das unidades de negócio. Mecanismos como comitês de arquitetura e processos de orçamento de TI costumam proporcionar tais conexões.
5. *Esclarecer a responsabilidade.* Múltiplos mecanismos podem inadvertidamente gerar confusões sobre quem é responsável pelo quê ou limitar a habilidade dos administradores de gerar os resultados pelos quais são responsáveis. O modelo de Governança de TI deve esclarecer os objetivos administrativos e suas métricas.

No próximo capítulo nós nos concentramos em empresas de alto desempenho. Discutimos tanto os arquétipos de governança que elas utilizam como os mecanismos específicos que implementam.

5

Qual Governança de TI Funciona Melhor

QUAIS ARRANJOS DE GOVERNANÇA de TI funcionam melhor? Administradores seniores de uma variedade de negócios nos disseram o seguinte:

> Há um sistema de gestão de projetos altamente disciplinada, bem definida, com usuários plenamente instruídos, em que todos conhecem o vocabulário – todos os altos executivos da companhia conhecem as fases da gestão de projetos. Nós todos falamos a mesma língua.
>
> – *CIO, firma de serviços financeiros*

> Os procedimentos de governança que desenvolvemos trouxeram transparência e responsabilidade ao processo.
>
> – CIO, força da polícia nacional de um país europeu

> Tudo que você tenta realizar conforme a perspectiva da empresa depende de se identificar [o que] não é exclusivo de nenhuma linha de negócios. Somos capazes de identificar algumas coisas – uma aplicação, um processo, ou o que você tiver – que todos podem reutilizar.
>
> – *VPS* para processos, firma de serviços financeiros*

* VPS – Vice-Presidente Sênior.

Quando a governança não funciona bem, tudo se fragmenta:

> Não fizemos o melhor uso de nossas oportunidades. (...) O caso de negócios para uma iniciativa de TI incluiu os custos do próprio projeto, com o acréscimo de alguma infra-estrutura. Usávamos um modelo de *cobrança reversa* total, de modo que o primeiro projeto que necessitasse de uma infra-estrutura particular teria de custear totalmente sua criação.
>
> – *CIO, agência do governo*

> O conselho de governança – composto do controlador corporativo, de oito CIOs nacionais (os mais seniores e experientes) e de três CIOs regionais (Ásia, Europa e América Latina) – vem se reunindo há um ano, mas todos os que já foram às reuniões julgam-nas disfuncionais. Ninguém presta atenção nem as leva a sério.
>
> – *CIO, empresa de manufatura global*

> Temos de rejustificar ou renovar nossa estratégia todo ano. O que devia ser uma reunião de dez minutos leva quarenta e cinco. (...) O comitê administrativo virou uma equipe de arquitetos voluntários para conceber terminais de computação mais baratos.
>
> – *CIO, firma de telecomunicações*

Alguma dessas situações soa familiar? Tais citações ilustram a natureza multifacetada da Governança de TI nas grandes empresas. Reunir dez administradores numa sala para discutir seus desafios de governança gerará no mínimo dez opiniões diferentes sobre o que dá certo. Até o momento, houve poucas pesquisas com base experimental, revelando quais arranjos de governança funcionam melhor e, ainda, compreendendo o que funciona melhor em geral, assim como os objetivos específicos de desempenho que determinam o modelo de governança. Este capítulo apresentará algumas evidências e proporá princípios diretivos para arranjos de Governança de TI em empresas grandes e complexas. Os princípios decorrem da mensuração do desempenho financeiro e de governança numa grande amostra de empresas e da análise quantitativa e qualitativa sobre quais arranjos funcionam melhor. O conjunto resultante de melhores práticas provê idéias sobre quais dos seis arquétipos de governança (monarquias de negócio e de TI, feudalismo, duopólio, federalismo ou anarquia) melhor suportam cada uma das cinco decisões-chave de TI (princípios, infra-estrutura, arquitetura, necessidades de aplicações de negócios e investimentos em TI). É possível empregar os princípios gerais de governança resultantes como um fator que, juntamente com questões estratégicas, organizacionais e culturais mais específicas da empresa, ajudará a conceber a Governança de TI otimal para as suas empresas.

Três perguntas capturam idealmente essas idéias:

- Como podemos avaliar a governança?
- Quais arranjos de governança funcionam melhor?
- Como as empresas líderes governam?

As respostas devem prover-lhe a linguagem e as evidências necessárias para lidar com as questões de governança em sua empresa. Como o desempenho histórico de um grande número de empresas pode indicar apenas o que funcionou em outro lugar, a alta gerência deve combinar essas descobertas gerais com as metas, estratégias e normas culturais específicas de sua firma. Os Capítulos 6, 7 e 8 endereçam esse desafio.

Como avaliar a Governança de TI

Definimos a governança como a especificação do *framework* dos direitos decisórios e das responsabilidades para estimular comportamentos desejáveis na utilização da TI. O desempenho da governança consistirá, portanto, na eficácia com que os arranjos de governança estimulam comportamentos desejáveis e, em última instância, em quão bem a firma atinge suas metas de desempenho desejadas. Para dar certa estrutura a esse problema multifacetado, empregamos o *framework* da Figura 5-1.

Identificamos cinco fatores importantes ao avaliar a governança – ambiente da empresa, arranjos de governança, consciência da governança, desempenho da governança e desempenho financeiro. Para avaliar o desempenho da governança, mensuramos cada um desses fatores. Sugerimos o uso do *framework* para comparar sua empresa com aquelas aqui descritas. O ambiente da empresa inclui a indústria, o tamanho, o número de unidades de negócio e o relacionamento entre essas unidades (o nível de sinergia desejado entre elas). Os arranjos de governança

FIGURA 5-1

Avaliando o Desempenho da Governança de TI

Ambiente	Arranjos de governança	Consciência da governança	Desempenho da governança	Desempenho financeiro
Estratégia: • Excelência operacional • Intimidade com o cliente • Liderança de produtos **Tamanho:** Número de UNs (Unidades de Negócio) **Sinergia e/ou autonomia das UNs (Unidades de Negócio)** **Intensidade da TI:** • Dinheiro • Pessoas	**Principais decisões e arquétipos de TI** **Mecanismos:** • Conselhos • SLAs • Organização da TI • *Cobrança reversa* • Comitê de Arquitetura	**Porcentagem de gerentes em posição de liderança que podem descrever a governança** **Abordagens de comunicação:** • Reuniões • Documentos • Portal **Exceções:** Percentual de projetos	Média de quatro medidas de desempenho ordenadas pela importância Pontuação de 0 a 100 **Uso eficaz da TI para:** • Controle de custos • Crescimento • Utilização de ativos • Flexibilidade do negócio	**Lucros:** • Margem percentual • ROE* • ROI* **Utilização de ativos:** ROA* **Crescimento:** Mudança percentual na receita **Dados mensurados utilizando-se:** Mudança percentual média em três anos ajustada à indústria

* Indicadores de desempenho: ROI (*Return on Investment*), ROE (*Return on Equity*) e ROA (*Return on Asset*). (N. da R.T.)

descrevem quais arquétipos são utilizados para cada decisão de TI e quais os mecanismos empregados na implementação. A consciência da governança determina quão bem todos na firma compreendem a governança e identificam as abordagens de comunicação destinadas a envolver a administração. A porcentagem de projetos com exceções – tanto formalmente aprovadas como renegadas – indica quão uniformemente as pessoas aplicam os arranjos de governança e qual o aprendizado resultante das mudanças.

O desempenho da governança avalia a eficácia da Governança de TI em cumprir quatro objetivos ordenados de acordo com sua importância para a empresa:

1. Uso da TI com boa relação custo/benefício.
2. Uso eficaz da TI para a utilização de ativos.
3. Uso eficaz da TI para o crescimento.
4. Uso eficaz da TI para a flexibilidade dos negócios.

Ao avaliarem o desempenho da governança, os administradores seniores primeiro identificam a importância relativa desses quatro fatores em sua empresa e, então, classificam o desempenho da empresa em cada fator. Usando uma fórmula de média ponderada, eles podem calcular uma pontuação entre 0 e 100. O Apêndice B contém as perguntas e a fórmula para calcular o desempenho da governança; você pode fazer uma pausa agora para preenchê-lo, o que lhe permitirá comparar sua empresa com os resultados a seguir.

Pedir aos administradores seniores que avaliem o impacto da Governança de TI no desempenho da empresa oferece uma perspectiva quanto à eficácia da Governança de TI. No final, porém, nós deveremos ver o impacto da Governança de TI nas métricas de desempenho de negócios. Embora muitos outros fatores influenciem as medidas de desempenho financeiro, um desempenho positivo provê confiança na Governança de TI da empresa. Avaliar o desempenho financeiro requer métricas financeiras que cubram as principais categorias. Investigamos se os líderes nas três dimensões de desempenho financeiro a seguir (já consideradas as diferenças entre indústrias) governavam diferentemente de outras firmas[1]:

- *Lucros*: retorno sobre o patrimônio líquido (ROE), retorno sobre investimentos (ROI), margem percentual de lucro.
- *Utilização de ativos:* retorno sobre ativos (ROA).
- *Crescimento:* mudança percentual na receita anual[2].

Descobrimos que as empresas líderes em sua indústria em cada uma dessas três dimensões de desempenho governavam diversamente das outras empresas. Exploraremos essas diferenças mais adiante neste capítulo.

Como a governança varia entre empresas

O desempenho da governança varia significativamente entre empresas e tem aproximadamente a forma de um sino (Figura 5-2). O desempenho médio de governança foi de 69 pontos num máximo de 100. A pontuação mínima foi de 20 pontos, e o terço das empresas de melhor desempenho tinha pontuações acima de 74. Somente 17% das empresas fizeram 80 pontos ou mais e apenas 7% fizeram 90 ou mais. Alcançar um alto desempenho de governança significa que a Governança de TI da empresa consegue influenciar as medidas de sucesso desejadas. Como fica sua empresa em comparação com esses resultados?

Firmas com uma Governança de TI acima da média que seguiam uma estratégia específica (por exemplo, a intimidade com o cliente) tinham um ROA 20% maior que o de firmas com má governança que seguiam a mesma estratégia. Governança não era, naturalmente, o único fator, mas uma boa Governança de TI vem com freqüência acompanhada de foco e de práticas administrativas eficazes em todas as áreas. A medida de desempenho da governança também tem uma significativa correlação estatística com outros indicadores médios trienais de desempenho financeiro ajustados à indústria (por exemplo, o ROE e o crescimento de capitalização do mercado). Não estamos dizendo que o desempenho da governança causou um desempenho financeiro superior. Todavia, podemos dizer que as firmas com melhor desempenho financeiro têm um alto desempenho de governança e podemos estudar o modo como essas empresas governam.

Sugerimos que a concepção da Governança de TI requer que trabalhemos da esquerda para a direita na Figura 5-1, utilizando o *Framework* de Governança de TI (Figura 1-3) e a Matriz de Arranjos de Governança (Figura 1-2). Para ajudar os administradores a formular uma governança eficaz, exploraremos agora quais arranjos (a) funcionam melhor de acordo com o desempenho da governança e (b) são utilizados pelas firmas de melhor desempenho financeiro. O desempenho da governança é uma boa medida ampla do desempenho geral, e as lições aprendidas com essas firmas de melhor governança podem ser aplicadas a qualquer situação. Então aprenderemos com as firmas de melhor desempenho em cada métrica financeira (como o crescimento) a dirigir a governança para metas financeiras mais bem sintonizadas. Se um desempenho equilibrado entre várias metas de desempenho é o seu objetivo, concentre-se, então, nas descobertas sobre o desempenho da governança. Já se você tem como alvo uma única métrica financeira clara e persistente, considere, então, com atenção as descobertas sobre os arranjos de governança de desempenho financeiro.

FIGURA 5-2

Grande Variação no Desempenho da Governança

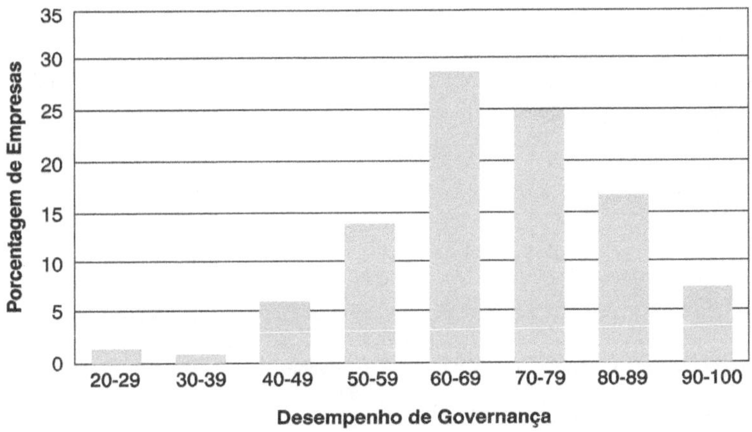

Pesquisa realizada em 256 empresas em 23 países.

Sete características das empresas de melhor desempenho de governança

Começamos esmiuçando o que as empresas de melhor desempenho fazem diversamente das outras empresas. Independentemente da indústria, do nível de investimentos em TI, das estratégias ou de quaisquer outros fatores, as empresas de melhor desempenho diferiam das outras em sete características. Todas as relações entre o desempenho da governança e o desempenho financeiro descritas no restante deste capítulo são estatisticamente significativas, sendo improvável que se devam ao acaso.

As sete características comuns das empresas de alto desempenho são descritas aqui na ordem aproximada de impacto, do maior para o menor. Conseqüentemente, sugerimos que ao refinar ou corrigir a Governança de TI você enderece essas questões na ordem apresentada. A Figura 5-3 contém *benchmarks* selecionados das melhores e piores empresas.

FIGURA 5-3

Benchmarks das Melhores e Piores Empresas

Desempenho da governança	Metade inferior de 50% das empresas (pontuação <69)	Metade superior de 50% das empresas (pontuação ≥69)
Porcentagem de administradores que conseguem descrever a governança com precisão	29	48
Porcentagem de projetos com exceções renegadas em pelo menos um componente	23→	15↓
Porcentagem de novos sistemas com exceções aceitas em pelo menos um componente	28↑	34→
Número médio de mudanças anuais na governança	3↑	1↓

As setas representam as tendências em três anos: ↑ crescente; ↓ decrescente; → estável.

1. Mais administradores em posições de liderança são capazes de descrever a Governança de TI. O mais importante indicador de alto desempenho da Governança de TI é a porcentagem de administradores em cargos de liderança capazes de descrever a Governança de TI da empresa acuradamente. Quanto maior a porcentagem de administradores que podem descrever a governança, mais alto é o desempenho da governança. Com um número maior de administradores capazes de descrevê-la acuradamente, a governança tem maior probabilidade de se tornar parte da cultura administrativa da empresa – as pessoas a seguem, contestam e aprimoram. Sem consciência da Governança de TI, não é possível colocá-la em prática. Aproximadamente metade dos administradores nas empresas de desempenho acima da média conseguia descrever a governança, ao passo que menos de 30% dos administradores nas empresas de desempenho inferior o conseguiam (ver Figura 5-3). Em somente 5% das empresas, 80% ou mais dos administradores em posição de liderança eram capazes de descrever sua Governança de TI. Como você fica em comparação com essas empresas?

2. Envolver, envolver, envolver. As empresas de alto desempenho atingiam um percentual maior de conhecimento da governança por parte dos administradores seniores simplesmente envolvendo-os com maior freqüência e eficácia. As empresas de melhor desempenho empregavam efetivamente os cinco mecanismos de comunicação apresentados em seguida, já descritos no Capítulo 4. As abordagens de comunicação são listadas em ordem aproximada de impacto; entretanto, as firmas de melhor desempenho usavam todas as cinco abordagens.

- *Comunicados da alta gerência:* reforçam as mudanças de governança e alertam sobre as mudanças de governança;
- *Comitês formais:* dão peso e influência interfuncional à governança.
- *Escritório do CIO ou da Governança de TI:* um porta-voz reconhecido, dono e lar organizacional.
- *Trabalho com administradores que não seguem as regras:* o diálogo para educar e endereçar preocupações.
- *Portais ou intranets com procedimentos documentados:* um local único para informações sobre governança.

As empresas de melhor desempenho tipicamente não usavam reuniões informais com colegas para comunicar a governança. Por algum motivo, o tema da governança não se presta a conversas informais de corredor, no bebedouro ou durante o cafezinho. Conversas informais são logo esquecidas quando os administradores participantes voltam às atribulações dos *e-mails*, telefonemas e reuniões formais.

3. Envolvimento mais direto dos líderes seniores na Governança de TI. O envolvimento da alta gerência é um chavão tão velho que esquecemos freqüentemente sua importância. Nas empresas de melhor desempenho, os administradores seniores eram envolvidos mais diretamente na Governança de TI. Quanto maior seu envolvimento, melhor o desempenho da governança. Os administradores, da lista a seguir, são ordenados de acordo com o efeito relativo de seu envolvimento na governança. Os números em parênteses indicam o impacto aproximado do envolvimento efetivo de cada executivo, considerando-se o CIO como 1,0 no índice[3].

- Diretor executivo (CEO) (2,1)
- Diretor operacional (COO) (1,7)
- Líder de unidade de negócio (1,6)
- Diretor de informação (CIO) de unidade de negócio (1,3)
- Diretor financeiro (CFO) (1,2)
- Diretor de informação (CIO) (1,0)

Para que haja uma Governança de TI efetiva, o CIO deve estar intimamente envolvido. Em quase 100% das firmas estudadas, o CIO comandava o processo de governança. O envolvimento efetivo do CIO na Governança de TI é uma condição necessária, mas não suficiente, para uma governança eficaz. Os outros administradores seniores proverão um impacto adicional significativo se efetivamente estiverem envolvidos. Por exemplo, estimamos que o CEO tenha um impacto duas vezes maior que o do CIO e os líderes das unidades de negócio, um impacto 60% maior que o do CIO sozinho.

O desafio é encontrar o papel correto para cada administrador sênior. Por exemplo, envolver o CEO algumas vezes por ano em papéis de alto perfil como presidir o comitê de investimentos ou anunciar mudanças de governança é mais eficaz do que lhe pedir que compareça mensalmente a reuniões do comitê diretivo. O papel dos CIOs das unidades de negócio é também crítico para a governança da empresa como um todo. Muitas vezes, os CIOS das unidades de negócio devem formular a Governança de TI das unidades. Além disso, para que haja uma governança efetiva na empresa toda, os CIOs das unidades de negócio são tipicamente envolvidos no estabelecimento da arquitetura de alto nível. Mais importante, os CIOs das unidades de negócio agem como porta-vozes da governança da empresa toda. Muitas vezes, tais CIOs têm relações de subordinação duais com o CEO ou o CFO de sua unidade de negócio e com o CIO corporativo. Essas relações duais constituem um desafio, mas são valiosas para equilibrar as prioridades da empresa com as das unidades de negócio. Incentivos, preços de transferência, infra-estrutura compartilhada e, acima de tudo, custos reduzidos para as unidades de negócio graças a economias de escala ajudam a fazer funcionar as relações duais de trabalho.

4. Objetivos de negócios mais claros para os investimentos em TI. As empresas de melhor desempenho tinham objetivos mais claros para os investimentos em TI – uns poucos objetivos importantes, e não uma lista longa e indiferenciada. Os objetivos mais comuns eram subconjuntos de três ou quatro dos seguintes:

- Reduzir custos.
- Melhorar os serviços do cliente.
- Prover informações à administração.
- Melhorar a comunicação com os clientes.
- Dar suporte a novas formas de fazer negócios.
- Habilitar uma visão completa do cliente.
- Melhorar a qualidade dos produtos.

Quanto mais enfocado o objetivo, mas fácil será conceber a Governança de TI. Ter um número maior de objetivos e, por conseguinte, mais comportamentos desejáveis resulta em mensagens e processos confusos e algumas vezes conflitantes. De todas as características das empresas de melhor desempenho em governança, esta é talvez a mais difícil de desenvolver. Empresas complexas têm objetivos múltiplos e por vezes concorrentes, e a Governança de TI precisa operar nesse ambiente. Ainda assim, as firmas de melhor desempenho parecem selecionar os objetivos mais importantes e conceber a governança de acordo com eles.

5. Estratégias de negócio mais diferenciadas. As empresas de melhor desempenho em governança tinham estratégias de negócios mais diferenciadas, baseadas em disciplinas de valor como a intimidade com o cliente ou a inovação de produtos[4]. O desempenho da governança era menor em empresas que buscavam a excelência operacional. Excelência operacional é uma estratégia menos diferenciada, porque se concentra em eficiências e a vasta maioria das empresas está preocupada com custos. Nossa percepção é que a excelência operacional é muitas vezes a estratégia involuntária em empresas que não possuem uma estratégia clara. Assim, esta quinta característica está relacionada à necessidade de foco estratégico descrita anteriormente. Quando a excelência operacional é a estratégia deliberada (e não involuntária) da empresa (por exemplo, produtos *commodity* e provedores de serviços de baixo custo), os administradores devem passar ao nível seguinte de detalhes para formular uma governança apropriada. Quais os comportamentos desejáveis específicos para se atingir o estilo particular de excelência operacional da empresa? Como pode a governança estimular esses comportamentos? Exploraremos essa questão no Capítulo 6.

6. Menos exceções renegadas e mais exceções formalmente aprovadas. A empresa média em nosso estudo declarou que o processo de exceções à arquitetura permitia exceções aos padrões estabelecidos de TI em 30% de seus novos sistemas. Outros 20% adicionais dos novos sistemas tinham exceções não aprovadas aos padrões estabelecidos (exceções renegadas). Este último dado mostra a imaturidade dos processos de arquitetura de TI na maioria das empresas.

Por causa do ritmo das mudanças tecnológicas, exceções aos padrões são inevitáveis. Mas as empresas administram exceções de diversas maneiras. As empresas de melhor desempenho em governança tinham menos exceções renegadas e mais exceções admitidas mediante um processo formal de aprovação. As setas na tabela da Figura 5-3 indicam as tendências das exceções num período de três anos. As firmas de melhor desempenho tinham menos exceções renegadas, e o número delas decrescia. Elas tinham uma porcentagem razoavelmente constante de novos sistemas com exceções aprovadas.

7. Menos mudanças na governança de ano para ano. O processo de mudar os arranjos de governança, comunicar as mudanças e institucionalizar a nova governança é demorado. Os CIOs declaram que o tempo para implementar uma mudança na Governança de TI oscila entre seis meses e um ano. Uma grande mudança envolveria a transferência dos direitos decisórios em no mínimo uma das decisões-chave de TI. Mudanças em uma das decisões da governança costumam ter implicações para as outras quatro decisões.

Mudanças freqüentes de governança são confusas para todos os administradores que procuram segui-las e os levam usualmente a lançar as mãos para o alto em frustração e a ignorar a governança completamente. A freqüência com que se deve mudar a governança é, portanto, um delicado ato de equilíbrio. Mudá-la demais resulta em frustração e queda no desempenho da governança. Mas deixar uma má governança intocada não é nada melhor. Se a governança existente na empresa se desavém com o modo como esta prefere tomar decisões, os administradores seniores devem sugerir mudanças no arranjo de governança no tocante a tal ou qual decisão ou a instituição de um novo comitê ou processo para dar suporte a uma decisão-chave. Esse tipo de grande mudança pode, também, resultar de uma transição estratégica ou da redefinição dos comportamentos desejáveis. De outra maneira, o modelo de governança deve permanecer razoavelmente estável, para evitar os custos de explicação das mudanças. A empresa pode incorporar novos conhecimentos, novas pessoas, pequenas mudanças na estratégia e novos requisitos organizacionais reajustando o modelo de governança, alterando os membros principais dos comitês, acrescendo responsabilidades a uma estrutura existente de tomada de decisões ou revendo os parâmetros dos acordos de nível de serviço.

Quais arranjos de governança funcionam melhor

Além de terem as sete características, as empresas de melhor desempenho empregavam padrões particulares de arquétipos em seus arranjos de governança. Em todas as empresas estudadas, certos padrões de arranjos de governança superaram de modo geral os demais. Discutiremos primeiro o que funciona melhor para as contribuições e, então, passaremos ao que funciona melhor para a tomada de decisões.

Contribuindo para as decisões

Em geral, as empresas com alto desempenho em governança empregavam modelos federalistas de contribuição nas decisões sobre princípios de TI e necessidades de aplicações de negócios. Em contraste, as de desempenho mais baixo tinham contribuições duopolistas para essas duas decisões. No caso da contribuição para as outras três decisões, nenhum arranjo de governança se mostrava inferior ou superior de forma geral; a melhor abordagem dependia das necessidades específicas da empresa.

Como ponto de partida, recomendamos arranjos federalistas de governança para contribuições sobre todas as cinco decisões-chave e particularmente para os princípios de TI e as necessidades de aplicações de negócios. O modelo federalista de contribuições provê um veículo de base ampla para detectar as incompatibilidades entre os desejos dos administradores corporativos seniores e os dos administradores das unidades de negócio. Esse modelo federalista endereça a tensão tradicional entre o que deve ser compartilhado e o que deve ser determinado localmente. O compartilhamento pode habilitar economias de escala e padronizações e ao mesmo tempo contribuir para estratégias da empresa toda, como a imagem única perante o cliente. A governança da Motorola, descrita na Figura 3-7, ilustra a contribuição federalista para os princípios de TI.

Conceber um modelo federalista bem-sucedido para aplicações é ainda mais difícil do que formulá-lo para os princípios. Os líderes das unidades de negócio desejam que suas necessidades de negócios sejam atendidas e estão comumente menos interessados nas necessidades do centro ou das demais unidades. Quanto menos sinergia houver entre as unidades de negócio, mais seus líderes precisarão de independência. Nos casos em que houver processos comuns entre as unidades (gerenciamento do relacionamento com o cliente, por exemplo), a pressão por aplicações compartilhadas aumentará. As empresas de melhor desempenho valiam-se intensivamente de gerentes de relacionamento de negócios, de cobrança reversa e de comitês executivos para conseguir contribuições para decisões sobre princípios e necessidades de aplicações de negócios. Todos os três mecanismos equilibram explicitamente as necessidades das unidades de negócio e as do centro corporativo.

O modelo duopolista de contribuições para princípios de TI e necessidades de aplicações de negócios é tipicamente restritivo demais. Limitar as contribuições para TI e para um outro grupo cria, com freqüência, uma impressão de desencanto ou não-transparência com relação ao processo. Pior ainda, este processo pode ser visto como se tivesse sido moldado para beneficiar as partes consultadas. O modelo duopolista mostra-se muito eficaz para a tomada de decisões, mas em geral é menos eficiente para contribuições. No caso de contribuições, um processo contributivo de base ampla, com mecanismos que assegurem uma representação justa e clara, funciona melhor.

Tomando decisões

A Figura 5-4 resume os arranjos de governança mais e menos efetivos para as contribuições e a tomada de decisões, tendo em mente o bom desempenho da governança[5]. As empresas com bom desempenho evitavam modelos federalistas para a maioria de suas decisões sobre TI e empregavam duopólios de TI para as decisões críticas de princípios e investimentos em TI.

Por que os modelos federalistas emperram

Empresas que adotavam arranjos de tomadas de decisões federalistas tinham freqüentemente mau desempenho de governança. Muitos fatores explicam por que os modelos federalistas são menos eficazes para a tomada de decisões – incluindo a velocidade inferior e a tendência de fazer concessões excessivas e abrir mão da eficácia. Arranjos decisórios federalistas costumam exigir mais tempo, pois envolvem mais pessoas e mais estágios e há menos consenso quanto aos objetivos das decisões. Os longos tempos de ciclo agravam os problemas enfrentados pelas empresas de má governança, que continuam a ter desempenho ruim até que a intervenção ocorra. Pior ainda, quando concessões são feitas para "manter todos felizes", nem as unidades de negócios nem a empresa conseguem o que realmente precisam. Modelos federalistas eram um prenúncio de ruim desempenho, em quatro das cinco decisões-chave de TI.

Embora arranjos de tomada de decisões federalistas sejam em geral menos eficazes, umas poucas empresas superaram suas limitações estabelecendo o sucesso da empresa como uma meta importante para todos os administradores. O *chairman* e CEO da UPS, refletindo sobre seus trinta anos de empresa, descreveu a época em que representava uma unidade de negócio num comitê federalista para decisões sobre TI.

FIGURA 5-4

As Empresas de Melhor e Pior Desempenho Usam Arranjos Diferentes

Decisão / Arquétipo	Princípios de TI		Arquitetura de TI		Estratégias de infra-estrutura de TI		Necessidades de aplicações de negócio		Investimentos em TI	
	Contribuição	Decisão	Contribuição	Decisão	Contribuição	Decisão	Contribuição	Decisão	Contribuição	Decisão
Monarquia de negócio										
Monarquia de TI										
Feudalismo								⊖		
Federalismo	⊕	⊖		⊖		⊖	⊕			⊖
Duopólio	⊖	⊕					⊖			⊕
Anarquia										

⊖ = Desempenho ruim

⊕ = Melhor desempenho

Nossa cultura, tradições, legado e tempo de serviço nos dava muita segurança para confiar uns nos outros. (...) Você podia agir pelos melhores interesses do todo. Penso sobre quando criamos o comitê diretivo de TI. (...) Eu estava en-

> volvido, além de alguém da engenharia, alguém das finanças, alguém de RH, alguém mais de P&D – oito funções diferentes reunindo-se. Cada um de nós aparecia com ordens do nosso chefe para conseguir o necessário para nossa parte do negócio (...) e, de algum modo, acabávamos dizendo: "Mas a melhor coisa para a empresa não é a minha; é o DIAD [computador portátil usado pelos motoristas de caminhão da UPS] ou a automação de registro de entrega". (...) Eu voltava à seção e meu chefe me perguntava: "Conseguiu o necessário?" e eu respondia: "Não, consegui algo melhor – algo melhor para a empresa"[6].

Poucas empresas podem ostentar a longevidade dos administradores da UPS em seus comitês diretivos de TI. Mesmo a UPS, cuja cultura estimulava o comprometimento com as metas da empresa, acabou abandonando o modelo federalista em favor de uma monarquia de negócio para investimentos em TI. Por outro lado, os modelos federalistas são uma abordagem viável para decisões sobre necessidades de aplicações de negócios. Se os representantes das unidades de negócio forem recompensados por atingir objetivos tanto da empresa como das unidades de negócio, eles poderão atuar num modelo federalista para distinguir necessidades de aplicações exclusivas e comuns. As empresas com arranjos decisórios feudais para necessidades de aplicações de negócios tinham um desempenho de governança inferior; mesmo com pouca sinergia entre as unidades de negócio, o modelo feudalista saía-se mal. No caso das necessidades de aplicações, o modelo apropriado depende das necessidades estratégicas da empresa. unidades de negócio altamente integradas ou sinérgicas prosperam com tomadas de decisões mais centralizadas, como nos arranjos federalista ou de monarquia de negócio. Quando há pouca sinergia, duopólios de TI funcionam bem, com o grupo de TI trabalhando bilateralmente com cada unidade de negócio para satisfazer as necessidades individuais.

Por que duopólios funcionam para tomar decisões

As empresas de melhor desempenho em governança costumavam usar duopólios de TI para princípios e investimentos em TI, as duas mais estratégicas dentre as cinco decisões-chave de TI, porquanto os princípios determinam o papel da Tecnologia da Informação na empresa e os investimentos estabelecem compromissos e prioridades. Alguns padrões de processo de negócios e de TI talvez não sejam negociáveis, mas a abordagem duopolista habilita a tomada de decisões conjunta entre os líderes de negócio e os profissionais de TI e permite que haja soluções criativas dentro de restrições acertadas, mantendo seu foco, ainda assim, na questão específica de negócios em mãos. Diversamente dos modelos federalistas, em que os administradores devem equilibrar os interesses do centro com os das unidades de negócio, os duopólios preservam o foco estratégico e geralmente funcionam melhor.

Dois mecanismos populares para implementar duopólios são gerentes de relacionamento entre negócios e TI (com freqüência os CIOs das unidades de negócio) e equipes de processos com membros da TI. Os gerentes de relacionamento entre negócios e TI sustentam o modelo do duopólio de TI roda de bicicleta (ver Figura 3-3). Os gerentes de relacionamento entre negócios e TI exploram a TI em busca do máximo valor de negócio e pressionam por serviços de TI que atendam às necessidades de suas unidades de negócio. O mecanismo das equipes de processos implementa o duopólio em forma de T. As equipes de processo trabalham em busca do modelo operacional desejado pela empresa, adotando a TI para habilitar processos da empresa toda.

Três padrões bem-sucedidos de desempenho da governança

Entre as 256 firmas, os arranjos de governança variavam notavelmente. Para cada uma das cinco decisões-chave de TI, a administração pode escolher entre seis arquétipos de governança, o que resulta em milhares de combinações possíveis. As dez combinações mais populares representavam 25% das empresas; os três arranjos mais bem-sucedidos dentre esses dez, em termos de desempenho da governança, aparecem na Figura 5-5. Todos os três equilibram múltiplos objetivos de desempenho, como custo, crescimento e flexibilidade. O arranjo 1 tinha duopólios (os CxOs e a TI, talvez usando comitês em forma de T) para princípios e investimentos; monarquias de TI para infra-estrutura e arquitetura; e uma estrutura federalista para necessidades de aplicações de negócios. Esse arranjo requer que os grupos de TI compreendam as necessidades de negócios e que os negócios e a TI tenham confiança recíproca. O modelo federalista para aplicações de negócios pode aproveitar possíveis sinergias entre as unidades de negócio, como o faria um duopólio em forma de T para investimentos. O arranjo 2 era similar, com um duopólio para necessidades de aplicações e uma monarquia de negócio para investimentos. Esse arranjo 2 funciona bem para empresas com poucas sinergias que utilizem um duopólio roda de bicicleta para as necessidades de aplicações.

FIGURA 5-5

Os Três Melhores Arranjos de Governança

Decisão / Arquétipo	Princípios de TI	Arquitetura de TI	Estratégias de infra-estrutura de TI	Necessidades de aplicações de negócio	Investimentos em TI
Monarquia de negócio	③	③	③		② ③
Monarquia de TI		① ②	① ②		
Feudalismo					
Federalismo				① ③	
Duopólio	① ②			②	①
Anarquia					

①, ②, ③ = Três melhores empresas em desempenho de governança (atingidos quatro objetivos de desempenho, em ordem de importância).

O arranjo 3 era muito mais centralizado, com monarquias de negócio para todas as decisões, excetuando-se o federalismo no caso das necessidades de aplicações de negócios. Abordagens mais centralizadas são usadas tipicamente em firmas com uma única unidade de negócio ou nos casos em que a lucratividade ou o controle de custos é mais importante. O arranjo 3 requer líderes de negócio que conheçam e se importem com questões de TI – o que se consegue muitas vezes com o CIO educando a equipe administrativa sênior. O arranjo 3 também é conveniente quando grandes mudanças estão em curso e os direitos decisórios devem ser mantidos com punho firme (durante fusões, grandes cortes de despesas, crises e assim por diante). A Figura 5-5 ilustra como as cinco abordagens decisórias se encaixam num modelo vigoroso de governança total. Por exemplo, uma monarquia de TI para arquitetura de TI pode funcionar bem quando os princípios de TI estabelecidos pela monarquia de negócio ou por um duopólio guiam a arquitetura.

Quem toma as melhores decisões de TI?

Em meio a todas as combinações possíveis, queríamos entender quais administradores, em média, tomavam consistentemente as melhores decisões de TI – se profissionais de negócios ou de TI. Os resultados das 256 firmas estudadas indicam que o processo decisório conjunto é o melhor para muitas decisões (Figura 5-6). A dimensão vertical da tabela divide as cinco decisões-chave entre as três decisões mais orientadas a negócios (princípios, aplicações de negócios e investimentos) e as duas mais técnicas (arquitetura e infra-estrutura). A dimensão horizontal da tabela divide os arquétipos em decisões tomadas por líderes de negócio, por líderes técnicos e decisões tomadas em conjunto[7]. Os números nas células somam cem e representam a porcentagem de decisões tomadas no caso de cada combinação em todas as empresas. Por exemplo, de todas as decisões de TI, 29% eram decisões de viés comercial tomadas por pessoas de negócios e 27% eram decisões de TI de natureza técnica tomadas por pessoas de TI. Somar as linhas indica a porcentagem de cada tipo de decisão (negócios ou técnica). Somar as colunas indica a porcentagem de cada tomador de decisão (negócios, técnico ou em conjunto). Por exemplo, 32% das decisões eram conjuntas.

FIGURA 5-6

Quem Toma as Melhores Decisões de TI – Administradores de Negócios ou de TI?

Tipos de Decisão	Direitos Decisórios (%)		
	Negócios	**TI**	**Conjunto**
Negócios • Princípios de TI • Necessidades de aplicações de negócio • Investimentos em TI	⊖ 29	⊜ 7	⊕ 24
TI • Arquitetura de TI • Infra-estrutura	⊖ 5	⊜ 27	⊜ 8

⊕ Empresas com melhor desempenho*
⊜ Indiferente
⊖ Empresas com desempenho ruim*

* Relação estatisticamente significativa com o desempenho da governança

Os símbolos em cada célula representam a relação entre a abordagem decisória e o desempenho da governança. As empresas com melhor desempenho eram mais propensas a tomar conjuntamente as decisões mais orientadas aos negócios.

No caso das empresas com desempenho ruim, era mais provável que administradores de negócios tomassem sozinhos as decisões de TI. Todas as outras combinações entre decisões e tomadores de decisão tiveram o mesmo desempenho.

Deduzimos alguns princípios gerais desta análise. A menos que haja razões mandatórias para agir de outro modo:

- Profissionais de TI e negócios devem colaborar nas decisões de TI com viés comercial (investimentos, princípios e necessidades de aplicações de negócios). Vários mecanismos podem ajudar a implementar esta abordagem: comitês conjuntos, equipes de processo com membros de TI, processos de orçamento com estágios distintos de aprovação para negócios e TI e assim por diante.
- Profissionais de negócios não devem tomar sozinhos decisões de viés comercial. Decisões melhores requerem a fusão entre idéias de negócios e de TI.
- O melhor arranjo dos direitos decisórios para decisões técnicas depende de outros fatores, como sinergias entre unidades de negócio, o *portfolio* corrente de TI, as metas estratégicas, as diferenças entre indústrias e assim por diante.

Como governam as firmas de melhor desempenho financeiro

Até aqui, neste capítulo, concentramo-nos nas governanças que funcionam melhor, de modo geral, para desempenhos multifacetados de base ampla. Mas, para além desses princípios gerais, a governança deve se ajustar a estratégias e metas de desempenho da empresa. Verificaremos agora o modelo de governança em empresas com fins lucrativos que se punham à frente de suas parceiras em indicadores financeiros específicos. Consideramos três metas de desempenho diferentes e os indicadores associados: utilização de ativos, crescimento e lucros (Figura 5-7).

Para determinar como as firmas de melhor desempenho financeiro governam, correlacionamos os arranjos de governança com o desempenho financeiro dos três anos anteriores, em comparação com a concorrência[8]. Para gerar os padrões de governança das firmas de melhor desempenho financeiro na Figura 5-7, adotamos uma série de pressupostos (alguns dos quais descrevemos nas notas finais). Como resultado, os padrões dessas firmas devem ser vistos somente como indicativos, e não como evidência definitiva. As três seções a seguir descrevem a governança em firmas cotadas com fins lucrativos que tiveram desempenho superior ou melhorias mais rápidas. Nem todas as firmas que lideravam um dado indicador de desempenho governavam da mesma forma, mas padrões foram observados e se mostraram persuasivos e suportados pelos estudos de caso. Por exemplo, as firmas que lideravam em crescimento tinham uma Governança de TI relativamente descentralizada, concedendo considerável arbítrio às unidades de negócio. Firmas que lideravam no quesito lucro tinham governanças mais centralizadas, para facilitar a redução de duplicações e o controle de custos.

Líderes em utilização de ativos

Firmas que lideram a utilização de ativos (conforme mensurada pelo ROA) precisam de tomadores de decisões proativos, que busquem oportunidades de compartilhar e reutilizar a TI entre unidades de negócio, processos de negócios e regiões. No caso dos ativos de TI, as firmas líderes tipicamente promoviam essa utilização de ativos através de um padrão de governança duopolista em todas as cinco decisões (ver Figura 5-7). No modelo duopolista, o grupo de TI desempenha um importante papel de coordenação como um dos poucos grupos que interagem com todas as unidades de negócio e vêem oportunidades em toda a firma para compartilhamento e reutilização.

Em todas as cinco decisões, os dois tipos de governança duopolista ilustrados na Figura 3-3 são importantes para a utilização de ativos. Cada tipo de duopólio reúne executivos de negócios e de TI; um duopólio em forma de T reúne executivos seniores para estimular maior sinergia na empresa, ao passo que o de roda de bicicleta estabelece relacionamentos para ajudar as unidades de negócio a extrair valor das capacidades da empresa. Os principais mecanismos que implementam esses dois duopólios incluem comitês executivos, equipes de processos, gerentes de relacionamento entre negócios e TI e comitês de arquitetura de TI.

A Citicorp foi uma adepta precoce da abordagem em forma de T em 1996 e uma exploradora de TI muito bem-sucedida. O contexto estratégico da Citicorp exigia que administradores de negócios e de TI trabalhassem juntos num duopólio para compreender seus mútuos desafios e responsabilidades[9]. Para criar esta fusão na área dos bancos de varejo, dois comitês sobrepostos reuniam-se trimestralmente para realizar a supervisão e estabelecer a política tecnológica no banco. O Conselho Global de Clientes, presidido pelo vice-presidente sênior de marketing, reunia os gerentes seniores de marketing e incluía o diretor sênior de tecnologia, o

FIGURA 5-7

Como Governam as Empresas de Melhor Desempenho Financeiro

Arquétipo de Governança	Decisão: Princípios de TI	Decisão: Arquitetura de TI	Decisão: Estratégias de infra-estrutura de TI	Decisão: Necessidades de aplicações de negócio	Decisão: Investimentos em TI
Monarquia de negócio	Lucro Crescimento	Lucro	Lucro	Crescimento	Lucro Crescimento
Monarquia de TI			Lucro		
Feudalismo					Crescimento
Federalismo				Lucro	
Duopólio	ROA	ROA	ROA	ROA	ROA

☐ Padrões mais comuns em todas as firmas.

Lucro, ROA, Crescimento = Firmas com lucros, ROA ou crescimento trienais médios, ajustados à indústria, crescentes ou significativamente maiores.

mais alto executivo de Tecnologia da Informação na Citicorp. O Grupo Global de Tecnologia para Clientes, presidido por esse mesmo diretor sênior de tecnologia, reunia os gerentes seniores de tecnologia da área de bancos de varejo e incluía o vice-presidente sênior de marketing. Os dois grupos tinham horários de reunião adjacentes, e parte de suas reuniões era conjunta. Muitas firmas adaptaram esse modelo para atender às suas próprias necessidades.

Gerentes de relacionamento entre negócios e TI (por exemplo, os CIOs das unidades de negócio) conectam com eficácia as unidades de negócio ao grupo central de TI, permitindo a identificação de oportunidades de reutilização, sinergias e serviços compartilhados. Ao mesmo tempo, esses gerentes de relacionamento entre negócios e TI garantem que as necessidades comerciais de suas unidades de negócio sejam atendidas. Entre as empresas bem-sucedidas no uso de gerentes de relacionamento entre negócios e TI mencionadas em outros trechos do livro estão o DBS Bank, o Abbey National Group e a Scotland Yard.

Equipes de processos com membros de TI ajudam a desenvolver tanto a liderança de processos como a infra-estrutura de TI necessárias para habilitar implementações de sistemas da empresa e processos de negócios interfuncionais. As implementações de ERP na MeadWestvaco e na Dow Corning ilustram os benefícios das equipes de processos. Comitês de arquitetura são, também, importantes para a utilização de ativos. Numa estrutura duopolista, esses comitês de especialistas em negócios e TI estimulam a reutilização para garantir uma arquitetura robusta e uma adesão estrita aos padrões técnicos. Para gerar economia, o grupo de TI avalia regularmente o conjunto de relações bilaterais em busca de oportunidades de sinergia e economias de escala. Onde podem ser compartilhados os mesmos sistemas, dados, infra-estrutura, módulos ou capacidades?

Duopólios são também utilizados nas decisões de investimento em TI, para assegurar que os gastos em TI sejam distribuídos, de maneira balanceada, entre as necessidades estratégicas das unidades de negócio e as necessidades de utilização de ativos da empresa. As firmas líderes em utilização de ativos costumam fazer uso eficaz da cobrança reversa. Compreender e expor os custos da TI, particularmente os de infra-estrutura, favorece o compartilhamento e a reutilização. As empresas que lideram na utilização de ativos não gastam nem mais nem menos em TI do que as outras empresas, tendo, como referência, os gastos de TI como porcentagem das despesas. Simplesmente estimulam uma utilização melhor de seus ativos de TI.

Em suma, firmas que desejam liderar na utilização de ativos podem aprender o seguinte com as empresas de melhor desempenho:

- Estabeleça princípios de TI com ênfase na utilização de ativos, por meio de um duopólio dos CxOs e do grupo de TI. Use duopólios para fazer com que as decisões de investimento conciliem as necessidades de negócios com o compartilhamento e a reutilização.
- Crie um comitê de arquitetura de TI com membros das áreas de negócios e TI para conceber a arquitetura da empresa e assegurar o comprometimento com a infra-estrutura compartilhada.
- Nomeie gerentes de relacionamento entre negócios e TI que se concentrem em extrair valor de negócio da TI para suas unidades de negócio e em fazer bom uso da infra-estrutura geral da empresa.
- Estabeleça um núcleo técnico de provedores de infra-estrutura e arquitetura que planejem e implementem a plataforma tecnológica da empresa e interajam com os gerentes de relacionamento entre negócios e TI.

- Institua um processo regular de avaliação que congregue líderes das unidades de negócio e de TI em busca de sinergias, reutilização e tendências nas unidades operacionais.
- Envolva os arquitetos de TI em projetos das unidades de negócio, para promover a educação e o uso eficaz da infra-estrutura compartilhada e dos padrões de arquitetura.
- Desenvolva um sistema de cobrança reversa para ajudar os líderes das unidades de negócio a enxergar o valor de serviços compartilhados e a tomar decisões efetivas sobre o uso da TI.

Líderes em lucro

As empresas líderes no quesito lucro (conforme mensurado pelo ROI e pelo ROE) tendiam a ter uma abordagem de governança mais centralizada. Essas empresas tinham tipicamente monarquias de negócio para decisões sobre princípios, arquitetura de alto nível e investimentos em TI. Empregavam monarquias de negócio ou de TI para decisões sobre infra-estrutura e arranjos federalistas para as necessidades de aplicações de negócios. Empresas líderes no quesito lucro utilizam esses arranjos de governança e precisam de líderes de negócio versados em Tecnologia da Informação para a tomada de decisões – particularmente sobre a arquitetura de TI. Nessas firmas, a arquitetura de negócios – a ligação dos principais processos de negócios internamente e com parceiros comerciais – determina uma arquitetura de TI de alto nível, que é firmemente imposta.

As empresas líderes em lucro fazem o uso eficaz de comitês executivos e da alta gerência para obter controle de custos e padronização. No caso da arquitetura, a padronização ocorre graças à tomada de decisões de negócios com o grupo de TI, provendo-se aconselhamento, educação e pesquisas. A padronização orientada a negócios limita exceções dispendiosas aos padrões, mas não elimina a importância do processo de exceções para promover o aprendizado. As empresas líderes em lucro adotam com êxito arranjos federalistas para as necessidades de aplicações de negócios, devidamente equilibrados com monarquias de negócio para princípios de TI. Os arranjos federalistas garantem consistência entre as unidades operacionais e as estratégias gerais da empresa, reconhecendo ao mesmo tempo as diferenças entre as unidades de negócio. Esse tipo de arranjo federalista requer um esquema sustentador de incentivos. Os investimentos em TI são também centralmente controlados através de monarquias de negócio que consideram os gastos em Tecnologia da Informação dentro do contexto de todas as despesas. Houve evidências de que as empresas líderes em lucro na verdade gastavam mais em TI.

A tomada de decisões centralizada facilita a padronização e o compartilhamento de serviços, aumentando, portanto, a lucratividade pela redução de custos e pelo tempo curto de viabilização de comercialização em novas regiões. Por exemplo, o Citibank Ásia estabeleceu um Centro Regional de Cartões (RCC), em Cingapura em 1989, como um serviço compartilhado para dar suporte a novas empresas de cartões de crédito no sudeste asiático[10]. Esse serviço compartilhado teve um impacto direto no desempenho operacional de cada gerente do país (*country manager*), cujas operações de processamento de dados de cartões de crédito se consolidaram, de modo que nem todos os gerentes aderiram prontamente à idéia. Os gerentes que usaram os serviços compartilhados exigiam do centro padrões exaustivos de desempenho. Em 1992, durante a alta da consciência de custos, o custo por cartão caíra para 32,5% do que fora em 1989. Nenhum dos gerentes de país (*country manager*) quis voltar às operações descentralizadas de cartões de crédito; quem ia querer que o custo por cartão triplicasse da noite para o dia? As economias de custo oferecidas pelo RCC atraíram os países para o uso de serviços compartilhados.

O RCC passou do processamento de cartões de crédito de dez países em 1993 para vinte e sete países em 1999 – doze deles na Ásia, sete na Europa central e no Oriente Médio e oito na América Latina. Os custos médios em 1999 eram 40% menores do que três anos antes. Hoje muitos outros países ao redor do mundo usam serviços compartilhados. Além do processamento de cartões de crédito, o RCC presta serviços que incluem: o suporte à produção, a concepção de *software* para novos produtos, os testes de aceitação, a observância das regras, que mudam constantemente, do Visa, Mastercard e Diners Club e a disseminação de melhores práticas e iniciativas de qualidade corporativa. As reduções de custo proporcionadas pela padronização e pelo processamento centralizado inerentes aos serviços compartilhados são impressionantes. A existência de "*kits* de iniciantes" também torna a adesão de novos países relativamente fácil e barata.

Em suma, firmas que desejam liderar no quesito lucros podem aprender o seguinte com as empresas de melhor desempenho:

- Crie um comitê diretivo de TI com executivos de negócios capazes, que assumam a responsabilidade por decisões de Governança de TI na empresa como um todo e estabeleçam princípios de TI com ênfase no controle de custos.
- Administre, cuidadosamente, a arquitetura de negócios e de TI da empresa para eliminar custos comerciais. Monarquias de TI administram e impõem a arquitetura, atuando juntamente com monarquias de negócio para estabelecer arquiteturas.
- Conceba processos rigorosos de exceções à arquitetura para minimizar exceções custosas e promover o aprendizado.
- Crie uma organização de TI centralizada, concebida para administrar infra-estrutura, arquitetura e serviços compartilhados.
- Adote processos vinculados de necessidades comerciais e investimentos em TI, que tornem visíveis e equilibrem as necessidades do centro e as das unidades operacionais.
- Institua um processo de investimentos em TI que requeira coordenação e aprovação centralizadas de investimentos em TI.
- Desenvolva um mecanismo simples de cobrança reversa e acordos de nível de serviço para alocar claramente as despesas de TI.

Líderes em crescimento

Líderes em crescimento de renda têm estruturas de governança que procuram balancear as principais necessidades de empreendedorismo das unidades operacionais com os objetivos de negócios da empresa toda. Monarquias de negócio estabelecem princípios de TI para conciliar (ou ao menos tentar conciliar) as metas das unidades operacionais e as da empresa. Esses princípios focam tipicamente o crescimento e conferem às unidades de negócio poderes para ser inovadoras e não se preocupar excessivamente com a padronização – que pode ficar para depois.

Investimentos em TI são governados por arranjos de governança feudalistas ou de monarquia de negócio. A governança feudalista para investimentos permite que cada uma das unidades invista em TI independentemente, para suportar as suas estratégias específicas. Em empresas de alto crescimento, são as unidades operacionais que têm intimidade com o cliente (ver Figura 5-1), aquelas que tipicamente motivam o crescimento, antecipando e respondendo às necessidades dos clientes. As unidades operacionais querem e precisam ter controle sobre seus investimentos em TI para permitir implementações rápidas e fazer experiências com novos produtos e serviços. Nos casos em que sinergias mais gerais para a firma toda são desejadas (por exemplo, um ponto único de contato com o cliente em múltiplas unidades de negócios ou recursos compartilhados), monarquias de negócio são utilizadas para investimentos em TI. Firmas de alto crescimento, mais dos que as outras, têm mecanismos eficazes para rastrear o valor de negócio da TI.

É interessante que não haja uma abordagem de governança dominante para estratégias de infra-estrutura de TI ou para a arquitetura de empresas de alto crescimento. As empresas adotam uma variedade de arranjos de governança de infra-estrutura para habilitar o crescimento rápido. O segredo para crescer rápido é a responsividade ao cliente. As empresas líderes conseguem essa responsividade investindo mais na infra-estrutura das unidades operacionais do que na infra-estrutura da firma como um todo[11]. A infra-estrutura da unidade local é mais adequada para atender às necessidades estratégicas das unidades de negócio e costuma ser menos integrada aos sistemas gerais da empresa. Esse grau inferior de integração possibilita tempos menores para a comercialização de produtos e serviços habilitados pela TI – a integração pode vir mais tarde.

Manter arquiteturas de TI em empresas de alto crescimento é... desafiador. Essas empresas não utilizavam nenhum arranjo dominante de governança para a arquitetura. Muitas delas declararam ter um grande número de arquiteturas de TI em vez de uma única – um número talvez equivalente ao número das unidades operacionais! Essa proliferação era igualmente evidente quer o crescimento se desse organicamente, quer por via de aquisições. A única possibilidade de criar uma arquitetura de TI integrada, racional e escalável ocorrerá se o grupo de TI tiver os direitos decisórios. Um modelo típico enviaria propostas de TI das unidades operacionais ao setor de TI para o exame da arquitetura. Para ser bem-sucedido e visto como um auxílio, e não como uma obstrução às unidades operacionais, o processo de arquitetura deve ser muito rápido e flexível. Por exemplo, CIOs corporativos em empresas de alto crescimento fazem uso intensivo de relacionamentos pessoais que envolvem uma influência um-sobre-um com líderes de negócio e facilitam comunidades de interesse de administração de TI.

Nas firmas de alto crescimento, monarquias de negócio identificam necessidades estratégicas de aplicações de negócios. Tipicamente, a demanda por TI excede os recursos de TI disponíveis, de modo que as monarquias de negócio identificam os principais requisitos dos processos que distinguirão a empresa da sua concorrência. No entanto, essas empresas, com freqüência, têm dificuldade para definir precisamente as suas necessidades de aplicações de negócios. Em seu ambiente de ritmo acelerado, as necessidades de negócios mudam constante e freqüentemente durante a aquisição, construção ou consolidação de sistemas. Para definir e atender simultaneamente suas necessidades de mercado, as empresas de alto crescimento usam protótipos e diferentes tipos de desenvolvimento extremo. Muitas das empresas de alto crescimento declaram que as necessidades de aplicações de negócios são as menos bem governadas entre as cinco decisões-chave de TI; elas criam provavelmente desafios de integração pelo caminho.

A Manheim Auctions, líder do mercado americano nos leilões de automóveis *business-to-business*, consegue leiloar anualmente mais de 50 bilhões de dólares em veículos usados[12]. Há alguns anos a Manheim criou leilões *online* e atualmente leiloa em torno de 150 mil carros *online* por ano. Além disso, o Relatório de Mercado da Manheim, compilado a partir dos leilões nacionais da firma, oferece informações inestimáveis às revendedoras de veículos e a outros participantes da indústria e está disponível *online*, em assistentes pessoais de dados (PDAs) e em versão impressa.

Para lançar esse negócio *online* de rápido crescimento e reforçar sua posição dominante na indústria, a empresa criou uma unidade de negócio independente, a Manheim Online. Hal Logan, o CEO da Manheim Online, trabalhou com a equipe da alta gerência na definição dos princípios e dos requisitos estratégicos de negócios. Como a maioria das empresas iniciantes de alto crescimento, a Manheim não governa rigidamente a arquitetura ou a infra-estrutura, focando-se em vez disso na gestão de projetos para o rápido crescimento.

Equipes de desenvolvimento da Manheim eram responsáveis por todos os aspectos da implantação dos novos serviços da Manheim Online: a gestão de produtos; a seleção e administração de servidores *Web*; e o desenvolvimento e a garantia da qualidade do serviço. Em certa altura, o foco da equipe na velocidade de entrega de serviços tornou-se insustentável. Steve Crawford, diretor de desenvolvimento de *software* da Manheim Online, avaliou assim a situação: "A capacidade de resposta rápida sempre acabava se tornando um problema. Ficamos bons demais em sair aos trancos no atendimento rápido às demandas, mas isso tem um custo, e finalmente dissemos: 'O.K., acabou o pó mágico agora'. Nós precisamos repensar"[13].

A essa altura, a Manheim Online identificou a necessidade de maior atenção à arquitetura e aos serviços reutilizáveis de infra-estrutura. Hoje, o negócio *online* é cuidadosamente integrado ao modelo geral de negócios da Manheim Auctions. Além disso, as responsabilidades pela prestação de serviços foram redefinidas. A equipe de gestão de produtos é responsável por definir a visão do produto e administrar sua implantação, dando cobertura ao grupo de desenvolvimento, de modo que este possa se concentrar no desenvolvimento de *software*. O grupo de garantia da qualidade é responsável por testar novos serviços. O diretor de desenvolvimento de *software* descreveu o processo de introdução de maior disciplina no ambiente de desenvolvimento: "Houve muitas dores crescentes acompanhando a mudança. Muitas pessoas gostavam do tipo de atmosfera de firma pequena que tínhamos, porque podiam usar diversos chapéus e fazer coisas de todo tipo. Era um lugar excelente para aprender, em razão de seu ritmo acelerado, e havia nele pessoas de negócios de grande perspicácia"[14].

O exemplo demonstra a importância de focar a governança na definição de necessidades estratégicas de negócios e em processos de desenvolvimento de aplicações durante períodos de alto crescimento. Quando o crescimento se reduz e a empresa amadurece, é necessário ter diferentes habilidades, culturas e Governança de TI.

Em suma, firmas que desejam liderar em crescimento podem aprender o seguinte com as empresas de melhor desempenho:

- Dê poder às unidades de negócio para determinar os investimentos em TI – o que muitas vezes se consegue estabelecendo princípios de TI com uma forte ênfase na inovação e na responsividade ao mercado.
- Crie uma organização de TI mais descentralizada, com estrutura e capacidades concebidas para focar as necessidades imediatas de processos críticos de negócios.
- Coloque profissionais de TI em unidades operacionais concentradas em atender às necessidades de clientes internos e externos.
- Desenvolva uma capacidade substancial de infra-estrutura de TI baseada nas unidades operacionais, ajustada para atender às necessidades locais e vinculada a uma infra-estrutura geral da empresa freqüentemente menos substancial.
- Crie um núcleo técnico de provedores de arquitetura e infra-estrutura, que planeje e implemente a plataforma tecnológica da empresa, identificando quaisquer requisitos críticos de integração. Esses especialistas devem identificar os padrões mínimos necessários para os níveis requeridos de segu-

rança, confiabilidade e integração, pois a empresa sacrificará em muito a integração em prol da funcionalidade e rapidez. O núcleo técnico de provedores de infra-estrutura deverá, também, ser hábil na criação de sinergias e na integração de sistemas já em operação.

- Implemente um processo regular de avaliação para o rastreamento formal do valor de negócio da TI.
- Trabalhe com as unidades operacionais para prover educação sobre como utilizar a TI em prol do crescimento.

Formulando a governança: Lições das empresas líderes

Neste capítulo, avaliamos o que funciona melhor para diversas metas de desempenho e para liderar em métricas específicas. Cada empresa deve formular ativamente sua própria governança, combinando suas necessidades únicas com as lições do que funciona melhor em outras organizações. A seguir está uma lista de checagem do que funciona melhor, para ser considerada no momento de formular a governança. Nos próximos capítulos, verificaremos como as empresas podem moldar a governança para que ela se ajuste a suas estratégias.

1. Como você fica em comparação com as empresas de melhor desempenho nas sete características que elas têm em comum?
   - Mais de 50% dos administradores em posição de liderança conseguem descrever acuradamente sua Governança de TI?
   - A Governança de TI é comunicada efetivamente na empresa toda, com uma variedade de abordagens?
   - Os administradores seniores são devidamente envolvidos na Governança de TI?
   - Há objetivos de negócios claros para os investimentos em TI?
   - As estratégias de negócios diferenciadas são claramente articuladas?
   - Há menos exceções renegadas e mais exceções formalmente aprovadas?
   - Há apenas uma (ou menos de uma) mudança de grande porte na governança de ano para ano?

2. Os seguintes princípios devem ser considerados como modelo ou ponto de partida para os arranjos de governança (quando tudo mais é igual).
   - Use arranjos federalistas para contribuições sobre todas as decisões de TI.
   - Use arranjos duopolistas para decisões sobre princípios e investimentos em TI.
   - Evite o processo de tomada de decisões federalista para todas as decisões, se possível. Caso modelos federalistas sejam utilizados, eles precisam ter maturidade para conciliar as necessidades do centro e das unidades de negócio e um esquema sustentador de incentivos.
   - Nas decisões orientadas a negócios – investimentos, princípios e necessidades de aplicações de negócios –, adote um processo decisório conjunto, envolvendo tomadores de decisão das áreas de negócios e TI.
3. Modere esses princípios gerais de acordo com as metas dominantes de desempenho da empresa.
   - As firmas líderes na utilização de ativos usam arranjos duopolistas.
   - As firmas líderes em lucro aplicam uma governança mais centralizada, valendo-se freqüentemente de monarquias para a tomada de decisões.
   - As firmas líderes em crescimento procuram conciliar as necessidades de empreendimento das unidades operacionais com as estratégias e princípios gerais da empresa. Os investimentos em TI são governados por arranjos feudais ou de monarquia de negócio, com a possível tomada de decisões centralizada para as necessidades de aplicações de negócios.
   - Adeque estes princípios de acordo com a estratégia e os comportamentos desejáveis únicos de sua empresa.

6

Associando a Estratégia, a Governança de TI e o Desempenho

AS EQUIPES DE ALTA GERÊNCIA freqüentemente põem em dúvida o valor que auferem de seus investimentos em TI. A maioria já experimentou um grande número de frustrações com a Tecnologia da Informação: gastos imensos em múltiplos sistemas de serviços aos clientes que, entretanto, não conseguem consolidar todas interações de cada cliente; implementações de sistemas empresariais de larga escala, que mais causam danos do que aprimoram processos; aumento rápido das despesas operacionais anuais, sem um aumento correspondente dos resultados finais do negócio; infecções por vírus ou *worms**, que interrompem as operações; e investimentos multimilionários em iniciativas como prevenções contra o Bug do Milênio, que sustentam, mas não melhoram o desempenho. Entre as muitas reações instintivas da alta gerência a essas frustrações, demitir o CIO e terceirizar totalmente a TI têm sido as favoritas perenes. O problema com essas duas soluções é que, na maioria das empresas, elas não atacam a causa do problema –

* Um vírus é um programa executável que, por definição, se replica e tem anexado um outro item executável. Além de se replicar, normalmente, o vírus executa uma outra ação, como remover arquivos, formatar discos e assim por diante.
Um *worm* é um programa ou conjunto de programas auto-contidos que podem se propagar de uma máquina para outra. Diferentemente do vírus, um *worm* não precisa modificar o programa hospedeiro para se espalhar.

uma Governança de TI mal concebida, freqüentemente com a falta correspondente de participação da liderança de negócios nas principais decisões de TI.

A Governança de TI é uma responsabilidade da alta gerência. Se a Tecnologia da Informação não gera valor, a alta gerência deve examinar primeiramente suas práticas de Governança de TI – quem toma as decisões e como os tomadores de decisão se responsabilizam por elas. Neste capítulo, veremos como conceber a governança, partindo do *Framework* de Governança de TI apresentado no Capítulo 1. Exploramos modelos alternativos de governança destinados a reforçar estratégias de negócios erigidas em torno de diferentes disciplinas de valor (excelência operacional, liderança de produtos ou intimidade com o cliente) (ver Figura 5-1)1. Também examinamos como as empresas formulam a governança para transcender as estruturas organizacionais e estimular o nível desejado de sinergia (ou autonomia) entre as diferentes unidades de negócio. Descrevemos como a governança evolui conforme a Tecnologia da Informação se torna mais estratégica e os executivos compreendem melhor os custos e benefícios de processos de negócios habilitados pela TI. Estudos de caso de duas firmas de serviços financeiros – a JPMorgan Chase e a State Street Corporation – ilustram esses conceitos.

Seis componentes interligados de uma concepção efetiva de governança

Empresas com uma Governança de TI eficaz articulam claramente e, então, harmonizam os seis componentes do *Framework* de Governança de TI apresentado no Capítulo 1 (Figura 6-1). A *estratégia e organização da empresa* define os comportamentos desejáveis que motivam a governança. As empresas concebem *arranjos de Governança de TI* para cada um de seus seis ativos principais, inclusive a TI, como meio tanto de habilitar como de influenciar a estratégia. Os arranjos de governança atribuem direitos decisórios para as decisões-chave que governam cada ativo, tanto individual como coletivamente. A eficácia das estratégias de uma empresa e de sua combinação de arranjos de governança reflete-se em sua capacidade de atingir as *metas de desempenho de negócios* declaradas. Neste livro, nós nos concentramos nos ativos de TI, mas processos de governança paralelos (e interligados) para os outros cinco ativos são necessários.

A metade inferior do *Framework* de Governança de TI na Figura 6-1 mostra que, para o ativo de TI, as empresas harmonizam *a organização e os comportamentos desejáveis de TI* com sua estratégia e organização empresarial. Harmonizam suas estruturas organizacionais de TI com seus *mecanismos de Governança de TI* – suas estruturas de tomadas de decisão, seus processos de alinhamento e suas ferramentas de comunicação. A harmonização assegura que os mecanismos, a estrutura da unidade de TI e os comportamentos desejáveis resultem em arranjos de governança favoráveis à estratégia da empresa. Finalmente, *responsabilidades e métricas de TI* definem como a TI contribuirá para as metas de desempenho da empresa e provêem meios de avaliar separadamente a eficácia de TI. Vejamos os seis componentes de um modelo eficaz de governança em que usamos como exemplo o caso da JPMorgan Chase[2].

FIGURA 6-1

***Framework* de Governança de TI**

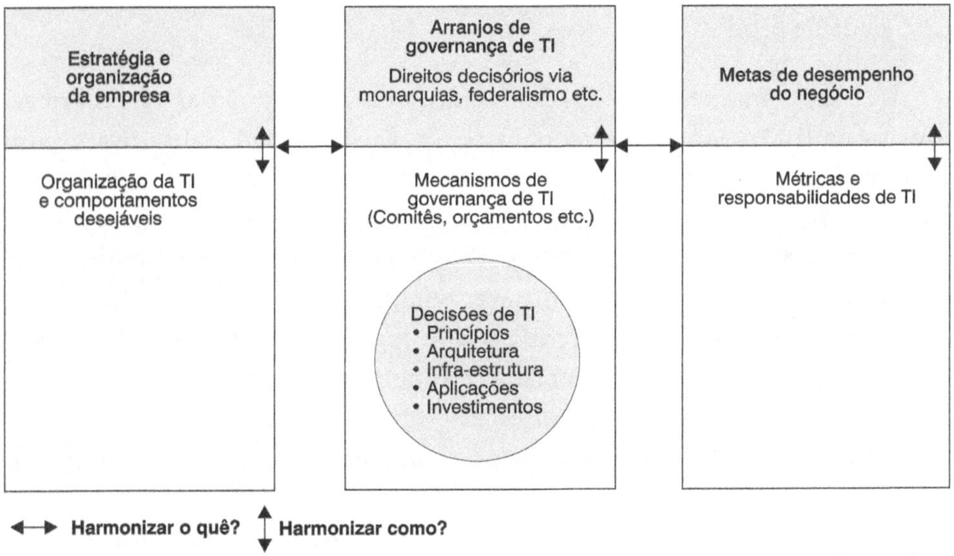

A JPMorgan Chase, com ativos de US$ 741 bilhões em 2002, concorre em cinco segmentos de mercado: bancos de investimento, gestão de investimentos e bancos privados, serviços de tesouraria e mercado de capitais, serviços financeiros de varejo e mercado médio e patrimônio privado. A J. P. Morgan & Co. e a Chase Manhattan Bank Corporation fundiram-se em 31 de dezembro de 2000, a última numa longa linha de fusões e aquisições de gigantes financeiras que incluem o Chemical Bank, a Manufacturers Hanover, o Texas Commerce Bank, a Hambrecht & Quist e a Flemings.

Estratégia e organização de empresa

Como muitas firmas de serviços financeiros diversificados, a JPMorgan Chase costumava administrar com um alto grau de autonomia entre suas unidades de negócio. Em 2001, contudo, o CEO William Harrison Jr. mudou seu foco de negócios para "uma firma – uma equipe". No relatório anual da empresa em 2002, ele resumiu a estratégia da JPMorgan Chase em dois princípios:

- Ser uma firma de serviços financeiros diversificada, com posição de liderança em cada um de nossos negócios.
- Oferecer a nossos clientes soluções integradas baseadas numa vasta variedade de produtos e serviços.

Alcançar e manter posições de liderança em cada uma das várias linhas de negócios da JPMorgan Chase requer um nível relativamente alto de autonomia das unidades de negócio. Oferecer soluções integradas, contudo, significa que a empresa deve obter sinergias em dois níveis: o das divisões e o das unidades de negócio. Para refletir a crença da empresa de que a maior parte da definição e execução estratégica para a tecnologia deve residir nos negócios, a administração desenvolveu uma abordagem referida como "regra dos 80/20": 80% do trabalho é feito nos negócios e 20% é influenciado centralmente. Assim, 20% dos esforços de TI devem assegurar os benefícios de escala, simplicidade e integração da empresa. Os outros 80% devem continuar focados em adicionar valor a esforços específicos das divisões e das unidades de negócio.

A Figura 6-2 enumera os elementos-chave da estratégia empresarial da JPMorgan Chase, no quadro superior esquerdo. A estratégia destaca a necessidade de autonomia para as unidades de negócio na empresa com um esforço concomitante de cortar custos e habilitar a integração por meio de sinergias entre essas unidades.

Para os propósitos da Governança de TI, a estratégia empresarial é um conjunto de declarações precisas e concisas que esclarecem o intuito estratégico da empresa. Essas declarações articulam uma posição consensual que pode ser prontamente comunicada. A estratégia concentra a atenção de todos os funcionários em mensagens simples e praticáveis, participem eles ou não do processo de sua formulação. Tipicamente, declarações estratégicas expressam uma ou mais das idéias a seguir:

FIGURA 6-2

A Governança de TI da JPMorgan Chase

Estratégia e organização da empresa

- Construir excelência em linhas de negócios individuais
- Prover soluções integradas aos clientes
- Melhorar a eficiência
- Beneficiar-se de economias de escala
- Desenvolver a cultura "uma firma–uma equipe"
- Aumentar a transparência e a responsabilidade

Arranjos de Governança de TI

O **Comitê Executivo de Tecnologia** e o **Conselho de Tecnologia** decidem:

- Princípios de TI
- Investimentos em TI

O **Conselho de Tecnologia** e os **parceiros de negócios** decidem:

- Estratégias e prioridades de TI
- Padrões de TI

Os **negócios** decidem:

- Necessidades de aplicações

Metas de desempenho do negócio

- Métricas distintas para cada unidade de negócio.
- Nova linguagem e cultura (*e.g.*, "comprar-manter-vender")
- Retenção de clientes, venda cruzada, recrutamento

Organização de TI e comportamentos desejáveis

- Desenvolver aplicações únicas para as unidades de negócio
- Criar uma infra-estrutura compartilhada
- Simplificar a arquitetura geral da firma para facilitar o compartilhamento, a integração e a reutilização
- Implementar padrões técnicos e de gestão de projetos, incluindo o *six sigma*

Mecanismos de governança de TI

- CIO no Comitê Executivo
- Vice-*chairs* no Comitê Executivo de Tecnologia
- CIOs das unidades de negócio e líderes de infra-estrutura formam o Conselho de Tecnologia
- Conselhos de Arquitetura e Engenharia definem os padrões de tecnologia

Métricas e responsabilidades de TI

- Processo orçamentário do "encolher para crescer"
- Métricas distintas para cada unidade de negócio
- ROI para os investimentos
- Número reduzido de produtos de TI utilizados e eliminação de produtos não aprovados
- Certificação na metodologia padrão de projetos

↔ **Harmonizar o quê?** ↕ **Harmonizar como?**

- Força competitiva da empresa;
- Relações entre unidades de negócio (por exemplo, autonomia das unidades *versus* tipos específicos de sinergia);
- Expectativas quanto ao papel e à administração da informação e da TI;

Partes da estratégia de uma empresa são efetivamente "*hard-wired*", no sentido de que são embutidas na estrutura organizacional. A JPMorgan Chase possui uma estrutura distinta que sustenta sua meta de linhas de negócio fortes. Todas as cinco divisões consistem em unidades de negócio semi-autônomas. A firma tem também estruturas que suportam suas metas de infra-estrutura compartilhada e colaboração. Por exemplo, os CIOs das divisões e das unidades de negócio têm relações duais de subordinação para com a administração de negócios e o líder de tecnologia. A meta do modelo de governança é reforçar e transcender a estrutura organizacional na definição de responsabilidades pela implementação de estratégias.

Arranjos de Governança de TI

Os arranjos de governança identificam os arquétipos utilizados para cada uma das decisões de TI. Os arranjos de governança da JPMorgan Chase (resumidos no quadro central superior da Figura 6-2) refletem as demandas de estratégia e organização da firma. Líderes de negócio e de TI definem conjuntamente os princípios de TI e tomam as decisões de investimento em TI. A JPMorgan Chase toma decisões sobre infra-estrutura e arquitetura por meio de um Conselho de Tecnologia composto dos CIOs das divisões, dos líderes de infra-estrutura tecnológica e do vice-*chairman* para tecnologia. As decisões sobre aplicações de negócios são descentralizadas para facilitar a excelência das linhas de negócios. Em cada uma dessas linhas, a JPMorgan Chase implementou centros de excelência para facilitar os projetos compartilhados entre as unidades de negócio.

A estrutura descentralizada da JPMorgan Chase fomenta a inovação e a responsividade das unidades de negócio. Seus arranjos de governança para aplicações de negócios reforçam as estruturas das divisões e das unidades. Ao mesmo tempo, os arranjos para princípios, arquitetura, infra-estrutura e investimentos requerem a colaboração entre os negócios para definir meios de promover sinergias na empresa. Esses arranjos transcendem a estrutura organizacional formal. A combinação, na JPMorgan Chase, entre (1) unidades de negócio relativamente autônomas e (2) a necessidade de alguma sinergia entre elas, administrada por meio de (3) decisões descentralizadas sobre aplicações de TI e (4) decisões conjuntas entre a liderança de negócios e de TI para questões da empresa como um todo é o que entendemos por harmonizar a estratégia e a organização da empresa com os arranjos de Governança de TI.

Metas de desempenho de negócios

O terceiro componente na metade superior do *Framework* de Governança de TI na Figura 6-2 são as metas de desempenho. As metas de desempenho estabelecem objetivos claros para os órgãos governantes e um *benchmark* para avaliar o sucesso dos esforços de governança.

Na JPMorgan Chase, cada unidade de negócio determina metas de negócio específicas para iniciativas habilitadas pela Tecnologia da Informação. Os negócios de varejo e mercado médio, por exemplo, vêm seguindo uma iniciativa E^2I – eficiência, eficácia e inovação – que resultou em metas específicas de redução de custo e liderança de mercado. Todos na JPMorgan Chase, contudo, compartilham as metas da filosofia "uma firma – uma equipe". Tais metas de desempenho incluem a eliminação de custos pelo programa de qualidade organizacional *six sigma*, o desenvolvimento de uma linguagem comum para as iniciativas de TI e o aprimoramento de resultados em termos de retenção de clientes e vendas cruzadas.

No setor com fins lucrativos, metas de desempenho de negócios como cotação na bolsa, lucratividade e boa cidadania são claras. Freqüentemente, as empresas especificam, também, antecedentes* dessas metas para aumentar a clareza e a comunicação sobre os comportamentos desejáveis e os indicadores de sucesso. Examinaremos as metas de desempenho no setor sem fins lucrativos no Capítulo 7.

Organização de TI e comportamentos desejáveis

Os três componentes da metade inferior do *Framework* de Governança de TI na Figura 6-2 (organização de TI e comportamentos desejáveis; mecanismos de Governança de TI; e métricas e responsabilidades de TI) especificam como os três componentes da metade superior serão implementados. Partindo da esquerda, a estratégia e a organização da empresa provêem a direção para a organização de TI e os comportamentos desejáveis. Nossa definição de governança – *a especificação*

* Por exemplo, no caso da meta de aumento de lucratividade, podemos ter uma meta intermediária de redução de custos operacionais que reflita o comportamento desejável de otimização de processos. (N. da R.T.)

dos direitos decisórios e do framework de responsabilidades para estimular comportamentos desejáveis na utilização da TI – não menciona a estratégia. Em vez disso, nós focamos os comportamentos desejáveis das pessoas da empresa. Comportamentos, e não estratégia, criam valor. Comportamentos são influenciados por muitos fatores, como incentivos, cultura, política interna e histórico organizacional. Mas os comportamentos desejáveis precisam estar em harmonia com a direção estratégica, ou a empresa não conseguirá alcançar suas metas de desempenho.

Na JPMorgan Chase, cada unidade de negócio tem sua organização de TI. Essa estrutura facilita o comportamento desejável de TI de concentrar os recursos das unidades de negócio no desenvolvimento e manutenção de sistemas competitivos dentro de seus mercados. Mas, além da excelência nas linhas de negócios, a estratégia da JPMorgan Chase considera economias de escala, soluções integradas e a cultura "uma firma – uma equipe". A empresa, portanto, deseja estimular novos comportamentos, incentivando a colaboração entre unidades de negócio. Com essa finalidade, foram criados os Serviços de Tecnologia da Empresa (ETS), uma organização de serviços compartilhados para toda a infra-estrutura tecnológica. A organização ETS reporta-se ao vice-*chairman* para tecnologia, um membro do Comitê Executivo da empresa toda. Além de mudanças estruturais, a JPMorgan Chase introduziu mecanismos de governança que esclarecem novos comportamentos desejáveis e estabelecem meios de reforçar esses comportamentos. Na JPMorgan Chase, esses novos comportamentos desejáveis incluem o uso de padrões tecnológicos, compras centralizadas e uma metodologia de projetos padronizada.

Métricas e responsabilidades de TI

Os comportamentos desejáveis de TI refletem-se nas métricas e responsabilidades de TI, no canto inferior direito do *Framework* de Governança de TI da JPMorgan Chase (Figura 6-2). A mensuração e as responsabilidades são críticas para qualquer bom modelo de governança. Articular quem é responsável pelo quê e como essas pessoas serão avaliadas proporciona clareza, relações de posse e ferramentas para avaliar o desempenho da governança.

Em cada uma de suas unidades de negócio, a JPMorgan Chase tem métricas individuais de TI que refletem o impacto das capacidades de TI no negócio. Em seu âmbito geral, a JPMorgan Chase possui metas de TI como o processo orçamentário "encolher para crescer", que procura reduzir custos por meio dos aprimoramentos da produtividade e da eficiência, para liberar fundos para novos investimentos priorizados pelas necessidades de negócios. Entre as outras metas, estão custos operacionais reduzidos, um menor número de plataformas tecnológicas e certificados para a abordagem de gestão padronizada de projetos. Embora o sucesso da TI deva refletir-se, em última instância, no sucesso dos negócios, essas métricas intermediárias e específicas de cada função focam os esforços de TI da JPMorgan Chase e ajudam a avaliar o progresso da unidade de TI em sua habilidade de contribuir para os negócios.

Mecanismos de Governança de TI

Mecanismos bem concebidos convertem comportamentos desejáveis de TI nos resultados listados no *Framework* de Governança de TI. São poucos os administradores que vêem esse *framework*, mas a maioria interage diariamente com um ou mais dos mecanismos. Alguns mecanismos lidam, sobretudo, com uma decisão (o Comitê de Arquitetura, por exemplo, toma decisões de arquitetura), ao passo que outros lidam com várias ou com todas as cinco decisões (o Comitê Executivo, por exemplo, toma decisões de princípios e certas decisões de investimento). Mecanismos bem concebidos reforçam e estimulam comportamentos desejáveis e levam aos resultados especificados pelas métricas e responsabilidades de TI.

No cerne da Governança de TI da JPMorgan Chase, há um Comitê Executivo de Tecnologia com cinco membros – um subgrupo do Comitê Executivo da empresa. Os membros do subgrupo são os mais altos executivos de cada linha de negócios e o líder de tecnologia. A equipe de tomada de decisões incumbida das decisões sobre princípios e investimentos em TI consiste nesse comitê e no Conselho de Tecnologia da JPMorgan Chase.

O Conselho de Tecnologia reúne os CIOs das divisões e os líderes de infra-estrutura dos Serviços de Tecnologia da Empresa (ETS). Definir os princípios e tomar decisões de investimento com o Comitê Executivo é apenas uma das incumbências do Conselho de Tecnologia. Como inclui os líderes de tecnologia da empresa, esse conselho tem a *expertise* e a autoridade para tomar decisões gerais sobre arquitetura e infra-estrutura para a firma toda. Ele conta com seis subcomitês para contribuições sobre suas decisões: Conselho de Arquitetura, Conselho de Engenharia, Desempenho Financeiro, Pessoal, Relações Estratégicas e Comunicações. Cada subcomitê é chefiado por um membro do Conselho de Tecnologia e tem representantes da TI tanto das unidades de negócio como da TI corporativa.

Na JPMorgan Chase, o Conselho de Engenharia mostrou ser um mecanismo-chave para implementar a abordagem generalizada para alavancar a escala da firma. Sua missão é forçar maior simplicidade na escolha de produtos e lançar as bases para uma integração maior de sistemas e processos na empresa. O histórico de aquisições da JPMorgan, juntamente com seu modelo de tomada de decisões com unidades de negócio autônomas, resultou em quase dois mil produtos diferentes de infra-estrutura dentro da firma. O Conselho de Engenharia analisou todos os produtos e os classificou em três categorias: comprar, manter ou vender. Graças a esses esforços, o Conselho de Engenharia reduziu o conjunto de produtos tecnológicos da firma para 130 áreas de componentes com cerca de trezentas opções de produtos. Com isso, esse mecanismo de governança converteu os comportamentos desejáveis de uma arquitetura mais simples e padrões técnicos num resultado de desempenho – reduzir o conjunto de produtos técnicos. Dois outros mecanismos de governança, o Comitê Executivo e o Conselho de Tecnologia, vêm promulgando por toda a firma o conceito do comprar-manter-vender, transformando fundamentalmente o processo de aquisição de tecnologia.

Um novo processo de exceções complementa a nova disciplina da JPMorgan Chase no processo de aquisição de tecnologia. Um profissional de negócios ou TI que esteja pleiteando uma exceção precisa apresentar um argumento de negócios forte e quantitativamente sensato para quaisquer tecnologias não-padronizadas. "Todos sabem agora que estão lidando com executivos sazonados, que farão as perguntas difíceis", diz o gerente do Conselho de Engenharia[3]. O Conselho provê uma explicação clara e pública de todos os casos rejeitados. Essa transparência no processo decisório reduziu o impacto negativo dos novos controles e ajudou a fazer do "comprar-manter-vender" parte do vocabulário de negócios para TI.

Outro mecanismo-chave da governança para atingir as metas de desempenho da JPMorgan Chase é a metodologia *six sigma* da firma. O *six sigma* é essencial para os esforços de melhoria de produtividade e de qualidade da firma toda. O diretor do programa *six sigma* é membro do Conselho de Tecnologia. Esse arranjo estabelece um firme elo entre os esforços de melhoria da produtividade e o processo de investimento em TI. Todas as divisões e as unidades de negócio da firma adotaram o *six sigma*, melhorando a capacidade da JPMorgan Chase de desenvolver tanto a excelência das unidades de negócio como sinergias entre elas.

O guia de produtos e preços e a cobrança reversa do negócio são um mecanismo final que suporta a evolução da JPMorgan Chase do foco nas unidades de negócio para o foco em "uma firma – uma equipe". Seu guia de produtos e preços identifica os custos dos serviços compartilhados de TI. A cobrança reversa do negócio destina-se a cobrir os custos da organização ETS. É o intuito da ETS que o guia de produtos e preços sirva de ferramenta para que as linhas de negócios tomem decisões de TI mais bem informadas. No guia, a ETS expõe seus custos às unidades de negócio. Assim, as unidades de negócio podem ver as economias resultantes da consolidação das operações de TI (como *data centers*, redes e computadores comuns) e de aumentos anuais de produtividade. Com isso, o guia de produtos e preços e a cobrança reversa de negócios estimulam comportamentos desejáveis e resultam nas reduções de custo objetivadas pelas métricas de TI da JPMorgan Chase.

Riscos dos modelos de Governança de TI

A abordagem de Governança de TI integrada e disciplinada da JPMorgan Chase já começou a ter um impacto visível no novo movimento realizado na empresa toda. O líder do Conselho de Engenharia observa que a firma fez um progresso significativo nas métricas de TI: "A compra de produtos não aprovados praticamente desapareceu. Todos estamos operando segundo as mesmas regras. Estamos reduzindo os níveis de complexidade, lidando diferentemente com os fornecedores e começando a ver um real trabalho de equipe em todos os nossos negócios"[4]. Como se esperava, esses benefícios começam a fluir para os resultados de negócios.

Todo arranjo de governança comporta riscos. Decisões dos líderes de TI correm o risco de resistência por parte dos gerentes de negócios. Decisões conjuntas entre negócios e TI podem resultar em órgãos decisórios grandes e difíceis de manejar. Decisões descentralizadas sobre aplicações apresentam o risco de deterioração dos padrões e metas da firma. A JPMorgan Chase enfrentou de várias maneiras os riscos de seu modelo de governança. Primeiramente, as decisões de TI são implementadas por líderes corporativos e das unidades de negócio. A composição desse mecanismo assegura que as decisões representem as necessidades tanto das unidades de negócio como da empresa. Mas as decisões de TI são, também, ditadas por objetivos da empresa como um todo, ou seja, economias de escala e a cultura "uma firma – uma equipe". Em segundo lugar, os administradores seniores nos níveis das divisões e das linhas de negócios aprovam suas respectivas estratégias de TI. Essas estratégias servem como contribuição para as decisões de princípios e investimentos no âmbito da empresa. Em terceiro lugar, metas de desempenho que exijam redução de custos e integração de negócios motivam a adoção de padrões comuns de infra-estrutura e arquitetura. Sistemas de incentivo corporativo motivam gerentes de divisões e unidades de negócio a buscar sinergias através de toda a firma. Por último, embora as unidades de negócio assumam responsabilidade individual pelas decisões sobre a necessidade de aplicações, elas devem observar as diretrizes de comprar-manter-vender da empresa. E a coordenação do desenvolvimento de aplicações no nível das divisões limita a autonomia dos gerentes de projeto. Sem esse tipo de harmonia entre os componentes do *Framework* de Governança de TI, a JPMorgan Chase teria, provavelmente, fracassado em seus esforços de implementar padrões tecnológicos e serviços compartilhados. E sem tais padrões e serviços compartilhados, a JPMorgan Chase poria em risco suas chances de promover qualquer tipo de sinergia entre as unidades de negócios.

Formulando a Governança de TI para diferentes motivações estratégicas e estruturais

Embora uma Governança de TI eficaz requeira a harmonização de todos os seis componentes do *Framework* de Governança de TI, a estratégia e a organização da empresa é que ditam a direção. Assim, podemos compreender modelos alternativos de governança se nos concentrarmos em modelos alternativos de estratégia e organização de negócios. Nesta seção, examinamos o modelo de governança de empresas que seguem estratégias diferentes, diferenciadas segundo o conceito das disciplinas de valor, de Treacy e Wiersema (ver nota de fim 1). Em seguida, examinamos dois modelos organizacionais amplos e alternativos: a sinergia entre as unidades de negócio e a autonomia dessas unidades. Para cada alternativa, descrevemos as principais influências no modelo da Governança de TI.

Governança de TI para diferentes estratégias: disciplinas de valor

Assim como muitos executivos, achamos o conceito das disciplinas de valor útil para destacar as implicações de diferentes estratégias na Governança de TI. Organizações de sucesso, as "líderes de mercado" de acordo com Treacy e Wiersema, costumam ter excelência na entrega de um tipo de valor de negócios a seus clientes seletos.

As três disciplinas de valor são:

- *Excelência Operacional*, na qual as empresas enfatizam a eficiência e a confiabilidade, lideram a indústria em termos de preço e conveniência, minimizam os custos de *overhead** e alinham a cadeia de suprimentos.

---

* Custos de *overhead* são custos que não estão diretamente associados à produção ou venda de bens ou serviços. São também chamados de custos indiretos e despesas. (N. da R.T.)

- *Intimidade com o Cliente*, que foca o cultivo de relacionamentos, o valor do tempo de vida para a empresa, atendimento ao cliente, e a responsividade e customização com base no conhecimento profundo do cliente.
- *Liderança em Produtos (ou Serviços)*, com inovação constante de produtos, adoção de novas idéias, novas soluções para problemas e rápida comercialização.

As líderes de mercado excelem em pelo menos uma das disciplinas de valor, atingindo um patamar mínimo de competência nas outras duas. Cada uma das três disciplinas tem diferentes regras e normas, organização e conjuntos de habilidades e sistemas administrativos (Figura 6-3).

Excelência operacional

Em nosso estudo, as empresas focadas na excelência operacional tinham aumentos maiores na utilização de ativos (ROA – ver Figura 6-3)[5]. Essa relação reflete a harmonia entre uma estratégia que enfatiza a eficiência e confiabilidade e uma meta de desempenho que enfatiza o uso eficaz dos ativos. Empresas operacionalmente excelentes enfatizam os processos, concentrando-se, sobretudo, na otimização fim-a-fim da cadeia de suprimentos. Essas empresas tendem a ter estruturas administrativas centralizadas que definem processos gerais padronizados para a empresa toda, visando minimizar os custos de coordenação. Procedimentos operacionais e processos de negócios padronizados são cuidadosamente afiados ao longo dos anos e acabam embutidos nos sistemas de informação da empresa. É raro que firmas operacionalmente excelentes estimulem a inovação local, preferindo desenvolver e difundir inovações a partir do centro. Administradores seniores e equipes corporativas tomam a maioria das decisões estratégicas em tais empresas.

Exemplos de firmas operacionalmente excelentes incluem (1) a UPS, cuja tradição de engenharia industrial resulta em contínuas melhorias de produtividade; (2) a MeadWestvaco, fabricante de produtos *commodity* de papel que compete em preço, qualidade e confiabilidade; (3) a BIC Graphic Europe, pequena fabricante de produtos promocionais de marca (por exemplo, canetas com um logo da companhia), cujo sucesso depende da alta qualidade, do baixo preço e de uma forte rede de distribuição; e (4) o ING Direct, banco que oferece taxas menores e rendimentos maiores por meio de serviços padronizados de baixo custo. Embora todas essas firmas trabalhem, também, para melhorar o atendimento ao

FIGURA 6-3

Três Disciplinas de Valor

	Excelência operacional	**Intimidade com o cliente**	**Liderança em produtos**
Processos de negócios	• Otimização fim-a-fim da cadeia de suprimentos • Ênfase na eficiência e confiabilidade	• Atendimento ao cliente, administração do mercado • Ênfase na flexibilidade e responsividade	• Desenvolvimento de produtos, tempo de comercialização e comunicações no mercado • Ênfase na inovação constante
Organização e habilidades	• Autoridade central, baixo nível de delegação de poder. • Habilidades críticas no centro* da organização (e.g., na gestão de processos).	• Delegação de poder próximo ao ponto de contato com o cliente • Habilidades críticas na borda* da organização (e.g., no atendimento ao cliente)	• Improvisada, orgânica e celular • Abundância de habilidades técnicas críticas em estruturas maleáveis
Sistemas administrativos de coordenação (e.g., incentivos e arquiteturas de TI)	• Comando e controle, procedimentos operacionais padrão • Gestão da qualidade	• Medidas de patrimônio de cliente, como o valor de tempo de vida • Satisfação, gestão das ações	• Recompensa da capacidade inovadora dos indivíduos • Gestão de riscos e exposição
Informação e sistemas de informação	• Sistemas integrados de transação de baixo custo • O sistema é o processo	• Bancos de dados com visão única dos clientes • Ferramentas para identificar segmentos e novas ofertas	• Sistemas de colaboração • Ferramentas de modelagem e simulação
Nosso estudo	**Maiores aumentos no ROA**	**Menores margens**	**Maior crescimento da capitalização e menores aumentos de ROI e ROA**

* Neste contexto, pode-se considerar o "centro" da organização como sendo a matriz ou a sua direção central e como "borda" as suas filiais ou unidades de negócio (N. da R.T.)

Fonte: Derivado parcialmente de M. Treacy e F. Wiersema, *The Disciplines of Market Leaders* (Reading, MA: Addison-Wesley, 1995).

cliente e a inovação de serviços, seu sucesso nos seus mercados deve-se, antes de mais nada, à sua excelência operacional.

As capacidades de TI de firmas operacionalmente excelentes refletem sua ênfase estratégica. A Tecnologia da Informação é altamente centralizada, criada para habilitar o processamento de um grande volume de transações de baixo custo. Mais importante, a concepção dos processos encontra-se embutida nos sistemas. Por isso mesmo os sistemas desempenham papel fundamental em assegurar a confiabilidade e previsibilidade dos processos de negócios. A MeadWestvaco e a BIC Graphic Europe estabelecem o elo entre processos e sistemas por meio de ERPs adquiridos. A UPS cria sistemas internos que convergem num banco de dados único, protegendo a integridade e confiabilidade tanto dos dados como do processo de entrega de produtos. O ING Direct vale-se da reutilização de módulos padronizados de aplicações.

O estilo centralizado de administração e o papel dos sistemas na padronização dos processos conferem às firmas operacionalmente excelentes alguns requisitos comuns de Governança de TI. Tipicamente, essas empresas têm arquiteturas altamente padronizadas e uma camada mais espessa de infra-estrutura compartilhada. Empresas operacionalmente excelentes permitem poucas exceções aos padrões, pois as exceções aumentam os custos operacionais de TI. Exigem uma ampla aceitação das estratégias, padrões e métricas para garantir processos consistentes. E alinham minuciosamente os processos de negócios com suas aplicações padronizadas para a empresa toda. Firmas operacionalmente excelentes requerem arranjos de governança simples e de baixo custo para sustentar seus eficientes modelos de negócios. As firmas de melhor desempenho harmonizam os seis componentes da Governança de TI para facilitar os processos de negócios interfuncionais e interunidades de negócio.

A excelência operacional no ING Direct. O ING Direct é a unidade internacional de serviços de banco direto do conglomerado holandês de serviços financeiros ING. Criado em 1997, o ING Direct oferece produtos bancários simples e transparentes através de múltiplos canais. Em maio de 2003, tinha ativos de 78 bilhões de euros e atendia a mais de 6 milhões de clientes. As taxas baixas ou inexistentes, os altos retornos e os múltiplos canais do ING Direct atraem clientes bancários pessoais afluentes e versados em tecnologia. Entre 2001 e 2003, a firma conquistou vários prêmios de *marketing* e inovação bancária na Europa, nos Estados Unidos e na Austrália.

O ING Direct está organizado em oito negócios de base nacional. Cada unidade nacional opera autonomamente, mas as unidades compartilham um modelo de negócios comum e "padronizado". O banco faz uso de soluções de negócios e componentes técnicos e de infra-estrutura padronizados, oferecendo um conjunto de produtos que inclui contas-poupança, depósitos a prazo, hipotecas e empréstimos pessoais, planos de aposentadoria e alguns fundos mútuos seletos.

O Conselho de Operações e Tecnologia da Informação do ING Direct (composto dos CIOs e COOs das unidades nacionais e do CIO e COO da matriz) toma decisões referentes a princípios, arquitetura, infra-estrutura e investimento para a empresa toda (Figura 6-4). A estrutura do Conselho facilita o compartilhamento de melhores práticas e o alinhamento entre as operações e a Tecnologia da Informação. O Conselho promove reuniões semi-anuais; os CIOs se reúnem na segunda-feira, os COOs na quinta-feira e os dois grupos conjuntamente na terça e na quarta-feira. Essas reuniões proporcionam um fórum para coordenar o Plano de TI com o Plano de Médio Prazo dos negócios. O resultado da reunião serve como contribuição ao Conselho do ING Direct, onde a estratégia de negócios internacional é discutida e definida. Com isso, o ING Direct permite que capacidades de TI influenciem a estratégia de negócios, assim como esta última influencia a TI.

Ao contrário de muitas firmas operacionalmente excelentes, o ING Direct espera inovações de seus negócios locais. Quando um país planeja introduzir um novo produto, uma proposta do produto detalhando as implicações financeiras e de negócios e os riscos é discutida primeiramente pelo Comitê de Produtos na matriz do ING. Aplicações de TI são, então, selecionadas com base num processo completo e detalhado de RFI/RFP*, envolvendo todas as unidades de negócio. O resultado desse processo de seleção é um padrão global, em vez de uma solução isolada local. Além disso, o arquiteto-chefe ajuda a definir as especificações das aplicações, para que os seus novos módulos funcionem bem com os módulos existentes e se ajustem à arquitetura de negócios, técnica e de aplicações do ING Direct.

Esse arranjo suporta os comportamentos desejáveis do ING Direct de criar módulos para reutilização, padronizar aplicações e estabelecer uma arquitetura universalmente compatível. Mais que isso, permite o reaproveitamento global de conhecimento especializado por meio de soluções de negócios e arquiteturas compartilhadas e padronizadas. Os benefícios da reutilização de módulos ficaram

* RFI/RFP – Request For Information/Request For Proposal. (N. da R.T.)

FIGURA 6-4

A Governança de TI do ING Direct

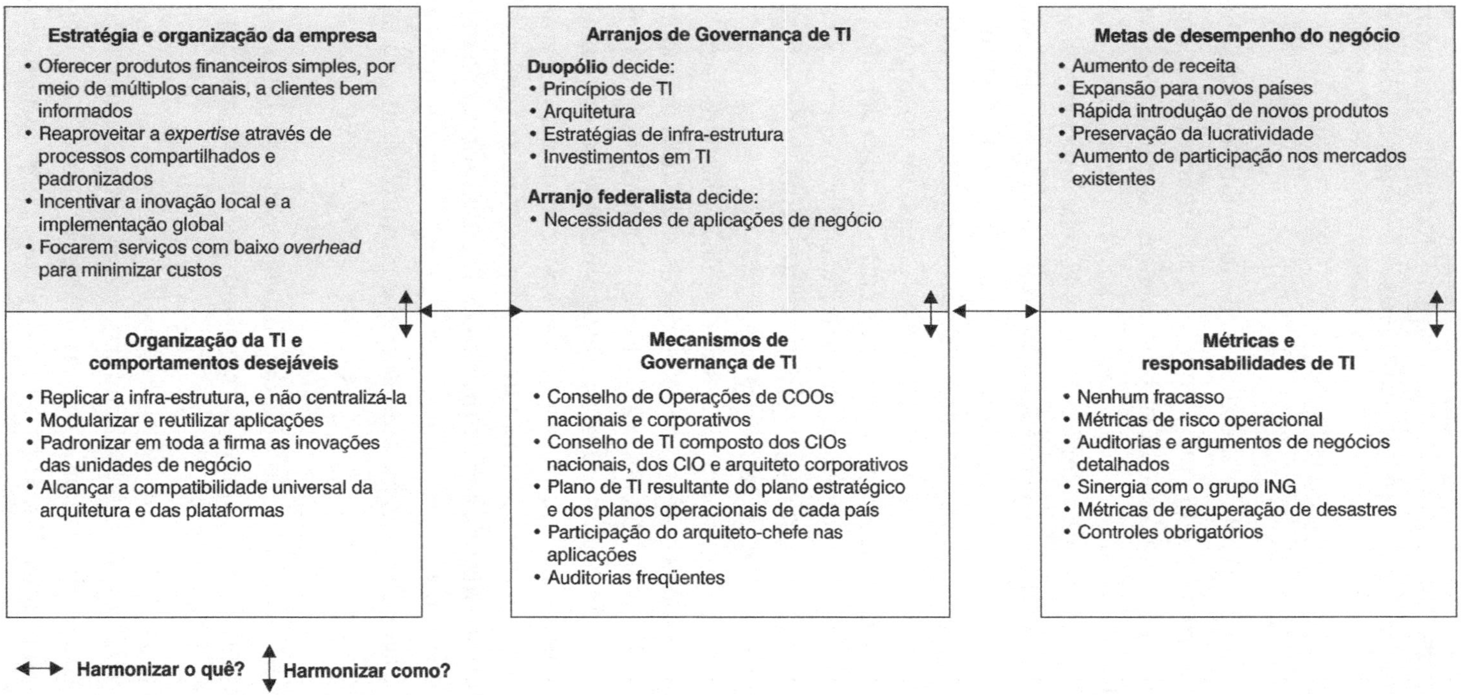

evidentes no recente lançamento do ING Direct UK, com o qual contribuíram, além da equipe de implementação da matriz, pessoas de seis unidades de negócio do ING Direct.

Intimidade com o cliente

Firmas com foco na intimidade com o cliente enfatizam a flexibilidade e a responsividade no atendimento aos clientes e na administração de mercado. Estratégias de intimidade com o cliente são consistentes com metas de desempenho voltadas à alta lucratividade (ver Figura 6-3)[6]. Essas empresas precisam da habilidade de identificar clientes de valor e cultivar esses relacionamentos. Reconhecer acuradamente e desenvolver relacionamentos valiosos com o cliente exige uma boa compreensão tanto dos clientes como dos custos. Essas firmas podem atingir suas metas de lucratividade customizando soluções para clientes individuais ou identificando segmentos distintos de clientes e desenvolvendo produtos exclusivos para atendê-los. O sucesso nas soluções de customização depende de funcionários altamente capazes e autônomos na interface com o cliente. O sucesso na identificação e atendimento de segmentos distintos depende de sistemas de base de dados poderosos que exponham esses segmentos.

Exemplos de firmas focadas na intimidade com o cliente incluem (1) a Federal Express, que assume as despesas de serviços customizados para atender às necessidades únicas de seus clientes; (2) a USAA, firma de serviços financeiros diversificados dedicada a atender às necessidades financeiras dos militares e suas famílias; (3) a Capital One, companhia de cartões de crédito que segmenta clientes existentes e potenciais em perfis altamente específicos; e (4) a Panalpina, que oferece soluções customizadas de frete por meio de processos padronizados. Essas empresas trabalham arduamente para cortar gastos desnecessários ao mesmo tempo em que desenvolvem produtos e serviços inovativos. Sua vantagem competitiva, contudo, está em conhecer seus clientes e atender às suas necessidades especializadas.

Os requisitos de informação e TI das firmas focadas na intimidade com o cliente estão centrados em compreender e servir os clientes. Essas empresas costumam buscar uma visão única dos clientes, necessitando de sistemas de dados bem concebidos e acessíveis. Definições padronizadas de dados e convenções de nomes são críticas. A USAA, a Panalpina e muitas outras firmas focadas na intimidade com os clientes vêm implementando sistemas de gerenciamento do relacionamento com o cliente (sistemas CRM) para dar suporte à padronização de dados e a processos de negócios relacionados. A intimidade com o cliente requer freqüentemente a identificação de clientes valiosos. Ferramentas analíticas podem destacar os relacionamentos com maior valor de tempo de vida, identificar eventos na vida dos clientes (por exemplo, o ingresso de um filho na universidade) ou dar suporte a vendas cruzadas. A Capital One auferiu vantagens competitivas significativas a partir de modelos analíticos que identificam segmentos demográficos com necessidades únicas de cartões de crédito[7].

A Governança de TI nas empresas focadas na intimidade com o cliente exige o esclarecimento dos comportamentos desejáveis em termos de responsividade às necessidades dos clientes. Os princípios de TI devem esclarecer onde a TI deve dar suporte à discrição individual – definindo os limites dessa discrição – e onde a TI deve suportar processos padronizados para prover soluções previsíveis com boa relação custo e benefício. Para suportar a responsividade aos clientes, a Governança de TI deve esclarecer a responsabilidade por zelar pelos dados dos clientes. A Tecnologia da Informação deve aceitar parte da responsabilidade pela integração dos dados, mas uma visão única dos clientes depende de definições de dados e processos de negócios consistentes em toda a empresa. Assim como o CFO detém os dados financeiros na maioria das firmas, as empresas precisam de administradores de dados que possuam os dados sobre os clientes. As empresas focadas na intimidade com o cliente precisam de mecanismos de governança que preservem a consistência global na administração e no uso dos dados sobre os clientes e suas interações. Finalmente, os mecanismos de Governança de TI nessas firmas devem deixar clara a responsabilidade por inovações no atendimento aos clientes e na segmentação destes.

A intimidade com o cliente na Panalpina. Sediada na Basiléia, Suíça, a Panalpina dedica-se a serviços intercontinentais de fretamento aéreo e marítimo. A Panalpina não tem ativos de transportes, mas trabalha com transportadoras para atender às necessidades de entrega fim-a-fim de seus clientes globais. Com uma receita de aproximadamente 3,5 bilhões de dólares, a Panalpina é uma das maiores agências de fretamento do mundo. A empresa organiza seus doze mil funcionários em 320 "casas", cada uma delas com responsabilidades geográficas específicas. Seus clientes podem ser sensíveis a custos, mas têm requisitos de transporte variados e freqüentemente complexos. A estratégia da companhia é oferecer soluções customizadas e integradas e ao mesmo tempo minimizar o ônus que os clientes devem pagar por esses serviços. Com isso, a Governança de TI da Panalpina concentra-se em facilitar a customização, minimizando ao mesmo tempo os custos de operações que não agregam valor (figura 6-5).

Os arranjos de governança da Panalpina envolvem relações de trabalho próximas entre administradores de negócios e TI. O Conselho Executivo atua como um comitê diretivo global, que toma decisões sobre princípios e investimentos. A CIO integra o Conselho Executivo e tem responsabilidade pela TI e pelo desenvolvimento de processos. O líder operacional de TI é um dos subordinados diretos da CIO. Os seus outros três subordinados diretos chefiam a administração de informações, o desenvolvimento de negócios e a gestão de projetos. A CIO e seus subordinados diretos são responsáveis pelas decisões sobre arquitetura, infra-estrutura e aplicações.

Para prover soluções integradas fim-a-fim aos clientes, a Panalpina requer altos níveis de coordenação entre suas 320 casas. Centralizar sob a CIO tanto a Tecnologia da Informação como o desenvolvimento de processos facilita essa coordenação e assegura o alinhamento entre as estratégias de TI e de negócios. A CIO organiza tudo em torno da *expertise* de seu pessoal em projetos, processos de concepção e TI, assegurando ao mesmo tempo a *expertise* de negócios dessa área. Os projetos grandes têm comitês diretivos compostos de administradores de TI e negócios. Essa estrutura facilitou a implementação de sistemas empresariais que deram suporte à padronização de processos centrais. A Panalpina possui padrões tanto técnicos como de processos. Como centraliza a administração de processos e TI, a Panalpina pode delegar poder a seus funcionários para que estes desenvolvam soluções customizadas dentro dos limites dos padrões. A Panalpina consegue assim oferecer soluções customizadas de modo confiável e com boa relação de custo e benefício.

Embora a organização centralizada da Panalpina facilite a padronização técnica e de processos, ela complica o suporte de TI. Um serviço e suporte confiáveis são críticos para manter elos eletrônicos constantes com clientes e parceiros de negócios. Em vez de alocar uma *expertise* significativa de TI em cada uma das 320 casas, a Panalpina distribuiu alguns profissionais de TI nas casas e construiu um suporte substancial em centros regionais. Para garantir um suporte adequado foi necessário desenvolver processos que encaminhassem as ligações diretas dos usuários de computador para especialistas técnicos apropriados. A CIO introduziu métricas de desempenho para monitorar esse serviço.

Como firma de logística, as maiores despesas em capital da Panalpina foram com a Tecnologia da Informação. Os arranjos de governança da firma ajuda-

FIGURA 6-5

A Governança de TI da Panalpina

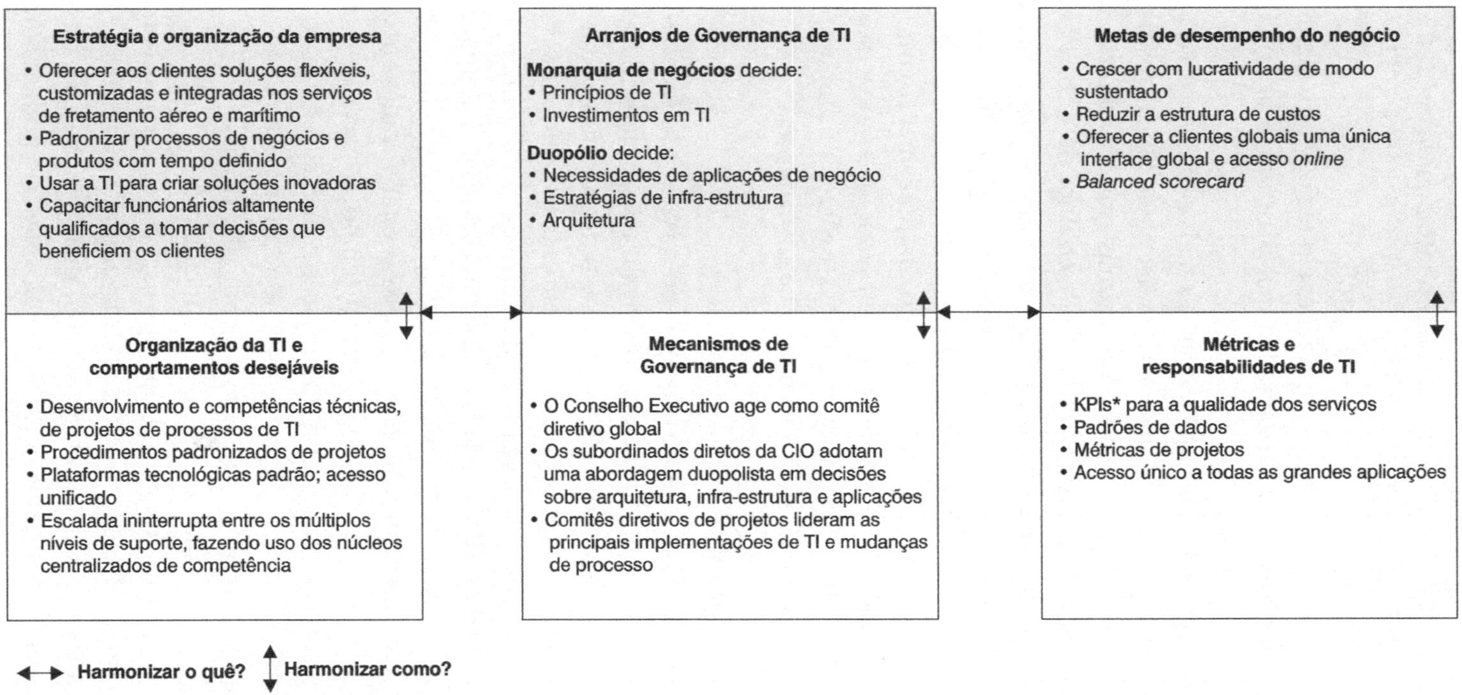

* KPI – *Key Performance Indicators* (Indicadores Críticos de Desempenho). (N. da R.T.)

ram-na a obter um pequeno aumento no rendimento líquido em 2002, apesar do ritmo lento da economia. A firme coordenação entre negócios e TI resultou em custos operacionais reduzidos, apesar dos esforços agressivos de crescimento (aproximadamente quatrocentas novas posições em regiões com maior potencial de crescimento) e da transformação da tradicional estrutura local para uma estrutura de organização regional.

A intimidade com o cliente é uma estratégia mais complexa do que a estratégia de excelência operacional. São necessários checagens e balanços para assegurar que a empresa, ao lidar com necessidades complexas dos clientes, aumente a lucratividade, ao invés de comprometê-la. A Governança de TI da Panalpina faz uso de uma administração centralizada de TI e de arranjos de governança de monarquia de negócio e duopolista para monitorar esses requisitos duais. Algumas firmas focadas na intimidade com o cliente preferem estruturas organizacionais mais descentralizadas. Em compensação, governam tipicamente com fortes monarquias de negócio e de TI para definir e impor tecnologias, processos de negócios e definições de dados comuns. O caso da State Street, no fim deste capítulo, serve como exemplo desse modelo alternativo de governança.

Liderança em produtos

Empresas líderes nas ofertas de produtos ou serviços são focadas no desenvolvimento de produtos e no tempo de comercialização, enfatizando a inovação constante ou produtos pioneiros. As empresas em nosso estudo com estratégias voltadas à liderança em produtos tiveram aumentos mais rápidos na capitalização de mercado (ver Figura 6-3). Essas firmas líderes em produtos fomentam a inovação criando ambientes produtivos de P&D, caracterizados pelo compartilhamento de conhecimento, pela liberdade de experimentação e por células orgânicas de especialistas técnicos. Suas práticas administrativas estão focadas em estimular e recompensar a inovação, gerenciando, ao mesmo tempo, os riscos inerentes à experimentação. O crescimento da receita pela inovação requer sucesso; a experimentação envolve inevitavelmente alguns fracassos. A administração concentra-se em assegurar o balanço correto entre assumir e controlar riscos.

Exemplos de firmas líderes em produtos incluem (1) a DuPont, que cresce com a inovação de suas linhas de produtos globais; (2) a Pfizer, que habilita a inovação posicionando a P&D farmacêutica numa unidade de negócio separada; e (3) a Motorola, que desenvolve poderosos programas de *software* para telecomunicações e outros produtos eletrônicos. Essas empresas não podem ignorar os requisitos da eficiência ou responsividade aos clientes, mas suas estratégias estão focadas antes de mais nada em projetar novos produtos e serviços.

As necessidades de informação de firmas líderes em produtos giram em torno de gerar e disseminar conhecimento a respeito de inovações. Nos principais centros de P&D, isso envolve experimentação – cada vez mais simulada em computadores – para testar compostos e analisar resultados. A inovação de serviços requer testes com os clientes através de laboratórios de usabilidade ou de *marketing* experimental. Para inovações tanto de produtos como de serviços, os requisitos de TI incluem ferramentas colaborativas para compartilhar o conhecimento entre equipes (progressivamente virtuais) e ferramentas de modelagem para conduzir realmente os experimentos. Além de dar suporte à pesquisa, as empresas líderes em produtos precisam de tecnologias que sustentem a rápida e módica comercialização de novos produtos. Assim, embora as funções de pesquisa requeiram um ambiente orgânico focado no compartilhamento do conhecimento, outras unidades na mesma empresa têm necessidades mais similares às de firmas voltadas à excelência operacional ou à intimidade com o cliente.

A Governança de TI no caso da liderança em produtos endereça muitas faces de uma empresa que estimula a inovação, mas tenta, também, prosperar em mercados onde os clientes negociam preços e exigem um atendimento de primeira linha. Como diferentes unidades funcionais e organizacionais têm necessidades diferentes, a governança concentra-se em esclarecer o que será compartilhado entre as unidades de negócio e como será a interface entre umas e outras unidades. Para habilitar a inovação, a Governança de TI das empresas líderes em produtos estimula alguma autonomia nas aplicações das unidades inovadoras. Na DuPont e na Pfizer, a governança envolve arranjos feudalistas para as necessidades de aplicações de TI.

As líderes em produtos requerem, também, eficiência nas operações de TI; por isso, criam infra-estruturas compartilhadas e projetam as arquiteturas da empresa. A DuPont e a Pfizer adotam monarquias de TI para projetar e implementar infra-estruturas compartilhadas. As monarquias de TI incluem primariamente os funcionários de TI das unidades de negócio, gerando com isso os benefícios de um arranjo federalista. Os funcionários de TI exploram as capacidades das tecnologias existentes ao debaterem as concessões exigidas pelas unidades de negócio em relação à adoção de padrões e serviços comuns. Essas monarquias de TI ganham poder de decisão de líderes de negócio que se envolvem ativamente nas decisões sobre princípios e investimentos.

O *Framework* de Governança de TI da JPMorgan Chase, na Figura 6-2, serve como exemplo de um modelo de governança que enfatiza a liderança em produtos e balanceia, ao mesmo tempo, a necessidade das outras disciplinas de valor. A ênfase na concessão de poder aos inovadores durante o desenvolvimento de plataformas, com o intuito de habilitar uma oferta eficaz de produtos e serviços, é um tema constante nas firmas líderes em produtos. Duopólios são úteis para assegurar que a TI proporcione o devido equilíbrio entre o suporte das unidades de negócio e o da empresa como um todo. No Capítulo 3 descrevemos o modelo de governança da Motorola. Apesar de pertencerem a indústrias muito diferentes, as similaridades nos comportamentos desejáveis da JPMorgan Chase e da Motorola resultaram em modelos semelhantes de governança.

Todas as empresas, qualquer que seja sua disciplina, compartilham a necessidade de que a Governança de TI reforce e transcenda a estrutura organizacional. Na próxima seção, examinaremos como as firmas coordenam as necessidades de TI de suas unidades de negócio.

Estimulando a autonomia ou a sinergia entre as unidades de negócio com a Governança de TI

Uma decisão estratégica central para empresas com unidades de negócio múltiplas é a de como estruturar o relacionamento entre as unidades. As empresas de nosso estudo tinham em média oito unidades de negócio independentes. Mais de 83% delas descreveram uma pressão significativa por captar sinergias entre as unidades de negócio. Ao mesmo tempo, mais de 50% sofriam pressão considerável por autonomia entre as unidades de negócio. Quarenta e sete por cento das firmas sentiam-se pressionadas tanto por sinergia como por autonomia. A exigência de sinergias através das fronteiras das organizações expõe a limitação das estruturas organizacionais para facilitar a estratégia de negócios. Um papel crítico da Governança de TI é assegurar que as fronteiras organizacionais não limitem os objetivos estratégicos.

Apesar do desejo de desenvolver tanto a autonomia das unidades de negócio como sinergias entre elas, descobrimos que as empresas de maior sucesso decidem qual das duas é mais importante – a sinergia ou a autonomia. A resposta para esta pergunta resulta em um de dois tipos de objetivos de governança: estimular a autonomia das unidades de negócio com algumas sinergias ou estimular as sinergias com alguma autonomia. A Figura 6-6 define esses arranjos e enumera suas implicações administrativas, detalhando as diferenças em quatro dimensões[8].

No Capítulo 2 observamos que as arquiteturas das empresas procuram capturar três tipos de padronização: de tecnologia, de dados e de processos. Não por coincidência, esses três tipos de padronização refletem as sinergias que as empresas procuram:

1. Serviços de tecnologia e infra-estrutura compartilhados para gerar economias de escala.
2. Dados compartilhados, particularmente sobre clientes, fornecedores, produtos ou funcionários, para facilitar a integração dos processos.
3. Processos padronizados para facilitar a excelência de processos, a reutilização e o aprendizado organizacional.

FIGURA 6-6

Arranjos das Unidades de Negócio

	PRINCIPAL MOTIVO ESTRATÉGICO	
	Sinergia entre as UNs	**Autonomia das UNs**
Processos de negócio	• Alguns processos padrão entre várias UNs • Alguns processos integrados entre várias UNs	• Os processos de cada UN são distintos e independentes • Ênfase na tomada de decisões pelas UNs
Organização e habilidades	• Alta liderança especifica sinergias • Remoção de duplicação	• Estímulo à capacidade inovadora das UNs • Habilidades das UNs concentradas nas disciplinas locais de valor
Sistemas administrativos de coordenação (*e.g.*, incentivos e arquiteturas de TI)	• Sinergias centralmente definidas e coordenadas • UNs concentradas na estratégia tanto local como da empresa toda	• Poucos processos obrigatórios • Administração financeira e gestão de riscos pela empresa
Informação e sistemas de informação	• Substancial infra-estrutura integrada na empresa toda e serviços compartilhados	• Camada fina de infra-estrutura geral para a empresa toda • Infra-estrutura e sistemas ajustados a cada UN
Nosso estudo	**Lucros mais altos (ROI)**	**Maiores aumentos em capitalização de mercado e crescimento da receita**

UN – unidade de negócio.

Descobrimos que as empresas que estimulam a autonomia das unidades de negócio com algumas sinergias concentram-se usualmente em tecnologia e serviços de infra-estrutura compartilhados (número 1 na lista). Essas sinergias proporcionam eficiências significativas sem impor a difícil integração das unidades de negócio, que é freqüentemente vista como uma intromissão pelos líderes dessas unidades. Em contraste, empresas que buscam sinergias entre as unidades de negócio com certo grau de autonomia podem trabalhar gradualmente no desenvolvimento de todas as três sinergias.

Estimulando a autonomia das unidades de negócio com algumas sinergias

Quando empresas desejam que unidades de negócio diversas busquem excelência em nível mundial em seu mercado ou função específicos, as empresas podem optar por minimizar as potenciais sinergias. Suas oportunidades de sinergia serão provavelmente limitadas, e os custos e encargos envolvidos para conseguir tais sinergias podem ser preteridos pelo potencial de crescimento de unidades de negócio independentes. Nosso estudo provê suporte para essa abordagem. Empresas que buscavam a autonomia das unidades de negócio tinham maiores índices de crescimento em receita e capitalização de mercado ajustados à indústria, com fracas evidências de lucros menores.

Para atingir crescimento, além de melhores margens e melhor utilização de ativos, muitas firmas optam por um modelo de unidades predominantemente autônomas, mas ainda buscam sinergias removendo duplicações e criando economias. Por muitos anos a Pfizer, hoje a maior e mais valiosa companhia farmacêutica do mundo, administra suas unidades de negócio autonomamente[9]. As duas maiores unidades de negócio – Pesquisa e Desenvolvimento Global e Fármacos Globais – têm muitas necessidades diferentes de aplicações e informações, mas algumas similares. A Pfizer incentivou ambas unidades a buscar capacidades de nível mundial em suas respectivas funções. Essas duas unidades de negócio, como as quatro unidades menores da Pfizer, têm seus próprios grupos de TI e, geralmente, endereçam suas próprias necessidades de informação. Como a empresa cresceu rapidamente e os grupos de TI desejam concentrar seu pessoal em projetos tecnológicos de alto valor, a Pfizer julgou interessante desenvolver serviços compartilhados, inicialmente nas áreas de infra-estrutura de TI, de administração de dados da empresa toda e de aplicações gerais, como recursos humanos e finanças. Esses serviços compartilhados capitalizam sobre sinergias potenciais, mais notavelmente sobre economias de escala e eliminação de serviços duplicados e não-diferenciados.

Para sustentar os esforços de captura de sinergias entre as unidades de negócio, a administração da Pfizer criou processos de Governança de TI. Esses processos provêem um fórum para negociar o que pode e deve ser compartilhado, que projetos da empresa toda devem ser empreendidos e como os recursos compartilhados serão administrados. A Pfizer criou uma Equipe de Liderança de TI (ITLT) composta dos vice-presidentes de Tecnologia da Informação nos seis negócios e do vice-presidente do Grupo Corporativo de Tecnologia da Informação, que preside o ITLT e é responsável por criar e comandar a infra-estrutura de TI. O ITLT vem desenvolvendo um plano integrado e procura compartilhar um conjunto comum de métricas de alto nível. O ITLT reporta-se a um Grupo de Planejamento da Tecnologia da Informação (ITPG), que compreende os líderes seniores de funções de negócios. Essa equipe determina prioridades em termos de processos, infra-estrutura e aplicações compartilhados na Pfizer. Cada membro da equipe incumbiu um funcionário sênior de participar do Conselho de Arquitetura da Pfizer. Esse conselho projetou a arquitetura da empresa, estabeleceu padrões tecnológicos e desenvolveu um *portfolio* de projetos da empresa a serem aprovados pelo ITLT. No caso de projetos de grande porte, um patrocinador do ITLT oferece, então, orientação de alto nível aos grupos corporativos de engenharia e operações de TI, que implementam os novos serviços. Além desses mecanismos decisórios, a Pfizer introduziu um processo de exceções à arquitetura, com o Conselho de Arquitetura arbitrando sobre as exceções solicitadas.

A Pfizer desenvolveu um mecanismo de custeio e priorização de TI para orientar as decisões da Equipe de Liderança de TI (ITLT). Observamos que, como a Pfizer, as empresas em busca de sinergias formulam governanças de TI para criar essas sinergias. A Pfizer estimula, ainda, um alto nível de autonomia das unidades de negócio em sua busca por competências de nível mundial. Sua Governança de TI alicerça seus esforços para captar sinergias sempre que fizer sentido.

Empresas, como a Pfizer, com unidades de negócio predominantemente autônomas, mas buscando algumas sinergias, precisam de fato de Governança de TI. Mas trata-se de governança "leve". A governança leve de TI estimula sinergias em processos da empresa, aplicações da empresa e infra-estrutura técnica sem desacelerar ou retardar a inovação das unidades de negócio. As sinergias criam eficiências, melhorando assim a lucratividade, enquanto a autonomia das unidades de negócio habilita o crescimento.

Estimulando sinergias entre as unidades de negócio com alguma autonomia

Enquanto a Pfizer continua a estimular a autonomia das unidades de negócio em muitas decisões de TI, outras empresas sacrificam essa autonomia em prol de maiores sinergias. Em nossos estudos, as empresas que mencionavam grande pressão pela busca de sinergias tinham maiores lucros, mensurados pelo ROI. Mas não é fácil capitalizar sobre sinergias potenciais. As fronteiras organizacionais costumam oferecer resistência a qualquer tipo de compartilhamento, integração ou padronização. As unidades de negócio argumentam "somos diferentes" ou "vocês do corporativo sempre nos atrapalham com seus procedimentos burocráticos". Além disso, a busca de sinergias introduz custos de coordenação. A governança é uma maneira econômica de gerir a coordenação.

As experiências da MeadWestvaco, da Panalpina, da Dow Corning, da UPS, da Delta Air Lines e de outras firmas sugerem que tanto o número de mecanismos como o número de pessoas envolvidas na Governança de TI se expandem conforme as empresas buscam sinergias em matéria de tecnologia, dados e processos. Sem uma lógica estratégica irresistível, a autonomia natural das unidades de negócio prevalecerá. Assim, as firmas interessadas em sinergias precisam que os executivos seniores de negócios e os líderes das unidades de negócio tomem decisões críticas, comuniquem suas intenções e assegurem uma implementação eficaz.

Os mecanismos de cobrança reversa e dos comitês de arquitetura de TI eram utilizados com freqüência e sucesso por firmas de melhor desempenho para promover sinergias. Embora muitas empresas se esforcem em usar esses dois mecanismos a contento, as firmas que tiveram êxito em sua busca por sinergias declararam que ambos os mecanismos eram eficazes e funcionavam bem juntos. Como vimos na Pfizer, comitês de arquitetura de TI com representantes das diferentes unidades de negócio traçam uma rota para o uso de TI concebendo e comunicando a arquitetura da empresa. O comitê de arquitetura provê a visão para o uso da TI e ilustra como as sinergias entre as unidades de negócio serão atingidas. Um esquema geral da arquitetura que ilustre como as peças se encaixam, como no Sistema Nervoso da Delta (ver Figura 2-5), é uma ferramenta de comunicação muito poderosa.

A cobrança reversa confere ordem à visão arquitetônica e é usada com dois objetivos. Primeiro, a cobrança reversa deixa clara a redução de custo resultante do modelo de serviços compartilhados. Uma cobrança reversa transparente pode evitar a ocorrência de discussões sobre preços de transferência ao demonstrar o valor dos serviços compartilhados. Segundo, a cobrança reversa estimula o uso responsável da TI, em consistência com a estratégia de sinergias. A cobrança reversa incentiva os gerentes de unidades de negócio responsáveis por resultados tanto locais como globais a utilizar serviços compartilhados, como, por exemplo, um sistema de banco de dados de clientes da empresa. Em resumo, o comitê de arquitetura estabelece a direção, e o sistema de cobrança reversa se incumbe do fluxo de dinheiro e ao mesmo tempo incentiva o uso responsável da TI.

Resumo da relação entre estratégia e governança

Os arranjos das unidades de negócio – ao refletirem a estratégia de negócios – têm importantes implicações para a Governança de TI. Num extremo do espectro, empresas, que consistem em unidades de negócio autônomas com poucos requisitos de sinergias entre as próprias unidades de negócio, têm pouca ou nenhuma necessidade de Governança de TI. Somente se as unidades de negócio compartilharem algum recurso – serviços de infra-estrutura, um orçamento geral de TI, dados comuns –, será necessário que governem a TI. A demanda por sinergias alinha-se de algum modo com as disciplinas de valor – líderes em produto mais freqüentemente exigem somente sinergias tecnológicas; firmas focadas na intimidade com o cliente procuram freqüentemente dados compartilhados, bem como as economias de escala características das sinergias tecnológicas; e firmas operacionalmente excelentes encontram valor na padronização dos processos, assim como nas sinergias tecnológicas e de dados.

Conforme as firmas introduzem sinergias baseadas numa tecnologia comum e padronizada, elas devem governar a arquitetura e a infra-estrutura no nível corporativo. Desse modo, começam a introduzir alguns mecanismos de governança. As firmas que buscam sinergias de dados e processos acrescentam outros mecanismos de governança para assegurar a integridade dos dados e para formular e implementar processos globais. Padrões tecnológicos requerem o suporte dos líderes das unidades, mas padrões de dados e processos forçam a liderança ativa de executivos de negócios.

Esses requisitos de governança ascendentes sugerem que a Governança de TI evolui nas empresas. Ao longo de todo este livro observamos que firmas como a Panalpina, a Pfizer, a MeadWestvaco, a Campbell Soup, a JPMorgan Chase, a DuPont, a Carlson Companies e o DBS Bank passam, geralmente, de modelos organizacionais mais autônomos para outros mais sinérgicos. Em sua evolução rumo a modelos de maior sinergia, as empresas adotam governanças de TI mais complexas. O estudo de caso da State Street Corporation descreve a evolução da governança de TI de uma companhia desde mecanismos de governança mínimos, passando pelo governo de sinergias tecnológicas, até a introdução de sinergias de processos e dados de clientes.

Estudo de caso da State Street Corporation: mudando os objetivos estratégicos

Para melhor entender as complexidades da Governança de TI, examinamos em detalhe a governança da State Street Corporation, uma das mais bem-sucedidas firmas americanas de serviços financeiros. Para abarcar a evolução da Governança de TI, o estudo de caso abrange mais de três anos e inclui dois CIOs[10]. O caso demonstra como a Governança de TI pode ser usada para ajudar a implementar mudanças estratégicas significativas.

Uma firma de serviços financeiros com desempenho superior

A State Street Corporation é uma líder mundial em serviços financeiros, que presta serviços de investimento e oferece gestão, negociação e pesquisa de investimentos para gerentes da área, corporações, fundos mútuos, fundos de previdência, sindicatos, organizações sem fins lucrativos e indivíduos. Em março de 2003, a State Street tinha 7,9 trilhões de dólares em ativos sob custódia e 788 bilhões em ativos sob gestão; mais de 20 mil funcionários trabalhavam em 22 países atendendo a clientes de mais de 100 mercados. Os índices de crescimento anual tanto de receita como de renda líquida aumentaram em média mais de 15% ao ano entre 1996 e 2002. Os ganhos operacionais por ação experimentaram mais de 16% de crescimento composto nos dez anos que se encerraram em 2002, incluído este último. Em 2002, a State Street tinha uma receita total de aproximadamente US$ 4 bilhões e uma renda líquida de US$ 719 milhões. Nesse mesmo ano, o crescimento anual da receita manteve-se constante, em consistência com a baixa da indústria, mas a renda líquida aumentou 5%.

A State Street é a número um do mundo em cada um dos seguintes mercados: serviços de investimento, gestão de investimentos institucionais, empréstimo de títulos e serviços do mercado de câmbio. Globalmente, a State Street é uma das principais usuárias e desenvolvedoras de TI, destinando em média algo entre 20% e 25% das despesas operacionais para tecnologia e tecnólogos. Sistemas registrados de distribuição de informações, como o Global Link e o In~Sight da State Street, e plataformas de comércio eletrônico, como a FX Connect, a Lattice e a Equity Connect, disponibilizam sistemas financeiros críticos para os clientes. A revista *Computerworld* elege a State Street regularmente como um dos vinte melhores locais para trabalhar com Tecnologia da Informação. Refletindo sobre a importância da TI, Marshall Carter, ex-CEO da State Street, costumava designar a empresa como uma companhia tecnológica com licença bancária[11].

Quando David Spina se tornou *chairman* e CEO da State Street em janeiro de 2001, os mercados mundiais de ações passavam por uma depressão prolongada, e uma série de mudanças estruturais vinha ocorrendo nos principais mercados da empresa. Essas mudanças levaram a State Street a se concentrar na obtenção de maiores retornos sobre todos os ativos e particularmente sobre os investimentos em TI, que eram cruciais para a posição de liderança da State Street.

As mudanças estruturais incluíam o impacto de uma população envelhecida nos sistemas de previdência. Como as pessoas estavam vivendo mais, os legisladores procuravam meios de ajudá-las a fazer economias apropriadas para custear suas aposentadorias. Os governos precisariam dos serviços de instituições financeiras para a gestão de fundos de previdência. A população envelhecida, lado a lado com o uso mais intensivo da Internet na prestação de serviços financeiros, representou uma imensa oportunidade de expansão global para a State Street. Em contraste, mudanças ditadas pela indústria – como o processamento automático e a redução dos prazos de negociação de três para um dia – custaram milhões de dólares, que seriam difíceis de reaver dos clientes.

Uma só State Street

Em resposta a essas e outras mudanças, David Spina articulou sua visão "One State Street" ("Uma só State Street"), cujo foco era o cliente. Em reuniões internas em 2001, Spina explicou: "Vocês já me ouviram falar de 'One State Street'. Essa expressão descreve como devemos trabalhar juntos para atender nossos clientes. Quando os clientes olharem para a State Street, nossas linhas organizacionais devem estar completamente invisíveis, e por trás dessa face contínua devemos ter linhas industrialmente fortes de comunicação conectando todas as partes da companhia".

Tradicionalmente, a State Street operava como um conjunto de unidades de negócio separadas. A idéia de "One State Street" incorpora os imperativos estratégicos descritos por Spina na reunião anual de 2001. "Primeiro, continuaremos a enriquecer nosso relacionamento com os clientes existentes. Sabemos que, se nossos clientes crescerem e tiverem sucesso, nós cresceremos e teremos sucesso. Por isso, cuidar dos clientes atuais é nossa primeira prioridade. Segundo, continuaremos a expandir nossa base de clientes fora dos Estados Unidos. Os mercados mundiais oferecem oportunidades quase ilimitadas para gestores e prestadores de serviços de investimento, e nossa liderança nos mercados dos EUA nos dá uma vantagem sobre a concorrência. Estamos muito animados com o crescimento que testemunhamos no ano passado – particularmente no Canadá, em Luxemburgo, no Reino Unido e no Japão."[12]

A administração da State Street julgou que uma infra-estrutura compartilhada de TI seria importante para habilitar esse ponto único de contato com o cliente. Em sua história, a organização de TI da State Street sempre foi bastante descentralizada. Uma pequena organização central de TI provia os serviços de rede, as operações de *data center* e o processamento de transações para fundos mútuos, fundos de previdência e operações globais. Cada uma das quatro maiores unidades de negócio tinha uma seção de operação auto-suficiente de TI responsável pelas operações da unidade. Somente um pequeno número de serviços de infra-estrutura, como a rede de comunicações, era prestado centralmente.

Formulando a Governança de TI

A implementação da "One State Street" exigiria um único ponto de contato e uma visão consistente da empresa por parte dos clientes, o que permitiria desenvolver novos negócios e reduzir o tempo de comercialização. John Fiore, então CIO da State Street, reconheceu que a firma necessitava de uma nova estrutura de governança que facilitasse tais mudanças. Em função da tradicional autonomia de suas unidades de negócio, a governança jamais fora importante na State Street. O CIO corporativo administrava o pequeno conjunto de serviços compartilhados de infra-estrutura, além das aplicações da matriz. A nova visão corporativa introduziu um novo conjunto de comportamentos desejáveis, incluindo o desenvolvimento de uma visão consistente do cliente em toda a State Street; a adoção de novas tecnologias pelas unidades de negócio; a criação de uma comunidade geral de TI; e a introdução de técnicas de justificação para investimentos de TI na empresa como um todo – como documentos padronizados de casos de negócios e mensurações do impacto da TI. O novo modelo de governança é sumariado na Figura 6-7.

O novo arranjo de governança da State Street (Figura 6-8) enfatiza os requisitos da empresa de intimidade com o cliente e sinergias entre unidades de negócio autônomas. Uma monarquia de negócio toma as decisões de princípios e investimentos

FIGURA 6-7

A Governança de TI na State Street Corporation

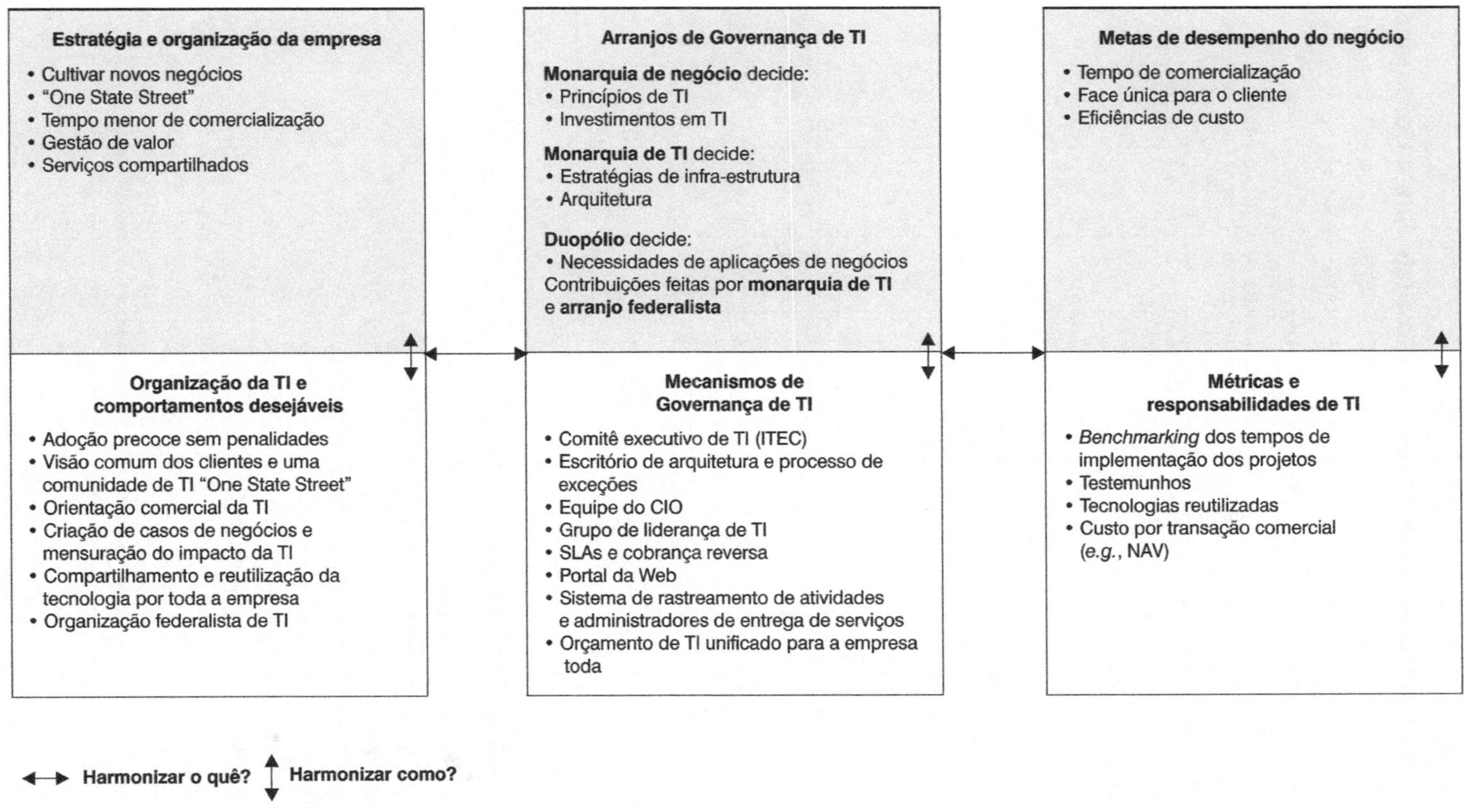

© 2003 Center for Information Systems Research (CISR) da MIT Sloan School. Usado com permissão.

FIGURA 6-8

Matriz de Arranjos de Governança de TI da State Street Corporation

Arquétipo de Governança	Princípios de TI		Arquitetura de TI		Estratégias de infra-estrutura de TI		Necessidades de aplicações de negócio		Investimentos em TI	
	Contribuição	Decisão	Contribuição	Decisão	Contribuição	Decisão	Contribuição	Decisão	Contribuição	Decisão
Monarquia de negócio		ITEC								ITEC CIO
Monarquia de TI			Escritório de Arquitetura	CIO Líderes de TI		CIO Líderes de TI				
Feudalismo										
Federalismo	CIO Líderes de TI Organização de TI Líderes de negócio				Organização de TI Escritório de Arquitetura Líderes de negócio				Orçamentos SLAs Rastreamento de atividades Líderes de TI	
Duopólio								Líderes de negócio Organização de TI Líderes de TI		

(Cabeçalho: Decisão)

□ Padrões mais comuns em todas as firmas.

Mecanismos de governança:

Rastreamento de atividades – Sistema de rastreamento de atividades.

Escritório de Arquitetura

Orçamentos – Administração geral de orçamentos de TI.

CIO – Equipe do CIO

ITEC – Comitê Executivo de Tecnologia da Informação.

Líderes de TI – Grupo de Liderança de TI

Organização de TI – Organização federalista de TI (unidades verticais e horizontais de TI)

SLAs – Acordos de nível de serviço e cobrança reversa.

em TI. Monarquias de TI assumem a responsabilidade pelas decisões mais técnicas de infra-estrutura e arquitetura, empregando o arranjo federalista de base ampla para contribuições referentes à infra-estrutura de TI. As decisões sobre necessidades de aplicações são tomadas por um duopólio que envolve os líderes das unidades de negócio, profissionais de TI dessas unidades (grupos verticais de TI) e serviços compartilhados de TI (grupos horizontais de TI). Esse modelo provê perspectiva tanto para as unidades de negócio como para a empresa toda nas decisões de Governança de TI.

O mecanismo-chave para implementar a monarquia de negócio da State Street é o Comitê Executivo de TI (ITEC), composto do COO, do CAO*, do CIO e dos executivos seniores das várias unidades de negócio da empresa. O ITEC é responsável por examinar, analisar e sintetizar as necessidades de investimento em TI de cada unidade de negócio, a fim de criar um orçamento unificado de TI para a empresa. Os líderes das unidades de negócio e o CIO identificam os principais projetos de infra-estrutura de negócios e tecnológica para o ano seguinte. Esses projetos são classificados de acordo com sua contribuição para as metas de crescimento corporativo e sua importância para a unidade de negócio. O resultado é uma lista com todas as iniciativas de TI para o ano seguinte. Os membros do ITEC negociam entre eles para chegar a uma lista reduzida de projetos e iniciativas de infra-estrutura de TI, destinada a atender às metas de crescimento corporativo e à porcentagem do orçamento de despesas operacionais disponibilizada para a Tecnologia da Informação. Assim que o ITEC define a lista de projetos, a organização de TI determina a alocação e o uso do orçamento de TI por projeto e unidade de negócio, utilizando um sistema de rastreamento de atividades.

O ITEC tem várias vantagens sobre processos prévios de investimento específicos das unidades de negócio. A negociação de um orçamento geral de TI incentiva o foco no valor da Tecnologia da Informação para a empresa como um todo, ao invés do foco nas necessidades de cada unidade de negócio. Os executivos de cada unidade naturalmente tendem a se concentrar na lucratividade de seu próprio negócio. Discutindo-se conjuntamente os investimentos em infra-estrutura e as iniciativas das unidades de negócios, o valor de investir-se numa infra-estrutura geral para o uso compartilhado fica muito mais claro.

As monarquias de TI para infra-estrutura e arquitetura fazem uso de dois mecanismos: o Grupo de Liderança de TI (ITLG) e o Escritório de Arquitetura. O ITLG, composto de todos os administradores seniores de TI, tanto corporativos

* CAO – Chief Administrative Office. (N. da R.T.)

como das unidades de negócio, define a estratégia de TI. Esse grupo também estabelece vínculos com executivos corporativos e das unidades. Por exemplo, padrões arquitetônicos de alto nível são apresentados ao ITEC pelo ITLG, para suscitar comentários e conquistar adesão. O Escritório de Arquitetura já existia antes dos novos arranjos de governança. Historicamente, esse escritório era responsável por avaliar as estruturas gerais de arquitetura, identificando e recomendando padrões tecnológicos e promovendo pesquisas de tecnologia aplicada. As novas responsabilidades do escritório passaram a incluir a monitoração de projetos para a observância e melhor uso dos padrões. Quando não há padrões disponíveis, o Escritório de Arquitetura une-se aos gerentes de projeto para identificar e implementar a tecnologia mais apropriada para satisfazer à necessidade do negócio em questão. Essa extensão de papéis fez do Escritório de Arquitetura uma força mais eficaz para promover o compartilhamento e a reutilização de tecnologias na empresa e para dar suporte à implantação de novas tecnologias para o desenvolvimento de novos negócios. A missão e a metodologia do Escritório de Arquitetura foram codificadas num conjunto de Princípios de Arquitetura de TI que vinculam a tecnologia aos negócios.

Desenvolvendo a Governança de TI

Evidências sugeriram desde cedo que a estrutura de Governança de TI da State Street estimulava comportamentos desejáveis. Testemunhos de gerentes de projeto indicavam que o processo de avaliação da arquitetura ajudava a desenvolver soluções mais rapidamente, pois os problemas de tecnologia emergiam antes de afetarem criticamente os projetos. A infra-estrutura compartilhada evoluía para endereçar as necessidades conjuntas dos negócios. Um *hub* de mensagens capaz de interfacear uma vasta variedade de plataformas passou a atender a aplicações das quatro unidades de negócio. Esse foi um dos muitos serviços novos que reduziram os custos de TI e o tempo de comercialização.

A State Street desenvolveu e passou a rastrear métricas de negócios influenciados pela TI. O sistema de mensuração, que utiliza uma linha de base comum de 1997, demonstra o impacto da TI em indicadores-chave de desempenho de negócios, como o número de *portfolios* da State Street, o número de posições calculadas de clientes e o número diário de NAVs calculados para a NASDAQ. Para a State Street, essas métricas oferecem medidas claras do impacto dos investimentos em TI sobre o desempenho de negócios. Por exemplo, o número de NAVs calculado quase triplicou entre 1997 e 2000. Ao mesmo tempo, o custo de TI por NAV reduziu-se em 50%.

No fim de 2002, Joe Antonellis, ex-líder de uma linha de negócios, tornou-se CIO. Ele foi escolhido para manter no lugar o modelo corrente de Governança de TI. Joe enfatiza a importância de continuar alinhando a estratégia de TI com a de negócios. "Estamos mais focados do que nunca em assegurar que a visão de TI e a estratégia de negócios da State Street estejam alinhadas com as demandas e necessidades de nossos clientes"[13]. Reuniões mensais do Comitê Diretivo de Estratégia, presididas por David Spina, suportam o alinhamento entre os negócios e a TI. Essas reuniões definem as estratégias de negócios gerais, que então se disseminam e servem de orientação para o ITEC e, posteriormente, para a TI em termos de prioridades.

Como parte das iniciativas de redução de custo de 2002, o orçamento de TI diminuiu. Ao mesmo tempo, as linhas de subordinação de TI mudaram tanto que 70% dos funcionários de TI passaram a se reportar ao CIO, em comparação com 45% em 2001. Essa mudança promoveu os comportamentos desejáveis da "One State Street". A estrutura da organização de TI habilitou uma consolidação significativa da infra-estrutura, o que resultou em economias consideráveis e na prevenção de despesas, possibilitando ao mesmo tempo novas ofertas para os clientes, como bancos de dados customizados.

Este caso ilustra uma boa Governança de TI. A governança evoluiu conforme a State Street evoluía de um conjunto de unidades de negócio independentes para a "One State Street", e mais recentemente para uma firma que atua numa época de declínio do mercado de ações. A State Street usou a Governança de TI explicitamente para estimular os comportamentos desejáveis necessários para implementar suas estratégias. Conforme busca novas sinergias de dados e processos, a State Street pode ajustar ainda mais seus mecanismos de governança. Sinergias crescentes forçarão provavelmente maior envolvimento na Governança de TI por parte de líderes de processos e chefes das unidades de negócio. Em outras palavras, a Governança de TI evoluirá conforme evoluir a estratégia da firma.

Princípios administrativos para formular a governança a fim de endereçar objetivos estratégicos

Este capítulo discutiu como as empresas formulam sua governança. Um modelo eficaz de governança consiste num conjunto racional de arranjos e mecanismos harmonizados com a estratégia, a estrutura e os resultados desejados. Equipes administrativas podem avaliar sua governança mapeando seus arranjos e mecanismos de governança numa Matriz de Arranjos de Governança e verificando se esses arranjos fazem sentido à luz dos objetivos estratégicos da empresa. Quatro princípios administrativos resumem como o modelo da Governança de TI ajuda as empresas a atingir seus objetivos estratégicos:

- *Faça escolhas difíceis.* A Governança de TI estimula comportamentos desejáveis, mas, se a administração relutar em estabelecer prioridades estratégicas, as pessoas receberão mensagens ambíguas sobre os comportamentos apropriados. A formulação da Governança de TI envolve concessões. A administração, com isso, deve decidir o que é mais importante: autonomia ou sinergia; excelência operacional, intimidade com o cliente ou liderança em produtos? Toda empresa tem metas conflitantes, mas as de melhor desempenho comprometem-se com um pequeno grupo de objetivos mais críticos.
- *Crie métricas para formalizar as escolhas estratégicas.* Pode ser difícil mensurar o valor da TI. Criando métricas que capturem o progresso em direção às metas estratégicas, a administração pode formular métricas de TI que indiquem se a Governança de TI está funcionando.
- *Determine onde a estrutura organizacional limita os comportamentos desejáveis e crie mecanismos de governança para superar as limitações.* Mesmo quando as empresas conseguem escolher um pequeno conjunto de prioridades estratégicas, incompatibilidades perduram. A Governança de TI pode transcender as estruturas organizacionais para habilitar objetivos inconsistentes com o modelo da organização.
- *Permita que a governança evolua conforme a administração aprende qual o papel da TI e como aceitar a responsabilidade por maximizar seu valor.*

Ao longo deste capítulo, observamos que a governança deve transcender as estruturas organizacionais e habilitar objetivos estratégicos. Cada vez mais as empresas buscam a agilidade estratégica para reconhecer e responder a mudanças imprevisíveis em seus mercados. Essa agilidade requer a habilidade de repensar a estratégia de negócios com base em mudanças no mercado. Mas, na maioria das empresas, uma grande transição estratégica resultaria em transformações na estrutura organizacional, uma vez que a estrutura foi concebida para implementar uma estratégia específica. Ao superar as limitações da estrutura organizacional, a governança pode promover maior agilidade nas empresas. Assim, uma governança eficaz de TI ganhará importância crescente conforme o ritmo das mudanças se acelere.

7

Organizações Governamentais e Sem Fins Lucrativos

EM MUITOS PAÍSES, mais de um terço da economia consiste em organizações governamentais, incluindo as de defesa, imigração, serviços públicos, polícia, educação e saúde. Acrescente outras organizações sem fins lucrativos, como instituições de caridade, organizações não governamentais (ONGs) e escolas e universidades privadas, e a porcentagem será ainda maior. Por conveniência, designaremos todas essas organizações, incluindo as agências do governo, como organizações sem fins lucrativos. Essas organizações são usuárias significativas de TI. De modo similar ao das empresas com fins lucrativos, a TI consumia em média 8,4% do orçamento anual das 74 organizações sem fins lucrativos que estudamos. Elas tinham, no entanto, um desempenho de governança inferior – provavelmente um reflexo de objetivos estratégicos mais amplos e multifacetados. Os demais capítulos deste livro são igualmente relevantes para administradores de empresas com e sem fins lucrativos. Este capítulo, porém, lida exclusivamente com as complexas questões de Governança de TI que os administradores seniores de organizações sem fins lucrativos enfrentam.

Em primeiro lugar, exploraremos parte da complexidade enfrentada pelas organizações sem fins lucrativos com um estudo de caso sobre o modelo de Governança de TI da Metropolitan Police Service-Scotland Yard, do Reino Unido. Apresentamos um *framework* que revela essa complexidade e discute a geração de valor em organizações sem fins lucrativos. Adotando o *framework* de valor como ponto de partida, descobrimos ser mais fácil conceber a Governança de TI em organizações sem fins lucrativos. Valendo-nos dos dados de nosso estudo, verificaremos como as empresas sem fins lucrativos governam a TI em comparação com empresas com fins lucrativos. Com o desempenho da governança como medida de sucesso, veremos como as organizações sem fins lucrativos de melhor desempenho governam e quais mecanismos usam. Por fim, encerraremos com um estudo de caso da evolução da Governança de TI na Unicef (Fundo das Nações Unidas para a Infância), adotando como guia o *framework* de valor.

A Metropolitan Police Service-Scotland Yard

A Metropolitan Police Service-Scotland Yard presta serviços de policiamento em Londres e tem, também, responsabilidades nacionais[1]. Emprega mais de quarenta mil pessoas, aproximadamente 25% de todo o serviço policial da Inglaterra. Mais de 1.500 de seus funcionários estão no Diretório de Informação. Ailsa Beaton, sua diretora de informação, representa, também, a Associação dos CPOs* (ACPO) no conselho da entidade nacional, a Organização da Tecnologia da Informação da Polícia. O policiamento na Inglaterra e no País de Gales é custeado pelas autoridades tanto centrais como locais e supervisionado por meio de um arranjo tripartite entre o escritório central, as autoridades policiais e a ACPO.

A MPS-Scotland Yard trabalha com uma forte estrutura de comitês

A MPS-Scotland Yard tem seis unidades de negócio e um forte desejo por maiores sinergias entre todas as suas operações. O órgão executivo da MPS é o Conselho Administrativo, que possui dois comitês de cúpula, um para a avaliação de desempenho e outro para a alocação de recursos. Abaixo desses comitês há quatorze comitês estratégicos, um dos quais é o Grupo Diretivo da Administração da Informação (IMSG). Dependendo da área de operação, o IMSG reporta-se a um dos três grupos – o Conselho Administrativo, o Comitê de Desempenho ou o Comitê de Recursos.

A disciplina de valor subjacente na MPS-Scotland Yard é a excelência operacional, com uma forte ênfase no alinhamento e aprimoramento dos processos. A pressão por sinergia é muito alta, particularmente no que diz respeito a informações para a solução de crimes. A MPS descreve seus princípios de TI como descrito a seguir. A maioria das informações necessárias para investigar e solucionar crimes encontra-se em um ou mais sistemas independentes localizados por toda a MPS. Nosso desafio é não somente tornar a entrada de dados muito mais fácil (e

---

* CPO – Chief Police Officer. (N. da R.T.)

sem duplicações), mas também deixar esses dados prontamente disponíveis em qualquer instante e lugar[2].

Ailsa Beaton e seus pares conceberam os arranjos de Governança de TI da MPS para criar valor que cumpra esses e outros princípios organizacionais e implementaram uma série de mudanças no modo como as decisões eram tomadas. As Figuras 7-1 e 7-2 são o *Framework* do Modelo de Governança e a Matriz de Arranjos de Governança da MPS-Scotland Yard.

Os objetivos de negócio da MPS incluem eficiências de custo, melhor acesso à informação, diversidade cultural e maior excelência operacional com processos alinhados. Esses objetivos se refletem em metas de desempenho de negócios e comportamentos desejáveis de TI. Por exemplo, uma importante meta de desempenho é reduzir os aumentos da base geral de custos. No caso da TI, os comportamentos desejáveis resultantes são a reutilização de sistemas e tecnologias.

O processo de investimento em TI

A MPS-Scotland Yard possui um processo estruturado e transparente para tomar decisões de investimento em TI. Essas decisões são tomadas com base nas recomendações do IMSG, que se reúne a cada três meses e é presidido pelo comissário delegado. O IMSG tem um orçamento para projetos relacionados à TI e adota uma abordagem formal de *portfolio* de TI para investimentos na área. Em seu papel de comitê de investimento, o IMSG toma decisões sobre os projetos custeados, sobre como iniciar ou encerrar projetos e sobre como subvencionar novos trabalhos. O IMSG contribui, também, com a elaboração de orçamentos. Cada projeto proposto deve estar associado a uma estratégia específica, como o policiamento eletrônico, a infra-estrutura, a administração de informações e os serviços de atendimento de chamadas.

Cada proposta tem um patrocinador de negócios, usualmente o detentor do processo de negócios. Uma vez tomada a decisão de custear um projeto, a responsabilidade por executá-lo e gerar benefícios cabe à esfera de trabalho de algum oficial sênior. Cada iniciativa tem um conselho de programa ou projeto, dependendo do escopo da iniciativa. Esse conselho é presidido pelo patrocinador/oficial sênior e inclui entre seus membros uma combinação de usuários e técnicos. Crítico para os processos decisório e administrativo é o foco da MPS-Scotland Yard na gestão e realização de benefícios. Os patrocinadores de negócios, conhecidos também como detentores seniores responsáveis, são responsabilizados pela gestão e realização de benefícios dos projetos que promovem.

FIGURA 7-1

***Framework* do Modelo de Governança da MPS-Scotland Yard**

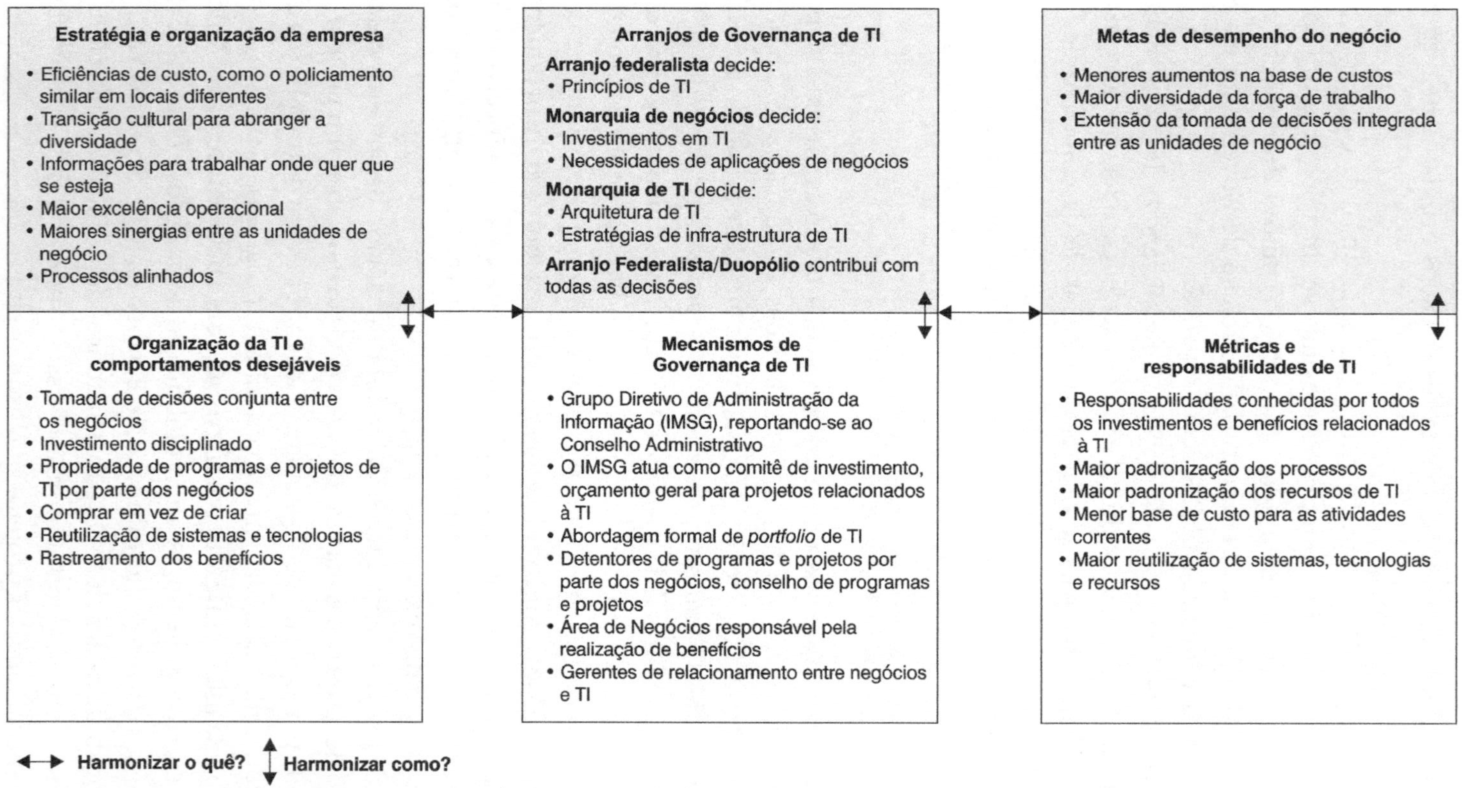

FIGURA 7-2

Matriz de Arranjos de Governança da MPS-Scotland Yard

DECISÃO

Arquétipo de Governança	Princípios de TI		Arquitetura de TI		Estratégias de infra-estrutura de TI		Necessidades de aplicações de negócio		Investimentos em TI	
	Contribuição	Decisão	Contribuição	Decisão	Contribuição	Decisão	Contribuição	Decisão	Contribuição	Decisão
Monarquia de negócio								IMSG Diretor de informação		IMSG Diretor de informação
Monarquia de TI			Comitê de arquitetura	Diretor de informação Líderes de AI		Diretor de informação Líderes de AI				
Feudalismo										
Federalismo	Detentores de negócios Líderes de AI	IMSG Diretor de informação Conselho Administrativo								
Duopólio					Aliança de negócios		Líderes de AI Aliança de negócios Detentores de negócios		Orçamento *Portfolio*	

☐ Padrões mais comuns em todas as firmas.

Mecanismos de governança:

Comitê de Arquitetura.

Aliança de negócios – Oficiais com relação de negócios.

Detentores de negócios – Detentores de programas e projetos por parte dos negócios.

Orçamento – Administração dos orçamentos de TI para toda a empresa.

Diretor de Informação.

Líderes de AI – Grupo de liderança da administração da informação.

IMSG – Grupo Diretivo da Administração da Informação; reporta-se ao Conselho Administrativo.

Portfolio – Abordagem formal de *portfolios* de TI.

Projetos de infra-estrutura solicitados pelo Grupo de Informação enfrentam o mesmo tipo de escrutínio que projetos de negócios habilitados pela TI. Para projetos menores, existe agora um processo simplificado. "Descobrimos que os procedimentos que desenvolvemos trouxeram transparência e responsabilidade ao processo", explicou Beaton. "No entanto, os requisitos tornaram-se complexos demais para projetos pequenos. Alguns desenvolvimentos eram postos em curso [iniciados] à margem de nossos processos, que havíamos tornado demasiadamente complexos. Agora temos um grupo que autoriza pequenos projetos entre as reuniões"[3].

Em contraste com o processo das decisões de investimento em TI, o Grupo de Informação dirige as decisões de estratégia de infra-estrutura. "Tracei uma linha forte entre a infra-estrutura e as aplicações em termos de direitos decisórios", afirma Beaton. "Quando os negócios querem fazer alguma coisa, a decisão é deles, e nós trabalhamos com eles. Mas com projetos de infra-estrutura sou eu a patrocinadora – e faço lances, como todo mundo."

A MPS-Scotland Yard tinha muitas redes diferentes. Como resultado, os oficiais seniores precisavam de três estações de trabalho diferentes em suas mesas – para finanças, *e-mail* e acesso à Internet. O Conselho Administrativo aceitou uma proposta de Beaton para consolidar a infra-estrutura e eliminar gradualmente a necessidade de múltiplas estações de trabalho. Até o momento, as medidas de consolidação removeram muitos milhões de libras da base de custo. Os custos continuarão a cair conforme os oficiais necessitarem de menos máquinas. Esse sucesso é um indicador forte de um processo bem-sucedido de Governança de TI numa organização em que mensurar o desempenho é muito desafiador. O aprendizado resultante dos esforços de governança até o momento capacita a MPS a tomar decisões futuras sobre como empregar de modo mais efetivo a Tecnologia da Informação em toda a organização.

Framework de valor para organizações sem fins lucrativos

Os esforços bem-sucedidos da MPS-Scotland Yard para implementar a Governança de TI ilustram muitos dos desafios enfrentados pelas organizações sem fins lucrativos – mensurar desempenho e valor, a cultura de comitês formais, orçamentos limitados e inúmeras oportunidades de criar valor. Uma frustração que os executivos dessas organizações enfrentam é que muitas das estruturas e muitos dos indicadores administrativos são concebidos para organizações com fins lucrativos, nas quais as medidas de desempenho baseadas em lucros, na cotação das ações na bolsa de valores e na boa cidadania corporativa são claras. Além disso, *frameworks* estratégicos e administrativos bem aceitos, como o modelo de cinco forças de Michael Porter, não se ajustam bem a organizações sem fins lucrativos, em que costuma haver pouca concorrência e não há mercado com múltiplos compradores e vendedores (um exemplo são os serviços governamentais)[4]. Os líderes de tais organizações precisam de um *framework* administrativo diferente para ajudar na governança e na formulação de estratégias. Mark Moore e outros desenvolveram um *framework* muito útil para executivos de organizações sem fins lucrativos, que nós adaptamos aqui (Figura 7-3)[5].

FIGURA 7-3

***Framework* de Valor para Administrar Organizações sem Fins Lucrativos**

Nota: Os itálicos são somente para organizações sem fins lucrativos.

Fonte: Adaptado de John Alford, Melbourne Business School, Universidade de Melbourne, 1993. Usado com permissão.

Ambiente autorizador

O *framework* de Moore identifica três fatores essenciais interligados que devem ser alinhados para gerar valor em qualquer organização: ambiente, capacidades, e valor (os três círculos da Figura 7-3). As organizações sem fins lucrativos têm algumas características únicas com respeito à criação de valor, mostradas em itálico na Figura 7-3. O ambiente de uma organização com fins lucrativos corresponde às condições do mercado em que ela gera capital, encontra um mercado para seus bens e se ajusta a restrições regulatórias ou de recursos. Em contraste, organizações sem fins lucrativos têm um *ambiente autorizador* de clientes e consumidores potenciais (que podem ou não pagar pelos serviços), fontes de custeio e influências políticas. Elas são autorizadas a cumprir sua função pelas fontes de custeio, pelos órgãos políticos ou legislações que as criaram e por seus clientes. Por exemplo, o ambiente autorizador de um serviço de água possuído e dirigido pelo governo tem três partes:

- *Consumidores* – incluindo cidadãos, negócios e outros que utilizam serviços de água, água residual*, esgoto e informação.
- *Provedores de fundos* – incluindo governos federais e locais, pagadores de impostos sobre água† e bancos.
- *Detentores de poder político* – autoridades eleitas e cidadãos que exercem seus direitos democráticos para influenciar diretamente as autoridades eleitas ou as companhias públicas. A legislação capacita a companhia de água†† a prestar serviços monopolistas e especifica suas regiões geográficas, seus níveis de serviço e seus preços estabelecidos.

---

* Águas residuais ou residuárias são todas as águas descartadas que resultam da utilização em diversos processos. Podem ser provenientes, por exemplo, de banhos, cozinhas, processos de fabricação ou de chuvas. Transportam uma quantidade apreciável de materiais poluentes que precisam ser retirados para não se prejudicar a qualidade das águas dos rios (www.ambientebrasil.com.br). (N. da R.T.)

† Neste item devem ser incluídos todos os tipos de taxas e impostos (*e.g.*, IPTU, INSS, taxa do lixo, entre outras). Isso varia de país para país, de região para região. (N. da R.T.)

†† Isso também varia de país para país e de região para região. No Brasil, as empresas de saneamento, água e esgoto, como é o caso da Sabesp (Companhia de Saneamento Básico do Estado de São Paulo), são, geralmente, empresas de economia mista (ver http://www.snis.gov.br/). Outras empresas brasileiras, como de serviços postais (*e.g.*, Correios), de serviços de processamento de dados (*e.g.*, Serpro – Serviço Federal de Processamento de Dados), transporte (*e.g.*, Companhia do Metropolitano de São Paulo – Metrô), fundações de apoio à pesquisa (*e.g.*, Fapesp – Fundação de Apoio à Pesquisa do Estado de São Paulo), hospitais, entre outras, além das universidades públicas federais, estaduais e municipais, podem ser consideradas organizações sem fins lucrativos. (N. da R.T.)

A inclusão dos detentores de poder político aumenta a complexidade do ambiente autorizador das organizações sem fins lucrativos em comparação com o das organizações com fins lucrativos. Numa loja de varejo com fins lucrativos, por exemplo, os administradores podem analisar sua posição na indústria usando as cinco forças de Porter (clientes, fornecedores, base de concorrência, substitutos e novos entrantes potenciais) ou um *framework* similar. A companhia de água ou outra companhia qualquer do governo precisa cumprir ao pé da letra a sua legislação e responder aos interesses dos detentores de poder político, inclusive seu corpo eleito de diretores e o ministro do governo. Se os cidadãos que utilizam seus serviços estiverem insatisfeitos, não lhes é possível procurar outra empresa. Pelo contrário, eles devem pressionar a companhia por intermédio de seus representantes eleitos.

Capacidades

Toda organização requer capacidades para gerar bens e serviços. As empresas com fins lucrativos desenvolvem algumas capacidades internamente e compram ou fazem parcerias com outras empresas para obter outras capacidades, que lhes permitam entregar produtos e serviços aos seus consumidores. Lucros, dívidas de longo prazo e recursos de fundos de investimento desenvolvem e influenciam essas capacidades.

Nas organizações sem fins lucrativos, o ambiente autorizador oferece recursos (ver seta na Figura 7-3) na forma de dinheiro e autoridade para criar capacidades. A companhia de água em alguns países e qualquer outra companhia sem fins lucrativos do governo têm muitas capacidades organizacionais. A companhia de água, por exemplo, emprega pessoas que dirigem unidades de saneamento, fazem testes com a água e viabilizam a conexão de novas residências e empresas à infra-estrutura da companhia. Além disso, possui informações importantes para construtoras, desenvolvedores e outros serviços sobre como se conectar à sua infra-estrutura.

Uma característica única da organização sem fins lucrativos é que por meio de legislação, regulamentação ou influência ela pode exigir que outras organizações desenvolvam capacidades que a ajudem a atingir suas metas. Por exemplo, a MPS-Scotland Yard pode influenciar corporações a usar tipos específicos de procedimentos de segurança. O corpo de bombeiros estabelece e impõe regras e códigos sobre sistemas de proteção contra incêndio em edifícios, exigindo que o proprietário do prédio invista em medidas de segurança. A companhia de água pode exigir que sistemas específicos de filtragem sejam utilizados em fábricas conectadas a seus sistemas de água residual. Essas capacidades externas acrescentam a *co-produção* (ver as setas na Figura 7-3) à produção da organização sem fins lucrativos. Por exemplo, as capacidades internas da MPS-Scotland Yard produzem bens com *valor público* (ver círculo na direita da Figura 7-3). As *capacidades externas* do sistema de segurança das empresas co-produzem com a MPS um ambiente mais seguro, que também tem valor público. As firmas com fins lucrativos em geral não requerem que outras organizações criem capacidades externas nem gerem co-produção.

Valor público

Firmas com fins lucrativos geram valor por intermédio de bens e serviços adquiridos pelos clientes. As firmas bem-sucedidas geram, também, valor para seus proprietários. Esse valor é mensurado e representado nas declarações financeiras. As organizações sem fins lucrativos, além do valor privado representado por bens e serviços, geram um valor público, como – no caso da companhia de água – serviços de água, esgoto, água residual e informação.

O valor público tem ainda duas partes adicionais, aqui ilustradas no caso da companhia de água.

- *Bens públicos* – bens e serviços que todos os cidadãos recebem, mesmo que não paguem diretamente por eles – por exemplo, praias limpas sem fluxo de efluentes, áreas limpas e sustentáveis para captação de água, fontes públicas potáveis e estatísticas publicadas sobre a qualidade da água.
- *Eqüidade* – a correção de falhas de mercado – como o processo legal contra poluidores de água ou a oferta de descontos nos serviços de água a desempregados ou idosos.

Outras organizações, como a MPS-Scotland Yard, geram, também, valor público salvaguardando a ordem social – uma pré-condição importante não somente para que os cidadãos se engajem nos assuntos da comunidade, mas também para a operação do mercado –, ao protegerem os direitos à propriedade e assegurarem a observância de contratos[6].

O valor público nas empresas sem fins lucrativos transcende a organização, como uma série de círculos concêntricos. Escolas ou companhias de água que prestem serviços excelentes atrairão novos moradores ou novos negócios para sua região. Esses negócios, por seu turno, geram valor, pagam impostos e empregam trabalhadores que geram ainda mais prosperidade. Com isso, o desempenho da companhia de água não se limita ao excedente financeiro (ou déficit) produzido a cada ano, nem à infra-estrutura física que a companhia cria. O seu desempenho reflete-se, também, na qualidade da água, na gestão ambiental sustentável e no efeito de seus serviços na comunidade. No caso das escolas, a mensuração do desempenho é ainda mais complicada e inclui um valor potencial vitalício criado por alunos mesmo fora da área local. No caso da MPS-Scotland Yard, a extensão total do valor criado é virtualmente imensurável – a prevenção do crime, a sensação de segurança, a justiça, a oportunidade de conduzir negócios e assim por diante.

O valor público criado por uma organização sem fins lucrativos retorna ao ambiente autorizador na forma de *transferências e provisão de serviços* (ver seta na Figura 7-3). O ambiente autorizador, por seu turno, concede permissão aos criadores de valor público na forma de indicadores de mercado (maior demanda) e *aceitação política*. Toda organização sem fins lucrativos, seja uma agência governamental seja uma ONG, opera com esse tipo de complexidade e ambiente interconectado. A tarefa de seus administradores é criar valor público na maior extensão possível, dadas as expectativas do ambiente autorizador e as capacidades internas e externas disponíveis – em outras palavras, sua tarefa é alinhar os três fatores representados nos círculos da Figura 7-3.

Desafios particulares na governança de organizações governamentais ou sem fins lucrativos

O complexo ambiente das organizações sem fins lucrativos gera desafios para a Governança de TI. Nós nos concentraremos em quatro complexidades comuns a todas essas organizações sem fins lucrativos, mas há freqüentemente várias outras que cumpre considerar, como, por exemplo, as leis de liberdade de informação, a segurança nacional, o estímulo à indústria tecnológica local, a transparência, os orçamentos cada vez mais reduzidos e os direitos democráticos a expressar oposição.

Mensurando valor e desempenho

O conceito geral de valor público em organizações sem fins lucrativos complica em muito a mensuração de valor e desempenho. Por exemplo, a Tennessee Valley Authority (TVA) é uma das maiores produtoras de energia pública nos Estados Unidos. A TVA é uma agência corporativa auto-suficiente e de propriedade integral do governo americano, responsável por desenvolver os recursos dos sete estados na região do Vale do Tennessee e apoiar seu desenvolvimento econômico[7].

Como outras agências públicas, a TVA avalia seu desempenho com medidas que incluem os custos unitários de geração e distribuição de energia, os níveis de qualidade de serviço e a redução da dívida. A TVA deve também ser auto-suficiente e administrar seu fluxo de caixa, suas dívidas e seus reinvestimentos em infra-estrutura, cobrando ao mesmo tempo preços justos. Juntamente com as responsabilidades por desenvolver os recursos da região do Vale do Tennessee e apoiar seu desenvolvimento econômico, devem ser consideradas medidas mais amplas de desempenho que vão além da organização. Essas medidas de valor mais amplas sempre são difíceis de quantificar – qual é, por exemplo, o valor para o Vale do Tennessee de um suprimento de energia acessível financeiramente e ininterrupto?

A dificuldade de mensurar valor e desempenho faz dos investimentos em TI – sempre uma ciência incerta – uma espécie de arte. Por exemplo, calcular o valor presente líquido de um investimento em TI no centro do círculo concêntrico* de valor da TVA é somente o ponto de partida. O impacto e, por conseguinte, o valor presente líquido do investimento deve ser avaliado pelos demais círculos concêntricos mais externos – como determinar o valor de uma fonte confiável de energia barata para atrair novas empresas ao vale? Uma abordagem do governo é dar voz às pessoas do ambiente autorizador que se encontram fora da organização. É possível dar-lhes voz tanto para contribuir com o processo decisório como para tomar decisões. Talvez um representante do escritório do governador seja incluído no comitê de investimentos em TI da companhia estatal. Alargar a representação no mecanismo utilizado para a Governança de TI em várias das cinco decisões de TI é uma abordagem comum e eficaz de lidar com a complexidade em organizações sem fins lucrativos.

Investimentos em infra-estrutura de TI

Investimentos em infra-estrutura podem ser justificados de três maneiras: eles são realizados sob mandatos (não há necessidade de justificar custos), reduzem despesas (podem ser quantificados e avaliados, justificando assim os custos) ou

---

* Círculo concêntrico significa que, para organizações sem fins lucrativos, o valor não é somente gerado para o cliente direto, mas também para o cliente de seus clientes. Por exemplo, se o governo dá uma autorização referente à construção de um prédio mais rapidamente para o seu cliente (os advogados que entraram com o pedido de autorização), a construtora (cliente de seu cliente) será mais eficiente e o proprietário (cliente do cliente do seu cliente) poderá usar o prédio mais rápido. Assim, podemos dizer que existe uma cadeia concêntrica de clientes que receberão benefícios, que devem ser calculados. (Fonte: Peter Weill, nota explicativa enviada via *e-mail*). (N. da R.T.)

podem habilitar novas capacidades (freqüentemente difíceis de quantificar e valorizar, em razão do que se utiliza o valor de *opção de compra**). Por exemplo, na MPS a consolidação da infra-estrutura gerou economias mensuráveis em TI, mas deveria, também, resultar na solução mais rápida de crimes – benefício muito mais difícil de valorar ou predizer. Organizações sem fins lucrativos fazem tipicamente mais investimentos definidos sob mandatos para habilitar infra-estruturas do que as organizações com fins lucrativos. E investimentos habilitadores, particularmente no governo, são com freqüência políticos e atraem a atenção e o debate públicos. Por exemplo, as escolas custeiam computadores em sala de aula porque os pais insistem nisso. Países, estados e cidades custeiam redes móveis para agências de polícia porque poupar tempo na transmissão de informações sobre crimes e criminosos pode poupar vidas. Os investimentos em infra-estrutura das organizações sem fins lucrativos permitem, também, a criação de valor público por terceiros, promovendo capacidades externas e co-produção. A justificação de investimentos em infra-estrutura requer a valoração e o equilíbrio de todas as três maneiras de justificativas. Como uma organização sem fins lucrativos deve tomar decisões de infra-estrutura? Quem deve tomar essas decisões? Quem deve pagar pela infra-estrutura?

Em alguns casos, como nos serviços públicos, as taxas pagas pelos usuários da infra-estrutura podem ser ajustadas para refletir os custos operacionais para pagar pela infra-estrutura. Mas, muito freqüentemente, ajustes de taxas não são possíveis nem práticos. Equilibrar seus preços, investimentos em infra-estrutura, dívidas e níveis de serviço para criar valor público amplo é uma questão crítica da governança da infra-estrutura para os executivos das organizações sem fins lucrativos. Se a renda decorre da alocação orçamentária, como no caso de organizações como a polícia, as forças armadas, a imigração e as prisões, apresentar-se-ão argumentos (por vezes bem-sucedidos, por vezes não) à autoridade subvencionadora com base numa necessidade demonstrada (como a segurança regional ou a prevenção de enchentes).

Quando os fundos provêm de tarifas, as organizações sem fins lucrativos propendem a usar análises similares às daquelas organizações com fins lucrativos.

* *Opção de compra* significa que será pago algum dinheiro agora para se exercer o direito de uso mais tarde. Assim, pode-se investir hoje na aquisição de um banco de dados superdimensionado que possibilite a incorporação de novas aplicações que fazem uso desse banco de dados. Assim, a implantação de uma nova aplicação poderá transcorrer mais rapidamente, pois a base de dados já estará preparada para incorporá-la. (Fonte: Peter Weill, nota explicativa enviada via *e-mail*) (N. da R.T.)

Por exemplo, todos os serviços públicos fazem investimentos significativos em infra-estrutura, tanto física como de TI. Devido à natureza de capital intensivo da indústria de serviços de eletricidade, a TVA avalia e seleciona rigorosamente os projetos de capital, operações e manutenção a serem custeados. O custeio de projetos de TI fica sujeito ao mesmo processo que as requisições de caldeiras e as vistorias de turbinas. Todos os projetos da TVA são examinados pelo Comitê de Avaliação de Projetos, que é patrocinado pelo COO* e composto dos principais executivos, incluindo o CIO. O valor esperado dos projetos de TI deve ser diretamente comparável ao valor esperado de outros tipos de investimentos de negócios.

Nos casos em que a co-produção ou um valor público maior é criado por outras entidades que se servem da infra-estrutura da organização sem fins lucrativos, a justificação e a questão de quem paga podem constituir uma barreira à criação sensata de valor. John Glaser, CIO da Partners Healthcare, explica: "É difícil estimar o VPL (Valor Presente Líquido) desses projetos no conselho. O porquê e o como da justificação de TI envolvem valores diferentes em diferentes circunstâncias. Há dificuldades em determinar quem deve ser responsável pelos custos. Se a qualidade dos serviços de saúde é a meta, será que as seguradoras devem pagar por isso? É difícil alinhar o sistema de valores com a responsabilidade pelos recursos. Há incentivos mal alinhados em nossos modelos de negócios. Muitas coisas não são implementadas porque grande parte do valor se destina antes à sociedade do que à pessoa que paga o capital"[8].

Apesar desses desafios, organizações sem fins lucrativos conseguem, sim, agregar recursos para infra-estruturas cujo valor público vai além das fronteiras da organização. Joe Adamski, CIO da Barwon Water, a maior autoridade regional de água no estado australiano de Victoria, descreveu sua visão de um centro regional de computação para a maior área de Geelong[9]: "A Barwon Water cobre mais de oito mil quilômetros quadrados. Nessa região, houve recentemente um amálgama de uma série de conselhos. Essas organizações atendem aos mesmos clientes que nós. Nós articulamos os benefícios de fazer uso comum de bancos de dados, mapeamentos e outras informações para servir a esses clientes. Tais benefícios incluem um balcão de serviços unificados onde os clientes podem pagar taxas ou tarifas de água e solicitar a aprovação de propriedades. Os sistemas que temos hoje na Barwon Water seriam um bom ponto de partida para a implantação desse conceito regional. Os dados são um dos ativos mais valiosos em nossa região, e não faz sentido duplicá-los".

---

* COO – *Chief Operating Officer.* (N. da R.T.)

Essa visão vem lentamente se concretizando. Adamski comenta: "Com os Sistemas de Informação Geográfica (SIGs), há esperança de termos um conceito regional para esta área, que daria uma vantagem competitiva a toda a região. Muitas organizações manifestaram interesse em trabalhar conosco. Acima de tudo, recebemos diariamente muitas consultas solicitando o acesso a dados. Por exemplo, estamos usando nossa infra-estrutura de TI na administração de áreas de inundação para várias consultorias a serviço de diversos conselhos em Melbourne e VicRoads em Gippsland. Eles fornecem os dados, ou nós os coletamos, e, então, fazemos a análise em parceria"[10].

Governar a infra-estrutura de TI em organizações sem fins lucrativos requer ferramentas e mecanismos diferentes dos necessários nas organizações com fins lucrativos. O custeio de infra-estruturas definidas sob mandato deve estar associado ao mandado ou à legislação. Infra-estruturas para a redução de custos devem ser avaliadas por meio de abordagens tradicionais de VPL. Os investimentos habilitadores devem levar em conta o valor criado nos círculos concêntricos de constituintes que definem os bens públicos. Invariavelmente, os projetos potenciais para gerar valor excedem em muito os recursos disponíveis. A priorização de projetos deve considerar o valor público estendido dos projetos para compreender sua valia relativa. Também aqui a representação externa em comitês para decisões sobre investimento em infra-estrutura pode ser valiosa.

Co-produção e arquiteturas

A co-produção proporciona oportunidades e responsabilidades únicas para as organizações sem fins lucrativos. Uma co-produção bem concebida pode aumentar em muitas vezes a eficiência por dólar investido em TI. A co-produção mal concebida é confusa, frustrante e burocrática e cria pouco valor. Mais recentemente, a co-produção vem exigindo que a organização co-produtora se conecte eletronicamente à organização sem fins lucrativos. No nível mais simples, essa conexão pode envolver a publicação de regulamentos e informações no *site* da organização sem fins lucrativos. Uma co-produção mais integrada habilita o co-produtor a baixar ferramentas e a interagir diretamente com os sistemas da organização para co-produzir.

Por exemplo, o Australian Tax Office (Departamento Fiscal da Austrália – ATO) tem recebido quase 100% das submissões de retorno de impostos individuais via *online*. São necessários agentes fiscais para submeter eletronicamente os retornos dentro dos padrões especificados. As empresas de *software* que produzem ferramentas de declaração de impostos para os agentes seguem as diretrizes de arquitetura do ATO para assegurar compatibilidade com seus clientes. Essa co-produção pelos agentes fiscais simplificou os processos do ATO, eliminando a necessidade da digitação de dados e facilitando a avaliação fiscal *online*. Os benefícios dessa co-produção foram repassados aos contribuintes, uma vez que as restituições são recebidas, geralmente, em duas semanas, e não mais em seis.

Para obter esse tipo de co-produção, os tomadores de decisões sobre arquitetura de TI devem levar em conta muitas questões externas à organização. Para que as declarações eletrônicas do ATO funcionassem, o agente fiscal precisava estar computadorizado. Seus sistemas tinham de seguir os padrões do ATO para o preenchimento eletrônico, e o agente devia ser treinado para usá-los. Esperamos ver muitos outros esforços criativos por parte de organizações sem fins lucrativos para estimular a co-produção mediante o uso da TI. Um dilema crucial para a governança e os tomadores de decisões é a disposição e capacidade dos co-produtores de investir em sistemas compatíveis com os padrões. Será que a organização sem fins lucrativos tem poder para estimular, lisonjear ou obrigar os co-produtores a se comprometerem com a criação de valor público mais amplo? Quão ampla deveria ser a representação no mecanismo de tomada de decisões da Governança de TI?

Cidadãos, clientes e compradores

Praticamente todas as organizações governamentais operam em algum tipo de ambiente autorizador legislativo que lhes exige a prestação de serviços. Parte dos consumidores de tais serviços paga a organização sem fins lucrativos; um exemplo são as famílias que pagam pela água ou eletricidade consumida. Outros consumidores são clientes que recebem os serviços – bem-estar social ou educação pública, por exemplo – como algo a que têm direito. Outros consumidores, ainda, são cidadãos que podem utilizar serviços como a polícia ou os parques nacionais, custeando esses serviços indiretamente mediante impostos que em geral não estão relacionados com seus níveis de consumo.

Tomar decisões de TI requer o equilíbrio das necessidades dos três tipos de consumidores – compradores, clientes e cidadãos. Atender às necessidades de clientes, e não de compradores, requer uma perspectiva de mercado mais abrangente e envolve dinâmicas mercadológicas de oferta e demanda diversas das do setor lucrativo. Reconhecer os beneficiários específicos de qualquer projeto de investimento em TI e saber quem paga a conta de um grupo particular de consumidores pode ajudar a alinhar os projetos de investimento com as fontes de custeio. Por exemplo, muitas agências de bem-estar social no mundo poderiam dobrar seus orçamentos e mesmo assim não dar conta de atender a toda a demanda legítima. Os beneficiários diretos dos programas de bem-estar social não são as pessoas que os subsidiam (contribuintes e legisladores, na maioria dos casos). Assim, obter fundos de investimento em TI para esses programas requer que se demonstre que o investimento reduzirá os custos de gestão do programa ou que se persuada contribuintes e legisladores de que o valor público lhes será repassado. Esse complexo mercado de serviços influencia todas as decisões de investimento nas organizações sem fins lucrativos, inclusive as relativas à TI. Para compreender a demanda, a satisfação e o desempenho, é de particular importância que muitas organizações sem fins lucrativos coletem dados sobre seus clientes. A prestação de serviços *online* aumenta significativamente sua habilidade de coletar dados de clientes.

Esses quatro fatores e muitos outros influenciam o modo como as organizações sem fins lucrativos governam a TI, o que resulta em padrões de governança ligeiramente diversos dos de firmas com fins lucrativos. Todos os quatro fatores culminam numa representação mais ampla, freqüentemente oriunda de fora da organização, em muitos mecanismos de governança. A maior representação assegura o direito de voz de múltiplos *stakeholders*, mas em geral retarda as decisões e dificulta em muito o consenso acerca de valores.

Como as organizações sem fins lucrativos governam

As duas distribuições de desempenho de governança em forma de sino na Figura 7-4 ilustram a similaridade, nesse quesito, entre os setores com e sem fins lucrativos. No entanto, o desempenho da governança nas organizações sem fins lucrativos é estatisticamente bem inferior que nas organizações com fins lucrativos[11]. Pode ser que a Governança de TI esteja menos madura nessas organizações, mas nós duvidamos disso. É mais provável que a complexidade presente nas organizações sem fins lucrativos dificulte a mensuração de desempenho, o estabelecimento de metas organizacionais e finalmente a Governança de TI, o que resulta num desempenho de governança 10% inferior.

FIGURA 7-4

Comparando o Desempenho da Governança em Organizações com e sem Fins Lucrativos

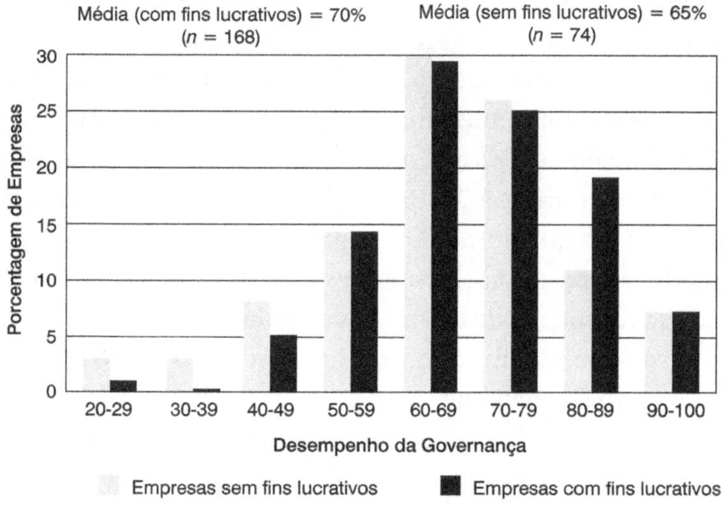

A comparação entre a Governança de TI das organizações com e sem fins lucrativos (Figura 7-5) revela mais similaridades do que diferenças, mas cinco padrões de Governança de TI nas organizações sem fins lucrativos são notavelmente diversos:

- Mais monarquias de negócio em todas as decisões, exceto as de arquitetura.
- Significativamente menos monarquias de TI em todas as decisões.
- Mais arranjos federalistas em todas as decisões, exceto as de investimento.
- Mais arranjos federalistas de contribuição para todas as decisões.
- Mais duopólios para arquitetura de TI.

Todas as diferenças refletem a representação mais ampla no processo de tomada de decisões que recomendamos na seção anterior. Por exemplo, menos monarquias de TI e mais arranjos federalistas resultaram em maior envolvimento na tomada de decisões. As organizações de melhor governança encontraram meios de lidar com essa complexidade e governar diversamente da média das organizações sem fins lucrativos.

FIGURA 7-5

Comparando os Arranjos de Governança de TI em Organizações com e sem Fins Lucrativos

Decisão / Arquétipo de Governança	Princípios de TI		Arquitetura de TI		Estratégias de infra-estrutura de TI		Necessidades de aplicações de negócio		Investimentos em TI	
	Contribuição	Decisão	Contribuição	Decisão	Contribuição	Decisão	Contribuição	Decisão	Contribuição	Decisão
Monarquia de negócio	0 / 0	35 / 23	0 / 0	5 / 5	0 / 0	11 / 5	0 / 1	15 / 11	0 / 0	36 / 27
Monarquia de TI	0 / 1	9 / 21	9 / 24	67 / 78	4 / 10	58 / 61	0 / 0	3 / 8	0 / 1	5 / 11
Feudalismo	1 / 0	1 / 3	0 / 1	0 / 1	0 / 0	1 / 2	3 / 1	20 / 17	0 / 0	1 / 4
Federalismo	86 / 84	15 / 14	49 / 45	5 / 3	66 / 58	8 / 4	82 / 80	43 / 25	95 / 93	24 / 28
Duopólio	12 / 15	37 / 37	42 / 31	23 / 11	30 / 32	22 / 25	14 / 18	15 / 33	5 / 6	31 / 30
Anarquia	0 / 0	0 / 1	0 / 0	0 / 1	0 / 0	0 / 1	1 / 0	4 / 4	0 / 0	3 / 0
Sem dados, ou não se sabe	1 / 0	3 / 1	0 / 0	0 / 1	0 / 1	0 / 2	0 / 2	0 / 2	0 / 0	0 / 0

☐ Padrões mais comuns em todas as empresas.

A porcentagem no topo esquerdo de cada célula é das empresas sem fins lucrativos (*n* = 74) e na base direita é das empresas com fins lucrativos (*n* = 168). Ambos os conjuntos percentuais perfazem 100 em cada coluna.

Como governam as organizações de melhor desempenho

As organizações sem fins lucrativos com o melhor desempenho em governança apresentam três grandes diferenças em relação às demais organizações congêneres. Elas têm alinhados a criação de valor e o modelo de Governança de TI; adotam padrões ligeiramente diferentes de arranjos de governança; e utilizam com grande eficácia mecanismos específicos de governança.

O alinhamento da criação de valor e os frameworks de modelos de governança

Assim como uma estratégia clara é um pré-requisito para uma governança eficaz nas empresas com fins lucrativos, o modelo de governança de uma organização sem fins lucrativos exige clareza sobre o modo como o valor é criado (ver Figura 7-3). Em todas as organizações sem fins lucrativos com Governança de TI eficaz em nosso estudo, o processo iniciou-se com a compreensão e a comunicação do modo como o valor deveria ser criado. As organizações de melhor desempenho articulavam tanto internamente como pela co-produção as capacidades que requeriam para criar o máximo valor dentro dos limites de seu ambiente autorizador. Esclarecer a criação de valor proporciona as informações necessárias para conceber um *framework* do modelo de Governança de TI bem harmonizado (consulte, por exemplo, o da MPS-Scotland Yard, na Figura 7-1).

As organizações de melhor desempenho governam diferentemente

Estudar os melhores e piores desempenhos de governança entre as organizações sem fins lucrativos proporciona algumas diretrizes gerais para o uso dos nossos dois *frameworks*[12]. Essas diretrizes são um ponto de partida, sem considerar fatores como setor, princípios, cultura, métodos de custeio e assim por diante. Supondo-se tudo o mais igual, recomendamos que se sigam as diretrizes seguintes.

Adote a tomada de decisões conjunta entre negócios e TI para definir os princípios de TI

A tomada de decisões conjunta entre negócios e TI combina a contribuição estratégica para a criação de valor da alta gerência com o conhecimento tecnológico e as capacidades organizacionais dos líderes de TI. Juntos, eles podem estabelecer o devido equilíbrio entre o alinhamento da TI e as necessidades de negócios e a concepção de estratégias de negócio dentro do tecnicamente possível. Por exemplo, muitas agências governamentais por todo o mundo vêm fazendo inovações de sucesso com o governo *online* (ou *e-government*) para melhorar os serviços e reduzir custos, mas também para estimular o uso da TI em suas comunidades. O primeiro-ministro da Inglaterra, Tony Blair, determinou que todos os serviços do governo estariam disponíveis *online* até 2008, e posteriormente adiantou a data para 2005[13]. Definir princípios de TI nas organizações sem fins lucrativos requer freqüentemente a coordenação com objetivos ou mandados definidos fora da organização. Esse requisito limita a flexibilidade local, mas aumenta o valor geral.

Considere os princípios de infra-estrutura de TI como decisões estratégicas de negócio

Em todas as organizações sem fins lucrativos, mas especialmente nas do governo, as decisões sobre infra-estrutura são estratégicas e deveriam ser tomadas por monarquias de negócio ou arranjos com forte participação da área de negócios. Tipicamente, serviços são baseados em informação, o que faz da TI a infra-estrutura-chave. Por exemplo, muitos governos vêm tentando prestar serviços na área de acontecimentos vitais. Digamos que você acabe de passar por um acontecimento vital, como comprar uma casa, fazer dezoito anos, casar-se ou mudar-se para uma nova residência. Em vez de contatar independentemente cada agência do governo, os serviços de acontecimento vital lhe permitem interagir através de um único ponto de contato. Portanto, em caso de mudança você pode prover seu novo endereço num *site* do governo e identificar numa lista todas as agências que deseja informar sobre a atualização de seus dados. Infra-estruturas de TI são críticas para essas estratégias, e há muitas oportunidades de consolidar e reduzir custos mediante o compartilhamento. Monarquias de negócio para tomadas de decisão sobre infra-estrutura são incomuns (somente 11%) e consomem tempo, mas são utilizadas com freqüência pelas organizações de melhor desempenho. Ainda que os líderes de TI possam estar tecnicamente mais bem equipados, eles com freqüência não representam a amplitude de interesses necessária ao setor sem fins lucrativos. Mais importante, o envolvimento da área de negócios assegura a anuência da cúpula no que toca à realização e utilização de investimentos em infra-estrutura. Organizações que confiem decisões sobre infra-estrutura a monarquias de TI precisam de uma forte contribuição da área de negócios.

Não use modelos feudalistas para necessidades de aplicações de negócios

Mais de 20% das organizações sem fins lucrativos adotam modelos feudalistas para as necessidades de aplicações de negócios. Em muitas dessas organizações é tendência natural usar modelos feudalistas para especificar as necessidades de diferentes agências, regiões ou departamentos, em seu afã por atender melhor a seus clientes locais. No entanto, a liderança central da maioria das organizações sem fins lucrativos empenha-se, também, em implementar programas de âmbito geral, como melhorar a qualidade dos serviços ou reduzir os custos pelo cerceamento de duplicações. A tensão entre as pressões duais da autonomia e do enfoque estratégico centralizado resulta em uma governança com mau desempenho. Sugerimos evitar modelos feudalistas para as necessidades de aplicações de negócios, exceto nas raras situações em que não há sinergia entre as unidades de negócio e as iniciativas de âmbito geral da organização.

Use a tomada de decisões conjunta para investimentos em TI

Como no caso dos princípios de TI, duopólios para as decisões de investimento em TI combinam a contribuição estratégica da alta gerência com o conhecimento tecnológico e a capacidade organizacional dos líderes de TI. As organizações com melhor desempenho em governança usam com freqüência essa abordagem para priorização e investimentos em TI. monarquias de negócio, quando bem informadas sobre as questões de TI e quando incluem o CIO num papel de liderança, também são muito eficazes para decisões sobre investimentos.

Mecanismos utilizados pelas organizações de melhor desempenho

Comitês e outros mecanismos organizacionais formais são com freqüência um forte elemento da cultura nas organizações sem fins lucrativos. Organizações como a MPS-Scotland Yard fazem uso eficaz de comitês para assegurar a representatividade e a transparência em decisões operacionais e políticas delicadas. As organizações de melhor desempenho em governança empregam um número relativamente grande de mecanismos formais para implementar sua governança e reforçar os arranjos de governança com uma ampla comunicação. O resultado é uma alta porcentagem de executivos seniores capazes de descrever com precisão e usar com eficácia sua Governança de TI. O número relativamente grande de mecanismos aumenta os custos gerais e pode retardar a tomada de decisões de TI, mas resulta em maior comprometimento e melhor desempenho.

A alta gerência das organizações sem fins lucrativos com bom desempenho em Governança de TI identificou os seguintes mecanismos como altamente eficazes para implementar seus arranjos de governança[14]:

- Comitês executivos concentrados em todos os ativos-chave, inclusive a TI.
- Conselho de TI, incluindo executivos de negócios e TI.
- Comitê de liderança de TI, incluindo executivos de TI.

- Comitê de arquitetura.
- Rastreamento de projetos de TI e recursos consumidos.
- Gerentes de relacionamento entre negócios e TI.

Ter apenas esses mecanismos não é suficiente. Ouvimos várias histórias de terror de mecanismos ineficazes. Por exemplo, uma queixa comum era que os altos executivos concordavam em atuar nos comitês, mas não compareciam às reuniões, ou enviavam substitutos de nível inferior que não queriam tomar decisões difíceis, o que causava atrasos e frustração.

Estudo de caso da Unicef

Para aprender com a experiência de uma organização global sem fins lucrativos admirada e eficaz, passemos ao estudo de caso da Unicef[15]. A Unicef converteu-se de uma organização que até meados dos anos 90 usava a TI de maneira muito limitada em uma outra para cujas operações a TI é hoje fundamental.

A Unicef alinha seu ambiente com suas capacidades (internas e externas) e sua criação de valor. Usando o *framework* de valor na Figura 7-3, podemos analisar como essa organização cria valor a partir de suas capacidades dentro de seu ambiente autorizador.

Ambiente autorizador – consumidores, provedores de fundos e detentores de poder político

A Unicef é a única organização da ONU com a missão de advogar e agir por e com as crianças, protegendo seus direitos e ajudando a atender às suas necessidades. Um excerto da declaração de missão da Unicef revela alguns de seus objetivos: "A Unicef mobiliza vontade política e recursos materiais para ajudar países, particularmente países em desenvolvimento, a colocar 'as crianças em primeiro lugar'"[16]. A Unicef promove "programas de cooperação" em 162 países, áreas e territórios, que são planejados e implementados em cooperação com governos, organizações não-governamentais, outras agências da ONU e comunidades locais. A Unicef é governada por um Conselho Executivo de trinta e seis membros, que são eleitos pelo Conselho Social e Econômico das Nações Unidas e cumprem normalmente um mandato de três anos. A Unicef é subsidiada por contribuições voluntárias, sendo dois terços provindos do governo e um terço do setor privado. A receita em 2002 foi de US$ 1,454 bilhão. O custeio e a autoridade da Unicef habilitam a implantação de capacidades significativas tanto dentro como fora da organização.

Capacidades – organizacionais e externas

Os 7.100 funcionários da Unicef representam uma poderosa capacidade organizacional prestando serviços mundo afora que incluem imunizações (como vacinas contra poliomielite e tétano), modernização escolar, educação sobre a AIDS, desenvolvimento infantil e programas para proteger as crianças da violência. No Afeganistão, um amplo esforço da Unicef e seus parceiros para reparar e reativar as sete mil escolas do país abriu caminho para que 3 milhões de crianças freqüentassem a escola – um terço delas meninas –, das quais muitas nunca tinham visto uma sala de aula por dentro. No Quênia, o maior esforço nacional de imunização jamais empreendido na África conseguiu imunizar 13 milhões de crianças contra o sarampo. Na Suazilândia, a Unicef uniu-se a comunidades locais para oferecer cuidados e suporte a crianças orfanadas pelo HIV/AIDS – uma parte dos 14 milhões de crianças no mundo com menos de quinze anos que perderam um ou os dois pais por motivo da doença.

Além da produção direta, a Unicef estimula a co-produção de valor por outras organizações para beneficiar as crianças. A Unicef pressiona, influencia e educa governos e outras autoridades para melhorar as condições para as crianças. A Unicef tem muitas parcerias com outras organizações sem fins lucrativos, como a GAVI (Aliança Mundial de Vacinas e Imunização), com o objetivo de criar valor. Além disso, a Unicef atua junto a muitas empresas com fins lucrativos (por exemplo, a AEON, a MasterCard International, a IKEA e a Starwood Hotels and Resorts Worldwide) para arrecadar dinheiro para as crianças e prestar serviços. Por exemplo, a Starwood Hotels and Resorts Worldwide, Inc., continua a apoiar os programas da Unicef por meio do programa carro-chefe *Check Out for Children*, que já levantou mais de US$ 7 milhões desde 1995 e já participou da arrecadação de fundos para programas de imunização.

Valor público – bens e serviços, bens públicos e eqüidade

O valor público que a Unicef cria é imensurável. Seus bens e serviços provêem educação, auxílio, suporte, oportunidade e esperança para as crianças. Seu bem público reduz doenças, ignorância, sofrimento e desespero. Do sucesso da Unicef beneficiam-se não somente as crianças, mas também a economia mundial.

Seus objetivos de eqüidade procuram reparar muitos agravos – injustiça, pobreza, preconceito, sexismo e exploração.

Com objetivos de criação de valor tão amplos, a Governança de TI e de todos os outros ativos-chave da Unicef exige concessões mútuas. Gastos em infra-estrutura para administrar a entidade deixam menos verba para a prestação direta de serviços às crianças. Os gastos em gestão e administração em 2002 constituíram 6% das despesas totais.

A Governança de TI na Unicef

Os objetivos de negócio da Unicef incluem a obtenção de resultados para as crianças, o compartilhamento e reutilização global de informações e a obtenção de excelência operacional sob condições de campo difíceis e com orçamentos limitados (Figura 7-6). As metas de desempenho incluem objetivos operacionais, de programas e de desenvolvimento social. As metas de programa e desenvolvimento social têm um alcance imenso e são difíceis de mensurar e quantificar. Os resultados da intervenção da Unicef na vida das crianças podem não se fazer visíveis por anos.

A Unicef atua, também, em condições muito imprevisíveis e perigosas. Tem presença de longo prazo e atua em campo antes, durante e depois de conflitos armados, desastres naturais e outras tragédias. Em emergências, a Unicef deve estabelecer rapidamente unidades de campo e infra-estruturas de comunicação. Por exemplo, em tais ambientes, a unidade da Unicef recebe um conjunto de estações "VSAT portáteis" de rápida instalação, que proporcionam o máximo de conectividade e recursos de TI: voz, fax, dados, correio eletrônico e até mesmo videoconferência. Provê, também, acesso a serviços de comunicação de voz (VoIP – *Voice over IP*), ao Lotus Notes, à Internet pública e à *intranet* corporativa da Unicef, usando todos os recursos das aplicações de negócios do escritório central de TI, e, ao mesmo tempo, zela pela proteção e segurança dos funcionários que implementam os objetivos de seus programas. Essa infra-estrutura de TI criativa e móvel habilita a Unicef a estabelecer rapidamente uma base que com o tempo pode se tornar uma estação mais sólida.

Operar em tantos países com representantes de campo altamente autônomos faz da governança global uma questão constante. Nas palavras de Andre Spatz, CIO da Unicef: "Como CIO, invisto grande parte de meu tempo fazendo a governança funcionar em todos os níveis, para educar, treinar, mentorear e fazer *lobby*. Em uma organização global, a governança é um desafio e tanto.

FIGURA 7-6

Framework do Modelo de Governança da Unicef

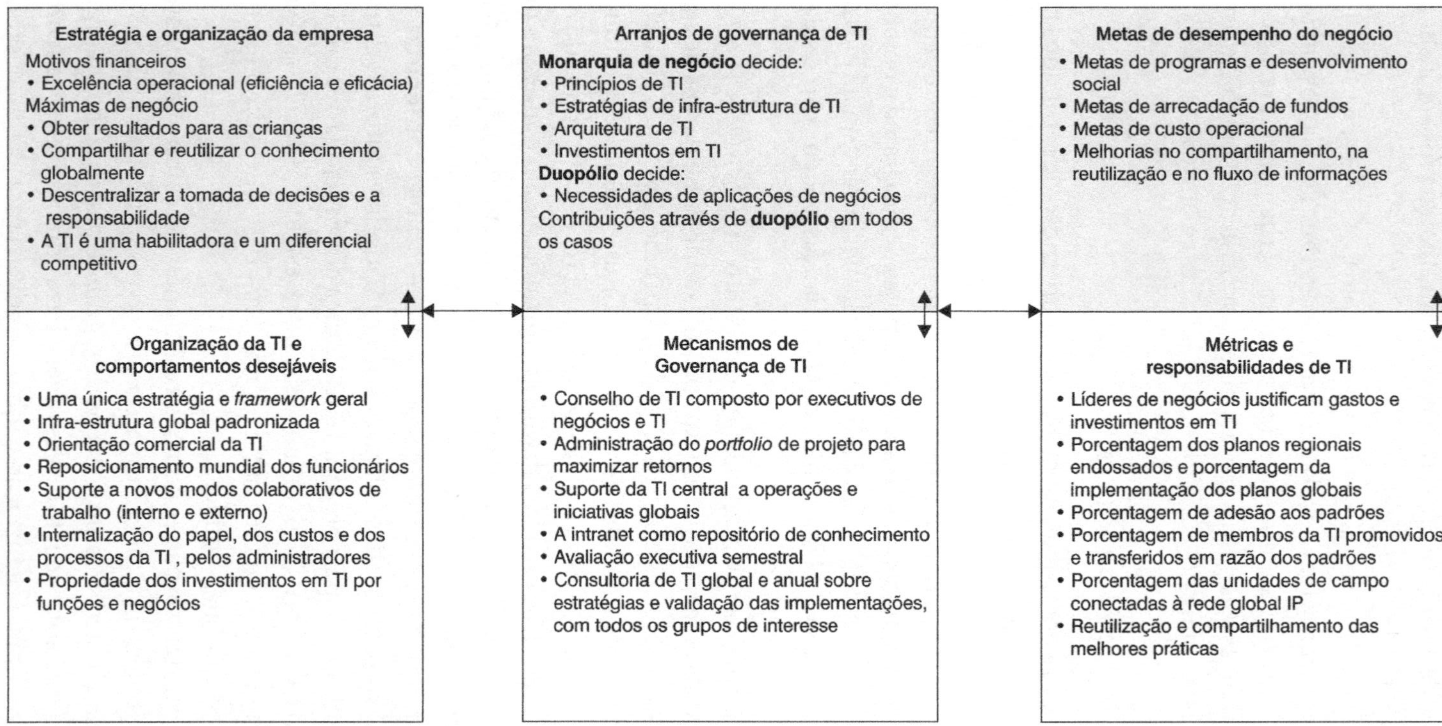

↔ **Harmonizar o quê?** ↕ **Harmonizar como?**

Enfrentamos grande pressão por sinergias em toda a Unicef, e ao mesmo tempo há grande pressão por autonomia local por parte das unidades regionais e nacionais. A liderança de um CIO numa organização de TI global não é só comandar e executar. Devemos o tempo todo conceder poderes a pessoas com visão e estratégia executiva e posicionar os elementos da governança dentro de um *framework* global. Parte de meu papel é assegurar que não centralizemos demais e que nossa organização de TI se adapte aos diferentes ambientes culturais em que atuamos"[17].

Até meados da década de 90, havia pouca Tecnologia da Informação nas unidades da Unicef, e ela estava longe de ser uma preocupação do CEO. A organização de TI lidava sobretudo com a matriz; as unidades de campo tinham basicamente de se virar sozinhas. Havia poucas LANs (*Local Area Networks*), nenhum ambiente de computação comum, aplicações autônomas e customizadas, nenhuma rede global e pouco uso do sistema de *e-mail*, devido aos altos custos da discagem a longa distância. Um programa de reengenharia administrativa com patrocínio executivo destinado a alinhar a Unicef foi iniciado em 1995 e 1996 para aumentar a eficiência e a eficácia e descentralizar o processo decisório e a atribuição de responsabilidades, delegando-os a regiões e países onde as atividades de campo tinham lugar. Essas mudanças foram acompanhadas pela recentralização da TI da Unicef – e por seu uso como parte integral e habilitadora da transformação administrativa.

Ao longo dos últimos anos, a TI transformou fundamentalmente o modo como a Unicef opera e melhorou globalmente o conhecimento, o fluxo de informação, a transparência e a comunicação. As unidades de campo têm hoje informações transacionais e de valor agregado de que não dispunham antes. A TI tornou-se um verdadeiro diferencial para a Unicef.

Desenvolvendo a Governança de TI

Os arranjos de governança da Unicef são apresentados na Figura 7-7. Executivos do nível de diretoria, incluindo o CIO e a equipe administrativa global, tomam decisões sobre princípios, estratégias de infra-estrutura, arquitetura e priorização e investimentos em TI. Essa abordagem centralizada é balanceada por contribuições de base ampla através de um duopólio de líderes de unidades de negócio e líderes de unidades funcionais trabalhando com gerentes de TI. As necessidades de aplicações de negócios são decididas por meio de um duopólio de executivos

FIGURA 7-7

Matriz de Arranjos de Governança da Unicef

	DECISÃO									
	Princípios de TI		Arquitetura de TI		Estratégias de infra-estrutura de TI		Necessidades de aplicações de negócio		Investimentos em TI	
ARQUÉTIPO DE GOVERNANÇA	Contribuição	Decisão	Contribuição	Decisão	Contribuição	Decisão	Contribuição	Decisão	Contribuição	Decisão
Monarquia de negócio		CxO		CxO		CxO				CxO
Monarquia de TI										
Feudalismo										
Federalismo										
Duopólio	Executivos de TI Líder de unidade de negócio Detentores de processos de negócio *Portfolio*		Executivos de TI Líder de unidade de negócio Detentores de processos de negócio		Executivos de TI Líder de unidade de negócio		Executivos de TI Líder de unidade negócio Detentores de processos de negócio	Executivos de TI Líder de unidade de negócio Detentores de pro-cessos de negócios	Executivos de TI Líder de unidade de negócio Detentores de proces-sos de negócio *Portfolio*	

☐ Padrões mais comuns em todas as firmas.

Mecanismos de governança:

Detentores de processos de negócios – Líderes de divisões funcionais.

Líder de unidade de negócio – Líderes regionais, do país ou da matriz.

CxO – CxO e a equipe de administração global.

TI da matriz –TI central que dá suporte a operações e iniciativas globais.

Intranet – A *intranet* como repositório de conhecimentos.

Executivos de TI – Executivos/gerentes de TI regionais, do país ou da matriz.

Portfolio – Gestão do *portfolio* de projetos.

Avaliação – Avaliação executiva semestral.

de TI, líderes das unidades de negócio e detentores de processos de negócios. Para alcançar esse nível de sofisticação da governança, houve três estágios principais de evolução na Unicef. O primeiro foi a governança em nível dos projetos. O segundo foi a adoção de uma estratégia e uma infra-estrutura de TI globais. O terceiro foi a implementação de um processo global de gestão do *portfolio* de TI. Educar a administração no tocante a custos recorrentes de TI, custos operacionais e atualizações obrigatórias do sistema mostrou-se um desafio em todos os três estágios.

A governança evoluiu inicialmente de uma gestão improvisada e fragmentada para a governança individual de projetos. O primeiro grande exemplo foi a autoridade delegada pelo CEO a quatro diretores de divisão, que se tornaram plenamente responsáveis pela implementação dos módulos do sistema SAP de planejamento de recursos empresariais referentes às finanças da matriz, à logística e a módulos relacionados a setores particulares da Unicef. Eles se desincumbiram dessa tarefa dentro do prazo e do orçamento – substituindo mais de cem sistemas legados Wang*. Esse sucesso não teria sido possível sem o senso de propriedade e a governança em nível dos projetos. Esse processo de propriedade e governança tornou-se o modelo para todos os grandes projetos de investimento em TI na Unicef. Como meio de sustentar a governança operacional, uma reunião semanal dos líderes funcionais e de TI da matriz foi estabelecida para endereçar os processos e as questões de TI. As decisões são analisadas pela alta gerência duas vezes por ano, ou conforme o necessário. A TI é co-secretária e co-promotora desse processo, mas não sua detentora.

A infra-estrutura de TI tem sido uma das maiores áreas de investimentos na Unicef. Hoje, todos têm um computador de mesa ou *laptop* padronizado e aplicações, ferramentas de automação de escritório e acesso à Internet e à *intranet*. A *intranet* é utilizada como um repositório global de conhecimentos para informações da Unicef, o que inclui procedimentos de TI. Uma das maiores iniciativas de infra-estrutura foi a implantação de uma rede global de IP em 80% dos países, com serviços de banda garantida, qualidade de serviço e armazenamento de páginas *Web* em *cache* local. A implantação não foi uma tarefa trivial, dado o alcance global das operações da entidade. A rede constitui a fundação das novas aplicações baseadas na *Web* da Unicef. Funcionários de campo que antigamente se sentiam isolados estão agora muito mais conectados e podem utilizar informações em

---

* Sistemas computacionais fabricados pela empresa americana Wang Laboratory no início da década de 80. (N. da R.T.)

tempo real. A infra-estrutura democratizou e mudou a cultura da informação da Unicef, e vem conferindo maior transparência ao processo de governança.

Outra grande iniciativa de infra-estrutura, os "Sistemas de Administração Organizacional", contribuiu para o processo de mudança organizacional, criando ferramentas, sistemas e processos de suporte ao usuário de uso comum, como a plataforma de serviços globais ou o treinamento e certificação de funcionários de TI na gestão de serviços de TI utilizando-se o padrão ITIL (*Information Technology Infrastructure Library*)*. A coleta sistemática de dados, vinculada a processos como o monitoramento de chamadas, e a gestão de problemas para conduzir análises quantitativas permitem que recursos sejam direcionados para áreas que exigem correção rápida e eficaz. Ao mesmo tempo, para que os funcionários de TI da matriz se mantenham em contato com as operações de campo, eles passam entre nove e doze meses na plataforma de serviços globais, que funciona em regime de 24/7/365 e dá suporte a todas as localizações da Unicef. Esse programa de rodízio aumenta significativamente a sua compreensão sobre as complexidades envolvidas em dar suporte a uma população tão culturalmente diversificada. E o rodízio é utilizado para o desenvolvimento de carreira e o planejamento de promoções. A plataforma de serviços tornou-se um recurso de ajuda integrado para as áreas de negócios e TI, proporcionando transparência e informação para a governança em geral.

Um processo de gestão do *portfolio* de TI no nível corporativo foi implementado quando a demanda por serviços de TI tornou-se muitas vezes maior que o orçamento de TI. Hoje, a equipe executiva de administração, os líderes das divisões e os líderes dos negócios, e não mais a TI sozinha, apresentam e justificam solicitações de investimentos em Tecnologia da Informação. Essa abordagem provê um esquema organizacional claro para prioridades de investimento. Embora certa flexibilidade e adaptabilidade locais sejam necessárias, uma forte governança sobre padrões, infra-estrutura e aplicações globais de TI facilitou a redistribuição de pessoal e habilidades por todo o globo.

Administrar a informação é fundamental

Administrar conhecimento e informação são elementos cruciais da governança na Unicef, pois ambos devem ser compartilhados em muitos tópicos entre diver-

* O ITIL é um padrão de fato adotado no mundo todo para gestão de serviços de TI. Pode ser visto como uma coletânea de melhores práticas com o objetivo de otimizar a utilização da infra-estrutura e serviços de TI e de alinhá-los aos requisitos de negócios (www.itil-itsm-world.com). (N. da R.T.)

sos países. Há cinco anos, representantes ou líderes nacionais compartilhavam documentos e conhecimentos pessoalmente ou através da distribuição de papéis. Hoje, a *intranet* da Unicef tornou-se o repositório de conhecimento e informação de toda a organização.

A princípio, houve grande debate sobre a propriedade e governança da Internet, e a Unicef tinha até vinte e cinco *Web sites* nacionais dirigidos individualmente. Todavia, em 2000, a infra-estrutura foi consolidada por razões de custo e segurança. O conteúdo é fornecido localmente, mas armazenado centralmente sob um guarda-chuva corporativo, que provê o toque global preservando o envolvimento local.

Hoje, a governança é aceita por toda a Unicef. Há uma estratégia geral de TI que abrange os níveis local, regional e da matriz. Essa estratégia é periodicamente validada por uma base de opinião ampla. Ainda assim, a TI deve treinar, educar e pressionar a área de negócios para que esta saiba como governar a Tecnologia da Informação. Transformar leva tempo, mas a TI – num prazo relativamente curto – tornou-se uma habilitadora fundamental e um elemento de missão crítica na organização. A Unicef concorre por fundos do governo, de corporações privadas e de indivíduos. A Governança de TI tornou-se importante para alcançar o foco e a flexibilidade necessários à competitividade.

O que é diferente nas organizações sem fins lucrativos

Sob muitos aspectos, a Governança de TI em organizações sem fins lucrativos é a mesma das organizações que visam ao lucro. Mas as diferenças são importantes e decorrem de um ambiente mais complexo para estabelecer a criação de valor. A definição mais ampla de valor público e a habilidade de desenvolver capacidades externas e co-produção resultam em abordagens diferentes da Governança de TI. Acrescentem-se as normas culturais das organizações sem fins lucrativos, com seu foco maior no consenso, na transparência e na eqüidade – todos os quais afetam o modelo de Governança de TI. Uma Governança de TI bem-sucedida nessas organizações depende ainda mais de parcerias e da tomada de decisões conjunta entre líderes de negócio e de TI, como também do uso mais intensivo de mecanismos formais como comitês. Mais e mais organizações sem fins lucrativos incluirão representantes externos à organização em seus mecanismos de Governança de TI para refletir sua definição mais ampla de valor. Mudar seus arranjos de governança com pouca freqüência é ainda mais importante em organizações sem fins lucrativos, visto que o tempo necessário para comunicar e implementar novos procedimentos é freqüentemente maior.

8

Princípios de Liderança para a Governança de TI

NO CAPÍTULO 1 perguntamos:

- Suas capacidades de Tecnologia da Informação (TI) aumentam a competitividade do seu negócio – ou a estrangulam?
- Os administradores de sua organização assumem responsabilidade pela gestão e uso efetivos da TI – ou presumem que a unidade de TI cuidará dessas coisas?
- Seus investimentos em TI têm como alvo prioridades estratégicas da empresa como um todo – ou sua firma desperdiça recursos em iniciativas táticas diversas?

Acrescentamos agora uma nova pergunta:

- Sua Governança de TI está estimulando comportamentos desejáveis quanto ao uso da Tecnologia da Informação?

A premissa deste livro é que a diferença entre respostas negativas e afirmativas a essas perguntas é um reflexo da Governança de TI. Dizendo de um modo simples, empresas com uma Governança de TI eficaz geram benefícios estratégicos de TI a partir de comportamentos desejáveis em relação à TI por parte de seu pessoal. A Governança de TI exige a liderança da alta gerência. Este capítulo trata a liderança, primeiro identificando a urgência de ação. Examinamos sintomas da Governança de TI ineficaz – quanto mais sintomas como esses você vir, mais urgente será a necessidade de ações da alta gerência. Assim sendo, revemos, brevemente, os passos para conceber ou repensar a governança de TI. Em seguida, identificamos os dez princípios de liderança mais importantes para uma governança de TI eficaz e provemos aos líderes uma lista de verificação. Como a boa governança de TI inevitavelmente estipula um papel significativo de liderança para o CIO, examinamos os critérios para avaliar e motivar o CIO. Por fim, nós nos despedimos com algumas previsões para o futuro da governança de TI.

Sintomas da governança ineficaz

A Governança de TI é uma questão cujo momento chegou. Os investimentos de capital e a atenção administrativa atualmente dedicados à Tecnologia da Informação exigem uma cuidadosa avaliação de sua governança. Além disso, o impacto estratégico das decisões de TI aumenta a importância de um processo decisório e uma implementação de TI eficazes. A boa governança melhora a tomada de decisões e o desempenho da TI. Formular a governança consiste em fazer com que as pessoas certas tomem as decisões de TI e monitorem seu desempenho. A boa governança dá poderes decisórios às pessoas certas, mesmo quando as necessidades mudam. Eis aqui alguns sintomas comuns de uma governança que não funciona. Provemos alguns padrões simples de comparação para cada sintoma, para ajudar a determinar a urgência de intervenção. Quão sadia está sua Governança de TI?

A alta gerência vê pouco valor nos investimentos em TI. Os administradores seniores têm receios ou dúvidas não-racionais e prolongados quanto ao valor de negócio derivado de seus investimentos em TI? Tipicamente, os administradores seniores reagem a essa preocupação de uma entre diversas maneiras. Alguns compenetram-se em aprender mais sobre a TI, tomando, pessoalmente, um maior número de decisões e centralizando o controle. Outros abdicam da responsabilidade em prol de colegas como gerentes de TI, pois não sabem como agir ou não acham isso importante. Outros ainda contratam consultores ou novos empregados para "consertar o problema". Em vez de começar com o aumento do controle, a abdicação ou o envolvimento de novas pessoas, analise primeiro a Governança de TI. Talvez as pessoas erradas estejam tomando decisões de TI, ou as pessoas que as tomam precisem de educação administrativa. A boa governança produzirá métricas que sustentam ou contradizem a boa intenção da administração. Se os membros da equipe de administradores seniores não souberem apontar um registro de desempenho dos investimentos recentes em TI, a governança é um problema.

A TI é freqüentemente uma barreira para a implementação de novas estratégias. Ao invés de agir como habilitadora estratégica, a TI age freqüentemente como uma barreira? Se a TI limita a habilidade de responder a novas oportunidades de mercado, a infra-estrutura de TI pode ser inadequada ou mesmo não estar operando bem. Como o que ocorreu com a infra-estrutura da Delta Airlines, a TI não consegue dar suporte a novas iniciativas se estas pretenderem integrar sistemas incompatíveis. Essa incompatibilidade pode decorrer de plataformas técnicas obsoletas, aplicações redundantes ou dados redundantes com definições não-padronizadas. Esses problemas são causados normalmente por silos de aplicações onde sistemas são desenvolvidos independentemente, muitas vezes em plataformas diferentes e em momentos diferentes, sem estarem vinculadas a nenhuma arquitetura da empresa. Para ajustar a infra-estrutura é necessário levar os líderes de TI à mesa estratégica.

Se a TI só ficar sabendo das iniciativas estratégicas depois que as decisões forem tomadas, encontrar-se-á na posição de cumpridora de ordens. E então desenvolverá uma solução específica, em vez de uma plataforma alinhada à visão estratégica. Esse seqüenciamento impede que se desenvolva uma infra-estrutura habilitadora. O resultado é que iniciativas estratégicas terão implementação lenta. Uma causa comum de demora é que a infra-estrutura de TI existente, como um banco de dados dos clientes ou um sistema de segurança da rede, não é capaz de suportar a nova iniciativa. Se uma nova infra-estrutura tiver de ser instalada antes de cada aplicação importante que suporte a nova iniciativa, a governança estará falhando. Um processo de governança que não inclua a TI em discussões estratégicas limita as oportunidades de se reparar a infra-estrutura. Se os concorrentes forem mais rápidos na introdução de novas iniciativas habilitadas pela TI, a Governança de TI é um problema.

Os mecanismos para tomar decisões de TI são lentos ou contraditórios. A governança eficaz resulta de um conjunto de mecanismos bem concebidos e executados que reforçam comportamentos desejáveis. Há mecanismos díspares enviando mensagens contraditórias aos executivos? Por exemplo, uma das firmas que estudamos tinha princípios de TI definidos por executivos seniores estimulando o uso estratégico da TI e especificando que fracassar cedo e com freqüência era bom. No entanto, ouvimos falar repetidamente de tentativas infrutíferas de fazer com que iniciativas de negócio habilitadas pela TI tramitassem pelo comitê de investimento de capital. O comitê era chefiado pelo CFO, que só aprovava projetos com economias de custo garantidas e claramente documentadas. O resultado era uma pletora de pequenos projetos locais habilitados pela TI, muitas vezes não estratégicos, desenvolvidos nas unidades de negócios. Tais projetos tinham um custo abaixo do patamar financeiro que exigia aprovação do comitê do CFO. Essas mensagens contraditórias resultavam num comportamento limítrofe para a firma.

Igualmente ruins são mecanismos que obstruem ao invés de suportarem as implementações de projetos. Por exemplo, um processo de exceções à arquitetura que exija múltiplas aprovações pode retardar projetos – especialmente se os indivíduos ou comitês responsáveis não estiverem motivados a agir rápido ou se os critérios para exceções não forem claros. Se o processo de exceções não for rápido e previsível, os indivíduos se sentirão motivados a agir por fora do sistema. Se exceções renegadas estiverem em evidência, a governança é um problema.

A alta gerência não consegue explicar a Governança de TI. Os administradores seniores entendem como a TI é governada? Sabemos, com base em nossa pesquisa, que quanto mais administradores em posições de liderança forem capazes de descrever com precisão a Governança de TI, melhor será o desempenho da governança. Em empresas de melhor desempenho as responsabilidades são claras. Em especial, os administradores seniores sabem quais decisões são tomadas pela área de TI e quais decisões lhes cabe tomar. Se os administradores não conseguirem descrever a Governança de TI, como poderão segui-la? Se menos de 50% dos administradores em posições de liderança forem capazes de descrever com precisão a Governança de TI e o número não estiver aumentando mês a mês, a governança é um problema.

Descrever a governança é apenas o ponto de partida. Cada vez mais os administradores em empresas de melhor desempenho não apenas compreendem suas responsabilidades pela TI, como entendem a arquitetura da empresa. Vários membros seniores de equipes de TI nos disseram que os administradores seniores perguntam regularmente como os projetos propostos afetarão ou beneficiarão as arquiteturas de suas empresas. A habilidade de articular os componentes essenciais da arquitetura da empresa e compreender como tais componentes habilitam e constrangem os processos de negócios vem se tornando uma importante competência gerencial.

Os projetos de TI freqüentemente atrasam e excedem o orçamento. Grande número de estudos realizados nos últimos dez anos em vários países constatou que a proporção de projetos de TI concluídos no prazo e dentro do orçamento fica tipicamente abaixo da metade. Uma Governança de TI eficaz deve prover consistência à gestão de projetos e à concepção de programas. A gestão de projetos deve assegurar a alocação de recursos dedicados, uma seqüência disciplinada de estágios e o rastreamento formal de projetos. Uma boa gestão permite que se preveja a conclusão dos projetos. Se 90% deles não forem concluídos dentro do prazo e do orçamento, a governança é um problema.

A alta gerência vê a terceirização como um reparo rápido para problemas de TI. A terceirização seletiva de capacidades de TI pode ser uma estratégia administrativa muito eficaz. Muitas empresas terceirizam serviços comuns* de TI e criam outros internamente ou talvez em parceria (desenvolvem sistemas em cooperação com um produtor de ponta). No entanto, algumas decisões de terceirização resultam de frustrações com a TI. Preocupados com os custos da Tecnologia da Informação ou com sua falta de valor, os administradores recorrem à terceirização como um reparo rápido para controlar o problema. A terceirização eficaz envolve um contrato entre o consumidor e o provedor de TI. Se o serviço puder ser bem especificado num contrato e o preço favoravelmente comparado com o custo dos serviços internos, a terceirização freqüentemente resultará em redução de custos de TI. Para ser eficaz, a terceirização deve resultar da constatação de que certas competências ou serviços serão mais bem providos externamente. A empresa precisa ter expectativas claras quanto ao desempenho do provedor e como os serviços prestados externamente se ajustarão à arquitetura da empresa. Terceirizar como reparo rápido, motivado pela frustração com os resultados da TI, sugere que a governança é um problema.

A governança muda freqüentemente. A governança não precisa ser alterada a cada pequena mudança estratégica ou alteração de ênfase. Executivos que atuem dentro dos mecanismos de Governança de TI tomam decisões que implementam as mudanças estratégicas. Por exemplo, quando a Amazon.com acrescentou artigos eletrônicos e, posteriormente, roupas a suas linhas de produto, a firma estava mudando sua estratégia para incluir produtos não impressos. Mas sua estratégia fundamental de prestar serviços *online* aos consumidores não mudara. A Amazon precisou de novas funcionalidades em seu *site*, de novos relacionamentos com fornecedores e, até mesmo, de novos sistemas para dar suporte aos processos de

---

* No texto original, foi usado o termo "serviços *commodity*", que correspondem a serviços comuns e até padronizados (por exemplo, serviços de armazenamento de dados, serviços de *help-desk*, entre outros), que podem ser mais facilmente terceirizados. (N. da R.T.)

negócios, mas a alteração estratégica não mudou os comportamentos desejáveis. Assim, nenhuma mudança na governança foi necessária. Os administradores que atuavam nos arranjos de governança existentes fizeram os ajustes necessários nos princípios, nos investimentos, nas necessidades de aplicações, na infra-estrutura e na arquitetura de TI da empresa.

Essa distinção reforça a diferença entre governança e administração. A administração consiste em quais decisões são tomadas. Decisões administrativas mudam conforme mudam as estratégias. A governança consiste em quem toma as decisões, mudando, portanto, com menos freqüência que a estratégia. Não deve ser necessário mudar a governança sempre que se altera a estratégia, pois muitos dos mecanismos da primeira, como comitês e orçamentos, são independentes da estratégia. A governança só deve mudar quando uma alteração estratégica provocar uma mudança nos comportamentos desejáveis. Por exemplo, uma transição da disciplina de intimidade com o cliente para a de liderança em produtos implicaria uma mudança no valor que se atribui à colaboração entre unidades de negócio. Essa mudança mais radical na estratégia – mudança de intento estratégico – provavelmente motivaria mudanças de governança.

Mudanças freqüentes na Governança de TI são quase uma garantia de uso ineficaz da TI. Incapazes de compreender ou manter-se em dia com as mudanças, os administradores tendem a ignorar completamente a governança. Se a governança de uma ou mais entre as cinco decisões-chave de TI mudar freqüentemente – mais de uma vez por ano –, a governança é um problema.

Listamos sete sintomas comuns da má Governança de TI. Se uma empresa atingir o patamar descrito em qualquer um dos sintomas (por exemplo, 10% de projetos atrasados ou acima do orçamento), nós nos preocuparíamos com a Governança de TI. Quanto mais sintomas forem observados na empresa, mais doente estará a governança e mais urgente será a necessidade de atenção administrativa.

Passos para rever e conceber a Governança de TI

Esta seção apresenta um breve sumário dos passos para combater os sintomas, concebendo-se ou repensando-se a governança.

1. Mapeie a governança atual da empresa nos dois *frameworks* – o *Framework* de Governança de TI e a Matriz de Arranjos de Governança (como no exemplo da State Street Corporation, no Capítulo 6).

A inabilidade de criar rapidamente qualquer um desses dois *frameworks* é um sintoma da falta de clareza na Governança de TI.

2. Compare os dois *frameworks* e pergunte-se até que ponto os objetivos do *Framework* de Governança de TI são atingidos pelos arranjos da Matriz de Arranjos de Governança. Concentre-se nas metas de desempenho que não estão sendo atingidas. Como os arranjos de governança poderiam ser ajustados para endereçar as metas de desempenho?
3. Audite os mecanismos de Governança de TI.
   a. Quantos mecanismos estão em uso? Eles se sobrepõem em mais de uma das decisões-chave de TI? São também utilizados para governar os demais ativos principais da empresa (por exemplo, relações humanas; ver Figura 1-1)?
   b. Eles são eficazes independentemente e juntos (ver Capítulo 4)?
4. Numa reunião da equipe administrativa sênior, debata os quadros superiores esquerdo e direito do *Framework* de Governança de TI. Em seguida, determine sua Matriz de Arranjos de Governança preferida (e também o quadro superior do meio do *Framework* de Governança de TI) com base em sua estratégia e em suas metas de desempenho. Uma boa abordagem é estudar os padrões de governança das empresas de melhor desempenho (Capítulo 5). Por exemplo, se sua empresa deseja focar o crescimento de receita líder da indústria, considere, como ponto de partida, os padrões de arranjos de governança das empresas líderes em crescimento. Em seguida, ajuste o modelo de governança à cultura, estrutura, estratégia e metas de sua empresa (Capítulos 5 e 6). Este passo é a grande arte da formulação de governança. Não sabemos de nenhuma regra concreta que funcione aqui. O melhor é deixar-se guiar por seus instintos sobre o que funciona (ou deveria funcionar) em sua empresa. Lembre-se de alinhar os sistemas de incentivo e recompensa com a Governança de TI.
5. Lidere as mudanças usando as versões provisórias do *Framework* de Governança de TI e da Matriz de Arranjos de Governança. Use esses *frameworks* para comunicar, ensinar, convencer, refinar e mensurar o sucesso da Governança de TI.

Os dez princípios mais importantes de liderança da Governança de TI

Após estudar e trabalhar com centenas de empresas, destilamos as lições de muitos líderes de destaque em dez princípios de Governança de TI. Esperamos que esses princípios proporcionem aos líderes um sumário sucinto a ser utilizado como estímulo, lembrete ou lista de verificação conforme eles refinem sua Governança de TI[1].

1. Formule ativamente a governança

Muitas empresas já criaram mecanismos díspares de Governança de TI. Esses "silos" de mecanismos sem coordenação resultam da governança omissa – da introdução de mecanismos um a um para endereçar uma necessidade particular (por exemplo, problemas de arquitetura de TI, gastos excessivos ou duplicações). Remendar problemas, conforme eles surgem, é uma tática defensiva que limita as oportunidades de impacto estratégico para a TI. Em vez disso, a administração deve formular ativamente a Governança de TI em torno dos objetivos e metas de desempenho da empresa.

Formular ativamente a governança exige que os executivos seniores assumam a liderança e dediquem recursos, atenção e suporte ao processo. Os *frameworks* deste livro habilitam uma análise de todos os mecanismos de governança e metas da empresa. Para algumas empresas, esta será a primeira vez que a Governança de TI é explicitamente formulada. Com freqüência há processos maduros de governança de negócios que podem ser usados como ponto de partida. Por exemplo, a Tennessee Valley Authority (TVA; descrita no Capítulo 7) baseou sua Governança de TI em seus mecanismos mais maduros de governança de negócios, como o processo de investimento de capital. A Governança de TI da TVA incluía um comitê de avaliação de projetos, *benchmarking* e cobrança reversa seletiva – todos mecanismos familiares do lado de engenharia do negócio.

Não somente a governança geral requer uma concepção ativa, como cada mecanismo exige avaliações regulares. Concentre-se em ter o menor número possível de mecanismos eficazes. Muitas das empresas que estudamos tinham até quinze mecanismos de governança diferentes, todos variando em eficácia. Quinze mecanismos podem até ser necessários, mas é muito improvável. É certo que nem todos serão eficazes, integrados ou bem entendidos. Muitas empresas com Governança de TI eficaz têm entre seis e dez mecanismos integrados e funcionais.

Uma meta de qualquer reformulação de governança deve ser avaliar, aprimorar e, então, consolidar o número de mecanismos. No início do ciclo de aprendizagem, os mecanismos podem envolver um grande número de administradores. Tipicamente, conforme os administradores seniores compreendem melhor o valor e o papel da TI, um grupo menor de administradores pode representar as necessidades da empresa.

2. Saiba quando reformular

Repensar a estrutura da governança como um todo requer que os indivíduos aprendam novos papéis e relacionamentos. Aprender leva tempo. Por isso, a reformulação da governança deve ser infreqüente. Nossa recomendação é que uma mudança na governança envolva uma mudança nos comportamentos desejáveis. Por exemplo, a State Street Corporation, a JPMorgan Chase, a Carlson Companies e a Unicef mudaram sua governança para estimular comportamentos desejáveis em resultado de mudanças significativas na estratégia. Todas as quatro empresas formularam sua governança para atingir o desejado equilíbrio entre a padronização e a autonomia das unidades de negócio. A State Street, a JPMorgan Chase e a Carlson vinham tentando gerar mais sinergias. A Unicef usou a TI para transformar suas operações e melhorar o compartilhamento global, a gestão de informações, a transparência e as comunicações. Essas transformações envolvem muitas outras questões além da TI e levam meses para serem implementadas.

Nesse tipo de transformação, a Governança de TI pode ser usada como uma das alavancas para estimular mudanças. Por exemplo, a State Street Corporation introduziu um orçamento de TI para a empresa toda, estimulando a transição de perspectiva das unidades de negócio para a corporação. O processo comprar-manter-vender da JPMorgan Chase atingiu o mesmo objetivo no nível tecnológico. Esses processos de governança comunicam e reforçam novos comportamentos desejáveis para facilitar transformações organizacionais.

3. Envolva os administradores seniores

Em nosso estudo, firmas com Governança de TI mais eficaz tinham maior envolvimento da alta gerência. Os CIOs devem ser efetivamente envolvidos na Governança de TI para haver sucesso. Outros administradores seniores devem tomar parte nos comitês, nos processos de aprovação e nas avaliações de desempenho. Para muitas empresas, esse envolvimento é uma extensão natural das atividades normais da alta gerência. Por exemplo, a MPS-Scotland Yard usou sua forte estrutura já existente de comitês administrativos para melhorar a Governança de TI e obter maiores sinergias entre todas as suas operações. O Grupo Diretivo da Administração da Informação (IMSG) é um dos quatorze comitês estratégicos que se conectam ao comitê executivo da alta cúpula. Essa estrutura de comitês encadeados assegura a atenção da alta gerência para a TI, no contexto da empresa como um todo.

A alta gerência envolve-se necessariamente em decisões estratégicas. Isso significa que a alta gerência raramente se ocupa do processo de exceções. Entretanto, se uma exceção tiver implicações estratégicas, ela pode chegar ao Comitê Diretivo de TI de nível executivo. O CEO da UPS, Mike Eskew, explicou o papel da alta gerência: "Se em algum ponto, a coisa chega até você, então você diz: 'Esta é a resposta'. É parte de nosso trabalho tomar esses tipos de decisões. Nosso CIO, Ken Lacy, quase sempre já resolveu o problema quando ele chega até mim"[2]. Em empresas como a UPS, a alta gerência envolve-se ocasionalmente em decisões sobre exceções, quando se tratam de decisões estratégicas. Se a solicitação de exceção chegar até o CEO, então, não é mais uma questão tecnológica. Nesse ponto, é uma escolha estratégica.

Muitos administradores seniores estão dispostos a se envolver, mas não sabem qual a melhor forma de contribuir. É muito útil que o CIO e seu pessoal comuniquem a Governança de TI numa página ilustrada similar à Matriz de Arranjos de Governança. A matriz serve de veículo para discutir o papel de cada administrador sênior e quaisquer preocupações que eles tenham.

4. Faça escolhas

A boa governança, como a boa estratégia, requer escolhas. Não é possível que a Governança de TI atenda a todas as metas, mas a governança pode e deve revelar metas conflitantes para debate. Conforme o número de interesses conflitantes aumenta, a governança se torna mais complexa. As empresas de melhor desempenho tratam os conflitos entre metas com uns poucos princípios claros de negócios. Os princípios de TI resultantes refletem esses princípios de negócios. Os seis princípios de TI da Old Mutual South Africa (OMSA) – ou os "não-negociáveis", como são chamados – proporcionam uma base útil para determinar como usar a TI. O primeiro princípio, que todas as unidades de negócio da OMSA devem observar, diz o seguinte: "O interesse e as necessidades do Grupo/OMSA vêm em primeiro lugar quando se explora tecnologia ou se negocia contratos com fornecedores"[3]. *Stakeholders* apropriados devem ser envolvidos nos processos de aprovação antes de os contratos serem assinados.

Algumas das governanças mais ineficazes que vimos resultavam de metas conflitantes. Esse problema foi observado com freqüência no setor do governo, onde havia diretrizes provindas de muitas agências. O resultado era confusão, complexidade e mensagens ambíguas, de modo que a governança era ignorada. O número intratável de metas decorria tipicamente da omissão em fazer opções de negócios estratégicas, não tendo nada a ver com a TI. Observamos que bons administradores que tentavam diligentemente atender a todas essas metas acabavam frustrados ou ineficientes.

5. Esclareça o processo de tratamento de exceções

É pelas exceções que as empresas aprendem. Em termos de TI, as exceções desafiam o *status quo*, particularmente a arquitetura e a infra-estrutura de TI. Algumas solicitações de exceção são frívolas, mas a maioria decorre de um desejo legítimo de atender às necessidades de negócios. Se a exceção proposta por uma unidade de negócio tiver valor, uma mudança na arquitetura de TI poderá beneficiar a empresa toda. Descrevemos o processo de exceções da UPS, da State Street Corporation e de outras empresas. Todos esses exemplos tinham três elementos em comum em seus procedimentos de exceção:

1. O processo é claramente definido e compreendido por todos. Critérios claros e uma rápida ascensão pelos escalões estimulam somente as unidades de negócio com um argumento forte para prosseguir com uma exceção.
2. O processo tem poucos estágios que levam a questão rapidamente à alta gerência. Com isso, o processo minimiza a possibilidade de que os padrões de arquitetura retardem a implementação do projeto.
3. Exceções bem sucedidas são adotadas na arquitetura da empresa, completando o processo de aprendizado organizacional.

Exceções formalmente aprovadas oferecem um segundo benefício além da formalização do aprendizado organizacional sobre tecnologia e arquitetura. Exceções servem como válvula de escape, aliviando a empresa da pressão acumulada. Os administradores frustram-se quando não podem fazer algo que em seu entender será bom para os negócios. A pressão aumenta e o processo de exceções provê um veículo transparente para liberar a frustração sem ameaçar o processo de governança.

6. *Ofereça os incentivos certos*

Tanto já se escreveu sobre sistemas de incentivo e recompensa nas empresas que sentimos que o tópico já está bem tratado e compreendido. No entanto, um problema comum que encontramos ao estudar a Governança de TI foi a falta de alinhamento entre esses sistemas de incentivo e recompensa e os comportamentos que os arranjos de Governança de TI foram concebidos para estimular. A preocupação típica: "Como podemos esperar que a governança funcione quando os sistemas de incentivo e de recompensa motivam comportamentos diferentes?". Esse desajuste transcende as questões de Governança de TI. Como quer que seja, a governança é menos eficaz quando os sistemas de incentivo e recompensa não se alinham com as metas organizacionais.

Uma questão importante para o alinhamento entre governança e incentivos é a sinergia entre as unidades de negócio. Se a Governança de TI é formulada para estimular a sinergia das unidades de negócio, sua autonomia ou uma combinação de ambas, como discutimos no Capítulo 6, os incentivos dos executivos devem, também, ser alinhados. Por exemplo, numa grande firma de produtos de consumo, o CEO queria aumentar as sinergias entre as unidades de negócio, para oferecer uma face única ao pequeno número de clientes importantes que faziam negócio com várias unidades. O CEO e o CIO trabalharam juntos para formular a Governança de TI, alinhando os ativos de TI da empresa para sustentar o novo objetivo. A nova Governança de TI estimulava o compartilhamento de informações sobre os clientes, do registro de contatos, do apreçamento e de outros padrões entre as unidades de negócio. Contudo, somente quando o sistema de incentivo aos executivos das unidades de negócio foi alterado – de aproximadamente 100% baseado no desempenho da unidade de negócio para 50% baseado no desempenho geral da empresa – é que a nova Governança de TI ganhou tração.

Evitar desestímulos financeiros ao comportamento desejado é tão importante quanto oferecer incentivos. O DBS Bank de Cingapura não cobra pela assistência sobre arquitetura da empresa, como meio de encorajar as equipes de projeto a consultar os arquitetos (ver Capítulo 3 para detalhes). Sempre que os incentivos se baseiam nos resultados das unidades de negócio, a cobrança reversa pode ser objeto de polêmica. As empresas podem manipular as cobranças para estimular comportamentos desejáveis, mas o apreçamento da cobrança reversa deve ser razoável e claramente compreendido.

É difícil exagerar a importância do alinhamento entre os arranjos de governança e os sistemas de incentivo e recompensa. Se uma governança bem formulada não for tão eficaz como se esperava, a primeira coisa a investigar são os incentivos.

7. Atribua a propriedade e a responsabilidade pela Governança de TI

Como toda grande iniciativa organizacional, a Governança de TI deve ter um dono e envolver responsabilidades. Em última instância, o conselho é responsável por toda governança, mas ele presumirá ou nomeará um indivíduo (provavelmente o CEO ou o CIO) ou um grupo responsável pela formulação, implementação e desempenho da Governança de TI – algo similar à responsabilidade do comitê de finanças ou do CFO pela governança dos ativos financeiros. Ao escolher a pessoa ou o grupo adequado como seu representante, o conselho ou o CEO deve considerar três fatores.

Primeiro, a Governança de TI não pode ser formulada isoladamente dos demais ativos principais da firma (financeiros, humanos e assim por diante). Assim, a pessoa ou o grupo, que detém a Governança de TI, deve possuir uma visão da empresa que transcenda a área de Tecnologia da Informação, bem como credibilidade junto a todos os líderes de negócio.

Segundo, o indivíduo ou o grupo não pode implementar a Governança de TI sozinho. O conselho ou o CEO deve deixar claro que é esperado de todos os administradores que eles contribuam para a Governança de TI, como contribuiriam para a governança de finanças ou de qualquer outro ativo central.

Terceiro, os ativos de TI são mais e mais importantes para o desempenho da maioria das empresas. Um *portfolio* confiável, com boa relação de custo/benefício, conforme com os regulamentos, seguro e estratégico é hoje mais crítico do que nunca. A pessoa ou o grupo que detém a Governança de TI deve saber do que a tecnologia é ou não é capaz. Não são os detalhes técnicos que são críticos, mas um sentimento de conexão simbiótica recíproca entre a estratégia e a TI.

O CIO detém a Governança de TI na maioria das firmas de porte hoje em dia[4]. Outras empresas designaram para isso ou um outro indivíduo (o COO ou ocasionalmente o CEO) ou um comitê (digamos, de líderes seniores de negócios e TI). Não observamos nenhuma abordagem específica que sempre funcione melhor. É necessário um CIO muito orientado a negócios – e bem posicionado – para se sair bem na primeira consideração, e um COO ou um CEO muito interessado em questões técnicas para se sair bem na terceira. Comitês têm o problema de só se reunirem periodicamente e dispersarem a responsabilidade e a cobrança pelos resultados.

Nossa recomendação é que o conselho ou o CEO responsabilize o CIO pelo desempenho da Governança de TI, com algumas medidas claras de sucesso. A maioria dos CIOs criará, então, um grupo de administradores seniores de negócios e TI para ajudar a formular e implementar a governança. A ação do conselho ou do CEO em nomear e anunciar o CIO como responsável é um primeiro passo essencial para suscitar a participação na Governança de TI. Sem isso, alguns CIOs não conseguirão envolver seus colegas administradores seniores na Governança de TI. Como alternativa, o conselho ou o CEO pode responsabilizar um grupo pelo desempenho da governança. Esse grupo designará, então, o CIO para formular e implementar a Governança de TI.

8. Formule a governança em múltiplos níveis organizacionais

Em empresas de grande porte com múltiplas unidades de negócio é necessário considerar a Governança de TI em vários níveis. O ponto de partida é a Governança de TI no âmbito da empresa toda, motivada por um pequeno número de metas e estratégias gerais da empresa. Empresas com funções de TI separadas em divisões, unidades de negócio ou áreas geográficas requerem uma camada separada, mas conectada de Governança de TI. A JPMorgan Chase (ver Capítulo 6) tem a Governança de TI nos níveis: da empresa, das divisões e das unidades de negócio. Usualmente, a demanda por sinergias aumenta nos níveis inferiores, ao passo que a necessidade de autonomia entre as unidades é maior no topo da organização.

Os níveis inferiores de governança são influenciados por mecanismos formulados para os níveis superiores. Assim, recomendamos começar com a Governança de TI da empresa como um todo, pois ela terá implicações em outros níveis de governança. Todavia, começar pelo âmbito da empresa às vezes não é possível, por razões políticas ou de foco, e partir do nível das unidades de negócio pode ser prático. Montar as matrizes de arranjos de governança para os múltiplos níveis em uma empresa explicita as conexões e os pontos de pressão.

9. Proporcione transparência e educação

É virtualmente impossível ter transparência ou educação demais sobre a Governança de TI. Transparência e educação freqüentemente andam de mãos dadas – quanto mais educação, mais transparência, e vice-versa. Quanto maior for a transparência dos processos de governança, maior será a confiança na governança. Muitas firmas, como a State Street Corporation, usam portais ou *intranets* para comunicarem a Governança de TI. O portal da State Street inclui, sob a seção "IT Boards, Committees, and Councils" ("Juntas, Comitês e Conselhos de TI"), uma descrição do Comitê de Arquitetura e de todos os outros órgãos de governança. O portal inclui ferramentas e recursos, como um glossário de termos e acrônimos de TI e a "Computer Contract Checklist" ("Lista de Checagem dos Contratos de Computadores"). Com freqüência, os portais incluem listas de produtos aprovados ou recomendados. Modelos para propor investimentos em TI, completos com planilhas para calcular o valor de negócio de TI, encontram-se muitas vezes disponíveis.

Quanto menos transparentes forem os processos de governança, um número menor de pessoas os seguirá. Quanto mais acordos especiais forem feitos, menos confiança haverá nos processos e mais atalhos serão tomados. Quanto menos confiança houver na governança, menos disposição haverá para jogar segundo as regras formuladas para melhorar o desempenho da empresa como um todo. Acordos especiais e governança não-transparente deflagram uma espiral descendente na eficiência da governança.

Comunicar e suportar a Governança de TI é o único papel mais importante dos líderes seniores. A pessoa ou o grupo que detém a Governança de TI tem uma imensa responsabilidade pela sua comunicação. As firmas de nosso estudo com governança mais eficaz tinham, também, uma comunicação da governança mais eficaz. Os veículos de comunicação mais formais eram os mais importantes. Por exemplo, os CIOs em média julgaram ineficaz a documentação dos processos de governança em suas empresas. Contudo, as firmas com Governança de TI bem-sucedida tinham documentações altamente eficazes. Comunicados altamente efetivos da alta gerência e escritórios de CIOs eram, também, importantes para uma governança de sucesso.

Quando os administradores seniores, particularmente aqueles nas unidades de negócio, revelam falta de compreensão da Governança de TI, apresenta-se uma importante oportunidade. Trabalhar com os administradores que não seguem as regras é uma oportunidade de compreender suas objeções. Essas discussões provêem discernimento e clareza sobre a necessidade ou não de refinamento das regras, como também uma chance de explicar e reforçar a governança.

10. Implemente mecanismos comuns entre os seis ativos principais

Começamos o livro descrevendo como a Governança de TI se encaixa na governança corporativa (ver Figura 1-1). Afirmamos que empresas que usam os mesmos mecanismos para governar mais de um dos seis ativos principais têm melhor governança. Por exemplo, comitês executivos que tratam de todos as questões da empresa, inclusive a TI – a exemplo do comitê da MPS-Scotland Yard –, criam sinergias considerando múltiplos ativos.

Recorde o exercício do Capítulo 1 de listar todos os mecanismos que implementam cada um dos seis ativos principais. Cada ativo pode ser governado eximiamente, mas a oportunidade de valor sinérgico é perdida. Por exemplo, uma firma que implemente a estratégia de um único ponto de contato com o cliente deve coordenar seus ativos para proporcionar essa experiência uniforme. Ter apenas a lealdade boa dos clientes (ou seja, ativos de relacionamento) sem os produtos para vender (ativos de Propriedade Intelectual) drenará valor. Não ter pessoas bem treinadas (ativos humanos) para trabalhar com os clientes, munidas de bons dados e tecnologia (ativos de informação e TI), drenará valor. Não ter os prédios e estabelecimentos adequados para trabalhar ou fabricar os bens (ativos físicos) drenará valor. Finalmente, não coordenar os investimentos necessários (ativos financeiros) drenará valor.

Exposta dessa forma, a coordenação dos seis ativos parece de uma obviedade ofuscante. Mas basta rever suas seis listas de mecanismos para constatar quão bem coordenados – e, mais importante, quão eficazes – são esses mecanismos. Muitas empresas, através da governança, coordenam com sucesso seus seis ativos dentro de um dado projeto, mas não em toda a empresa. Ao formular sua Governança de TI, em vez de criar um mecanismo de TI novo e independente, reavalie os mecanismos utilizados para governar os demais ativos principais e considere ampliar a alçada desses mecanismos (talvez com subcomitês) para abarcar a Tecnologia da Informação.

Esses dez princípios administrativos esclarecem muitas das principais descobertas de nosso trabalho com as empresas. Atentar a todos eles deve levar à criação de maior valor da TI. A liderança do CIO é também crítica para criar valor da TI. Assim, avaliar e prover incentivos para o CIO é nosso próximo tópico.

Avaliando o CIO

Uma parte importante da definição de incentivos é a avaliação dos principais executivos da empresa. Já houve muito debate sobre como avaliar o desempenho e estabelecer os incentivos do CIO. Aqui estão nossas sugestões, baseadas em conversas com CIOs e outros executivos seniores. Avaliar o CIO requer que se avaliem múltiplas dimensões de seu impacto:

- Responsabilidades do CIO que estão claramente sob seu controle.
- Decisões e comportamentos influenciados pelo CIO.
- Contribuições feitas pelo CIO, como membro da alta gerência, gerando valor para a empresa.

Assim, a avaliação do CIO considera, em última instância, o valor de negócio criado pela TI[5]. Sugerimos que a avaliação do CIO inclua três fatores:

1. Custo unitário e níveis de serviço de TI.
2. Administração de processos de negócios e TI.
3. Valor de negócio.

A Figura 8-1 ilustra a avaliação do CIO, mostrando esses três importantes fatores nas seções verticais, separadas por linhas tracejadas. O eixo vertical da Figura 8-1 representa a responsabilidade e influência de vários grupos – negócios, TI e ambos.

O primeiro fator inclui o custo unitário e os níveis de serviço da TI, que são claramente de responsabilidade da maioria dos CIOs. O custo unitário da TI é o custo para o negócio de cada serviço de TI utilizado, por unidade consumida. O CIO e sua equipe, por meio da arquitetura, das fontes de fornecimento, da administração de TI e de muitas outras atividades, influenciam em muito esse custo unitário e devem ser diretamente responsabilizados por isso. O custo unitário, e não o custo total, é a métrica correta, já que outras pessoas (conforme descrito na governança de investimentos em TI) tipicamente se envolvem na tomada de decisões de investimento em TI e, com isso, determinam o custo total de TI. Os níveis de serviço de TI resultantes dos investimentos em TI são, também, parte dos cálculos e constituem um resultado importante do trabalho do CIO. A avaliação do custo unitário e dos níveis de serviço da TI é primariamente quantitativa, baseando-se em *benchmarks*, em comparações ano a ano, na satisfação do usuário e no cumprimento dos acordos de nível de serviço.

FIGURA 8-1

Avaliando o CIO

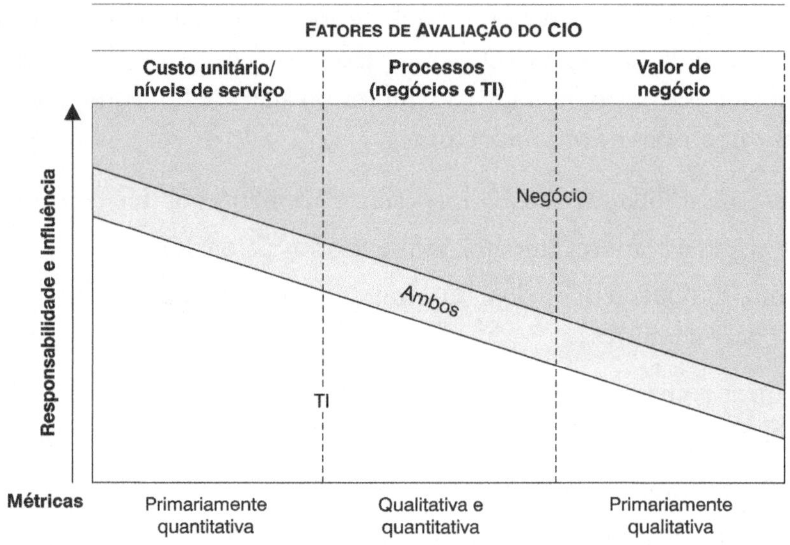

O segundo fator está relacionado com a conversão dos investimentos em TI em valor de negócios, habilitando os processos de negócios. A conversão bem-sucedida requer pelo menos dois tipos de gestão de processos: a de negócios e a de TI. Detentores de processos de negócios, e não o CIO, incumbem-se tipicamente da gestão dos processos de negócios. Por esse motivo, a formulação e a operação dos processos de negócios só são parcialmente influenciadas pelas atividades do CIO. O CIO tem tipicamente maior responsabilidade direta pelas disciplinas de administração e implementação de sistemas, que incluem a gestão de projetos, a integração, a migração, o treinamento, a segurança e a administração de facilidades. Esses sistemas são fundamentais na definição de como os processos de negócios são executados; assim, o relacionamento entre a gestão de processos e de TI é simbiótico, dificultando que ambas as gestões sejam avaliadas separadamente. Para essa parte da avaliação do CIO, sugerimos uma combinação entre métricas quantitativas e qualitativas. Colegas, gerentes e subordinados podem opinar qualitativamente sobre questões como a contribuição, o profissionalismo e o impacto da TI sobre a gestão de processos. As medidas quantitativas incluem uma ampla variedade de indicadores de desempenho de processos e projetos, feitos sob medida para o negócio.

O terceiro fator avalia a contribuição do CIO e de sua equipe para o valor de negócios, através da liderança e do trabalho em grupo. Como o CIO influenciou a estratégia e ajudou a gerar valor de negócios? O CIO e sua organização devem identificar oportunidades estratégicas e reconhecer sinergias potenciais na empresa, particularmente explorando as capacidades de TI existentes. Além disso, cabe ao CIO ajudar os administradores de negócios a conceber, especificar e implementar suas estratégias de negócios. O verdadeiro valor de negócios resulta do custo unitário, dos níveis de serviço e da gestão de processos, além da liderança de negócios e do trabalho em equipe.

A mensuração do valor de negócios gerado pelo CIO e sua conseqüente bonificação devem ser baseadas, parcialmente, nas medidas usuais de lucros e valor estimado das ações da empresa, aplicadas à maioria dos executivos seniores. Um outro componente de valor de negócios a ser avaliado é a contribuição da TI para o valor de negócio e o respectivo papel do CIO em termos de liderança e trabalho em equipe para conseguir esse valor. Outra vez, algumas partes do valor podem ser avaliadas quantitativamente. Por exemplo, nos serviços financeiros, o custo total por transação de negócios (requisições processadas, transações de cartões de crédito e assim por diante) é bastante influenciado pela TI e pela equipe do CIO. Menos quantitativa é a contribuição do CIO e de sua equipe para a estratégia da empresa. Esperamos mais e mais que os CIOs sejam responsabilizados pela agilidade estratégica da firma – no mínimo pelos componentes de infra-estrutura de TI, mas talvez também por alguma parte da agilidade de processos. Essas avaliações mais estratégicas são necessariamente perceptuais e qualitativas.

A linha inferior da Figura 8-1 sumaria as métricas de avaliação do CIO. As três devem ter um peso proporcional à sua importância. Atribuir maior peso no desempenho do CIO à parte do custo unitário e nível de serviço motivará um foco em custos e uma orientação a serviços. Dar maior peso ao valor de negócios motivará mais a orientação da influência e liderança em negócios. Dar maior peso à gestão de processos motivará a integração entre os processos de negócios e de TI e o foco nas operações de negócios.

Especialmente nos casos em que o CIO tem responsabilidade pela Governança de TI, o peso de como o CIO é avaliado e recompensado é crítico. O CIO naturalmente ajustará o foco dos arranjos de Governança de TI para estimular os mesmos comportamentos que seus incentivos estimulam. Por exemplo, se a avaliação do CIO se baseia somente no custo unitário de TI e nos níveis de serviço, pedir-lhe que formule a Governança de TI para motivar outros comportamentos é um disparate. A alta gerência deve mudar o modo como o CIO é recompensado ou descobrir outro detentor para a Governança de TI.

Desafios atuais e futuros da governança

Olhando em nossa bola de cristal, vemos uma série de tendências que influenciarão a Governança de TI; várias, aliás, já estão surgindo em algumas empresas. A TI desempenhará um papel de crescente importância em todas as indústrias. Informações sobre produtos, serviços e clientes continuarão a motivar processos de negócios. As informações sobre os clientes e suas necessidades serão ainda mais preciosas, sobretudo com as imensas mudanças nas leis de privacidade que vêm ocorrendo em todo o mundo. Uma parcela cada vez maior do fluxo de caixa das empresas será *online*. Em algumas empresas, como a UPS e a Charles Schwab, a receita *online* já está bem acima dos 50%. Em outras, ela vem subindo rapidamente. Todas essas mudanças só tornarão mais relevantes a importância e a eficácia da Governança de TI. Compreender e refinar a Governança de TI será um bom investimento para o futuro.

Vemos empresas que procuram com afinco ser estrategicamente mais ágeis. Essas empresas desejam ampliar a gama de iniciativas de negócios que podem implementar rapidamente – tornando-se mais responsivas a mudanças no mercado. Como não podem predizer o futuro, a agilidade estratégica é crucial. A abordagem tradicional de mudar a estrutura organizacional a cada mudança na estratégia já não funcionará. Mudar a estrutura é demasiado trabalhoso, lento e impreciso para atender às necessidades de agilidade de amanhã, ou até mesmo de hoje. Em vez disso, a agilidade deve resultar da recombinação de atividades e processos de negócios modulares, para atender a novas necessidades.

A modularidade dos processos de negócios dependerá cada vez mais da habilidade da empresa de criar componentes de sistemas, processos e dados padronizados e reusáveis. Esses componentes serão construídos tendo como base os processos centrais e a infra-estrutura. Conseqüentemente, a capacidade de TI da empresa, particularmente sua arquitetura e a capacidade de infra-estrutura resultante, será um forte indicador de sua agilidade estratégica. A tomada de decisões sobre infra-estrutura e arquitetura de TI, outrora responsabilidade exclusiva dos profissionais de TI da empresa, continuará a evoluir para se tornar cada vez mais uma responsabilidade conjunta. Essas decisões devem tornar-se parte do conjunto geral de ferramentas administrativas, integrando-se mais e mais ao DNA da empresa.

Ao mesmo tempo, as empresas terão de tomar decisões mais rapidamente. A necessidade de rapidez aumentará a pressão sobre a governança, sobretudo pela tomada de decisões conjunta entre negócios e TI. Essa pressão significa que os líderes alinharão continuamente as estruturas decisórias da governança. Os processos de alinhamento exigirão ajustes para assegurar incentivos apropriados, e os processos de comunicação terão de ser atualizados. Modelos duopolistas tornar-se-ão mais dominantes. Num duopólio, ambos os papéis são críticos – uma equipe ou um profissional de negócios deve assumir a liderança da estratégia, das mudanças de processos, da priorização e da implementação. O profissional ou grupo mais técnico deve assegurar a integridade técnica, a gestão de projetos, a confiabilidade e a integração. Preocupações maiores com a segurança já vêm criando mais alianças entre especialistas técnicos e líderes de operações de negócios.

As empresas continuarão a terceirizar os serviços comuns de TI. O apreçamento e a prestação de serviços terceirizados tornar-se-ão similares aos dos serviços públicos, como os de eletricidade, por exemplo, que têm uma tarifa fixa de conexão e taxas extras baseadas no consumo. Conforme a indústria de terceirização aumenta em sofisticação, a definição de serviços comuns se alargará. Como conseqüência, as empresas terão equipes menores de TI. Muitos especialistas em TI sem fortes habilidades numa indústria específica migrarão para provedores de serviços como a Accenture, a CSC, a EDS, a HP, a IBM e a Microsoft. Os executivos de TI que ficarem nas empresas assumirão papéis mais estratégicos. Esclarecer a estratégia e o papel da Tecnologia da Informação, como também administrar seus fornecedores, serão tarefas cada vez mais críticas para o pessoal interno de TI.

No futuro, descrever quanto uma empresa gasta em TI não fará sentido. A TI estará embutida em todos os processos e orçamentos, a exemplo do capital. Já não haverá utilidade em mensurar ou estabelecer *benchmarks* para os níveis de investimento. Como resultado, a Governança de TI, assim como a governança financeira, continuará a ganhar importância. Uma governança eficaz permite que as empresas extraiam o máximo valor da TI – e, em última instância, de todos os seis ativos principais da empresa. Governança eficaz torna possível um antigo paradoxo da administração – estimular e aproveitar a engenhosidade de todo o pessoal da empresa assegurando ao mesmo tempo a observância da visão e dos princípios da empresa.

Em suma, não basta liderar: governe!

Apêndice A

Sites de Pesquisa

OS AUTORES agradecem a todos os participantes que lhes cederam tão generosamente seu tempo e suas idéias.

A pesquisa para este livro foi realizada em mais de trezentas empresas, da maneira a seguir:

- Os CIOs de 256 empresas em vinte e três países das Américas, da Europa e do Pacífico Asiático – a maioria membros da Gartner EXP – responderam a um questionário formulado pelo Center for Information Systems Research, da MIT Sloan School.
- Os estudos de caso foram realizados em 32 empresas:

  Abbey National Group*
  Air Products Inc.
  Brady Corporation
  Campbell Soup
  Carlson Companies
  Citigroup
  DBS Bank*
  Delta Air Lines
  Dow Corning
  DuPont
  ING*
  ING Direct

* Estudos de caso desenvolvidos pelo grupo de pesquisa do programa executivo da Gartner (Gartner EXP), sob a liderança de Marianne Broadbent. (N. dos A.)

Johnson & Johnson
JPMorgan Chase
Manheim
Marriott
MeadWestvaco
Merrill Lynch
MetLife
Metropolitan Police Service-Scotland Yard*
Motorola
Nestlé USA
Old Mutual South Africa*
Panalpina
Partners HealthCare
Pfizer
State Street Corporation
Tennessee Valley Authority*
Toyota USA
Unicef
UPS
USAA

- Trinta CIOs participaram de entrevistas de uma hora ao telefone sobre suas práticas de administração de TI.

Apêndice B

Mensurando o Desempenho da Governança

PARA AVALIAR RAPIDAMENTE o desempenho da Governança de TI de uma empresa, solicite à equipe da alta gerência – recomendamos no mínimo dez administradores – que responda às seguintes questões. Em seguida, extraia a média dos resultados e procure variações entre as unidades de negócio e os níveis administrativos. A fórmula para calcular o desempenho da governança segue o questionário.

Pesquisa de desempenho da governança

A meta desta pesquisa é avaliar a eficácia da Governança de TI em sua empresa. Definimos a Governança de TI como a *especificação dos direitos decisórios e do framework de responsabilidades para estimular comportamentos desejáveis na utilização da TI.* Responda, por favor, a estas questões, considerando a parte da empresa pela qual você é responsável.

1. Qual a importância dos seguintes resultados de sua Governança de TI, numa escala de 1 (Sem importância) a 5 (Muito importante)?

Resultado da Governança	Sem Importância 1	2	3	4	Muito Importante 5
Uso da TI com boa relação custo/benefício	☐	☐	☐	☐	☐
Uso eficaz da TI para o crescimento	☐	☐	☐	☐	☐
Uso eficaz da TI para a utilização de ativos	☐	☐	☐	☐	☐
Uso eficaz da TI para a flexibilidade dos negócios	☐	☐	☐	☐	☐

2. Qual a influência da Governança de TI em seu negócio nas seguintes medidas de sucesso, numa escala de 1 (Sem sucesso) a 5 (Muito bem-sucedida)?

Medida de Sucesso	Sem Sucesso 1	2	3	4	Muito Bem-sucedida 5
Uso da TI com boa relação custo/benefício	☐	☐	☐	☐	☐
Uso eficaz da TI para o crescimento	☐	☐	☐	☐	☐
Uso eficaz da TI para a utilização de ativos	☐	☐	☐	☐	☐
Uso eficaz da TI para a flexibilidade dos negócios	☐	☐	☐	☐	☐

3. Quais as áreas em que a Governança de TI funciona melhor? Por quê?
4. Quais as áreas em que a Governança de TI não é eficaz? Por quê?

Calculando o desempenho da governança

A questão 1 avalia a importância de resultados específicos e a questão 2 avalia em que medida a Governança de TI contribuiu para atingir esses resultados. Como nem todas as firmas atribuem a mesma importância aos resultados, as respostas da primeira questão servem para atribuir peso às respostas da segunda. Em seguida, a pontuação ponderada pelos pesos das quatro questões é somada e dividida pela pontuação máxima atingível pela empresa. Matematicamente, portanto, o desempenho da governança =

$$\frac{\left(\sum_{n\,=\,1\text{ a }4}(\text{importância do resultado }\{Q1\} \ast \text{influência da Governança de TI }\{Q2\})\right) \ast 100}{\sum_{n\,=\,1\text{ a }4}(5\,(\text{importância do resultado}))}$$

Uma vez que há quatro objetivos, a pontuação máxima para todas as empresas é 100 e a mínima é 20. A média das 256 empresas foi 69, com o terço superior de empresas pontuando acima de 74.

Notas

Capítulo 1

1. Definimos o termo TI de maneira ampla para abranger todas as formas como uma empresa investe para gerar valor de negócio a partir da Tecnologia da Informação – cortando despesas, automatizando ou suportando processos de negócios, ganhando vantagens competitivas, atendendo a regulamentos e utilizando a informação para administrar, vender, contabilizar, controlar, informar, compartilhar com os clientes, os fornecedores e os parceiros, embutir em produtos e assim por diante.

2. Peter Weill e Marianne Broadbent, *Leveraging the New Infrastructure: How Market Leaders Capitalize on IT* (Boston: Harvard Business School Press, 1998), Capítulo 3.

3. A lucratividade foi mensurada pelo retorno sobre ativos (ROA) médio trienal ajustado à indústria. Ver detalhes mais adiante neste mesmo capítulo e no Capítulo 5.

4. Peter Weill e Richard Woodham, "State Street Corporation: Evolving IT Governance", *working paper* 327, Center for Information Systems Research da MIT Sloan School of Management, Cambridge, MA, revisado em agosto de 2002.

5. Stephen Labaton, "S.E.C. Pushes Companies to Disclose Data Faster", *New York Times*, 28 de abril de 2002. Descreve as mudanças feitas pela SEC (Security and Exchange Commission)* em resposta ao pronunciamento do presidente George W. Bush quatro semanas antes.

* Essa comissão foi criada em 1934 com a missão de proteger os investidores e manter a integridade do mercado de investimentos. Assim, a SEC tem como funções principais fiscalizar o cumprimento de leis do mercado de investimentos e a disponibilidade de informações sobre os seus participantes para todos os tipos de investidores (www.sec.gov). (N. da R. T.)

6. Roberto Newell e Gregory Wilson, "A Premium for Good Governance", *McKinsey Quarterly*, n. 3 (2002): 20-23.

7. "Global Investor Opinion Survey", McKinsey & Company, julho de 2002.

8. Ver "The Corporate Governance Site" (www.corpgov.net/links/ links.html), que contém uma excelente lista de *links* para muitas fontes de informação sobre governança corporativa. Uma fonte interessante, por exemplo, é a COSO (Commission of Sponsoring Organizations of the Treadway Committee – www.coso.org), que publicou um esboço de seu "Enterprise Risk Management Framework" (*Framework* de Gestão de Riscos Empresariais) em julho de 2003.

9. Organização para a Cooperação e o Desenvolvimento Econômico, Diretoria de Assuntos Financeiros, Fiscais e Empresariais: *OECD Principles of Corporate Governance,* SG/CG(99) 5 e 219, abril de 1999.

10. Inspirado no trabalho de Michael Porter, Henry Mintzberg e Constantinos Markides. Para uma visão geral excelente, ver Constantinos C. Markides, "In Search of Strategy", *MIT Sloan Management Review 40,* n. 3 (primavera de 1999): 6-7.

11. Para uma descrição de como as organizações desenvolvem e implementam crenças e valores, ver os capítulos de Janice Beyer e Lee Sproull no *Handbook of Organization Design,* Volume 2, ed. Paul C. Nystrom e William H. Starbuck (Nova York: Oxford University Press, 1981).

12. *Web site* corporativo da Johnson & Johnson, publicado em 17 de abril de 2003, http://www.jnj.com/our_company/our_credo/index.htm (extraído em 13 de maio de 2003). O credo corporativo da J&J, longo demais para ser reproduzido aqui, começa com esta declaração: "Acreditamos que nossa primeira responsabilidade é para com médicos, enfermeiros e pacientes, para com mães e pais e para com todos aqueles que utilizam nossos produtos e serviços".

13. A reunião ocorreu em maio de 2003, usando um sistema anônimo de resposta da audiência. Um dos autores, durante uma apresentação da Figura 1-1, fez ao grupo uma série de perguntas.

14. Várias definições e fontes de informação úteis sobre a Governança de TI são em geral consistentes em propósito com a nossa definição. Ver, por exemplo, o IT Governance Institute (www.itgi.org), que define a Governança de TI como "uma estrutura de relacionamentos e processos para controlar a empresa de modo que atinja suas metas gerando valor e ao mesmo tempo equilibrando os riscos com os retornos sobre a TI e seus processos". Esta definição vem do "COBIT* 3rd Edition Executive Summary" do IT Governance Institute, de julho de 2000. O modelo COBIT descreve os "objetivos de controle" de trinta e quatro processos de TI e as diretrizes administrativas e medidas de

---

* COBIT (*Control Objectives for Information*) trata-se de um *framework* orientado a processos e sua propriedade, que tem sido adotado por várias empresas brasileiras, inclusive bancos por orientação do Banco Central (N. da R.T.).

resultado para os processos. O COBIT propõe, também, um modelo de maturidade da Governança de TI em cinco estágios e um conjunto de ferramentas, diretrizes de auditoria e propostas de treinamento para dar suporte ao uso dos *frameworks*. Os materiais são detalhados, abrangentes e bastante focados operacionalmente na implementação e controle. Uma outra definição e perspectiva útil é a de Wim Van Grembergen: "A Governança de TI é a capacidade organizacional exercida pelo conselho, pela administração executiva e pela administração de TI para controlar a formulação e implementação da estratégia de TI e, com isso, assegurar a fusão entre os negócios e a Tecnologia da Informação (Wim Van Grembergen, "Introduction to the Minitrack: IT Governance and Its Mechanisms" 35ª conferência do HICSS, http://computer.org/proceedings/hicss/1874/track8/187480242.pdf).

15. Stilpon Nestor (Líder da Divisão de Assuntos Corporativos), "International Efforts to Improve Corperate Governance: Why and How", Organização para a Cooperação e o Desenvolvimento Econômico, 11 de janeiro de 2000.

16. Para uma excelente discussão da perspectiva política e da fonte de vários destes arquétipos, ver o Capítulo 5 de Thomas H. Davenport e Lawrence Prusak, *Information Ecology: Mastering the Information and Knowledge Environment* (New York: Oxford University Press, 1997).

17. Esta foi a mais forte das relações estatisticamente significativas em todo o estudo. É explorada em mais detalhes no Capítulo 4.

18. Este resultado é das 116 firmas com fins lucrativos de nosso estudo listadas nas bolsas de valores dos EUA. O desempenho da governança consiste na eficácia da governança, segundo a avaliação do CIO, em cumprir quatro objetivos de TI ponderados segundo sua importância: o uso da TI com boa relação de custo/benefício, o uso eficaz da TI para a utilização de ativos, o crescimento da receita e a flexibilidade dos negócios. O desempenho da governança tem relações positivas estatisticamente significativas com vários indicadores de desempenho financeiro (por exemplo, o ROE e o crescimento da capitalização de mercado). Métricas de desempenho financeiro como o ROA eram medidas médias trienais ajustadas à indústria.

19. B. Gormolski, J. Grigg e K. Potter, "2001 IT Spending and Staffing Survey Results", Gartner R-14-4158, 19 de setembro de 2001. Inclui tanto o orçamento de TI como gastos "ocultos" de TI que ficam fora do orçamento de TI.

20. Estimativa de Peter G. W. Keen, destacado autor e consultor, no prefácio a Sary Devaraj e Rajiv Kohli, *The IT Payoff* (New York: Prentice Hall (Financial Times), 2002).

21. Essa discussão sobre como a TI bombardeia as empresas com oportunidades faz uso de Jeff Sampler e Peter Weill, "Core Incompetencies", Center for Information Systems Research da MIT Sloan School of Management, Research Briefing, vol. III, n. 1B, março de 2003. Esses parágrafos foram, também, influenciados pela discussão inspiradora sobre o papel, o valor e a administração da informação nas empresas sob a perspectiva

econômica, em Carl Shapiro e Hal Varian, *Information Rules: A Strategic Guide to the Networked Economy* (Boston: Harvard Business School Press, 1999).

22. O *2001 Chaos Report*, do Standish Group, estima que somente 28% de seus projetos de TI têm sucesso.

23. Ver Jeanne W. Ross e Peter Weill, "Six IT Decisions Your IT People Shouldn't Make", *Harvard Business Review* (novembro de 2002): 84-91, para uma descrição dos papéis que os administradores seniores devem aceitar na tomada de decisões sobre TI.

24. A discussão da UPS neste livro baseia-se numa série de entrevistas feitas pelos autores entre janeiro de 2000 e fevereiro de 2002 com a alta gerência da empresa, incluindo Mike Eskew, Jim Kelly, Ken Lacy e Joe Pyne, entre outros. Algumas dessas entrevistas foram, também, utilizadas em Jeanne W. Ross, "United Parcel Service: Delivering Packages and e-Commerce Solutions", *working paper* 318, Center for Information Systems Research da MIT Sloan School of Management, 2001.

25. Entrevista pessoal com Frank Erbick, ex-CIO da UPS. Também utilizada em Jeanne W. Ross, "United Parcel Service: Delivering Packages and e-Commerce Solutions", *working paper* 318, Center for Information Systems Research da MIT Sloan School of Management, 2001.

Capítulo 2

1. Ver James D. McKeen e Heather A. Smith, *Making IT Happen: Critical Issues in IT* Management (Chichester, UK: Wiley, 2003) e Robert W. Zmud, ed., *Framing the Domains of IT Management: Projecting the Future (...) Through the Past* (Cincinnati: Pinnaflex, 2000).

2. Por exemplo, ver Thomas H. Davenport, Michael Hammer e Tauno J. Metsisto, "How Executives Can Shape Their Company's Information Systems" *Harvard Business Review* (março-abril de 1989): 130-134; e Peter Weill e Marianne Broadbent, *Leveraging the New Infrastructure: How Market Leaders Capitalize on IT* (Boston: Harvard Business School Press, 1998), 58-62.

3. As referências à MeadWestvaco são baseadas numa entrevista pessoal conduzida por Jeanne Ross com o CIO da empresa em 19 de setembro de 2002.

4. Metropolitan Life Insurance Company, *IT Principles* (Metropolitan Life Insurance Company, setembro 2001).

5. A ACORD é um órgão normativo da indústria de seguros que especifica padrões técnicos e de formato de dados para transações eletrônicas. Para mais informações, ver <http://www.ACORD.com>.

6. Para esta seção, fizemos o uso intensivo de Peter Weill, Mani Subramani e Marianne Broadbent, "Building IT Infrastructure for Strategic Agility", *MIT Sloan Management Review* 44, n. 1 (outono de 2002): 57-65; Peter Weill e Sinan Aral, "Managing the IT Portfolio (Update Circa 2003)", Center for Information Systems Research da MIT Sloan

School of Management, Research Briefing, vol. III, n. 1C (março de 2003); e Weill e Broadbent, *Leveraging the New Infrastructure.*

7. Ao estudar grandes empresas, identificamos um total de setenta diferentes serviços de infra-estrutura de TI nesses dez *clusters*. Para uma lista completa dos serviços de infra-estrutura em cada *cluster* de capacidade de infra-estrutura e detalhes sobre os padrões de capacidade encontrados em diferentes empresas, ver Peter Weill, Mani Subramani e Marianne Broadbent, "IT Infrastructure for Strategic Agility", *working paper* 329, Center for Information Systems Research da MIT Sloan School of Management, Cambridge, MA, 2002.

8. Para uma excelente discussão sobre a aplicação de opções reais a investimentos em tecnologia, ver Martha Amram e Nalin Kulatilaka, *Real Options* (Boston: Harvard Business School Press, 1998).

9. Para mais informações sobre essas implementações, ver Jeff Bailey, "Trash Haulers Are Taking Fancy Software to the Dump", *Wall Street Journal,* 9 de junho de 1999; Joseph B. Cahill, "Whirlpool Experiences Shipping Delays Over Computer Glitches in SAP Software", *Wall Street Journal,* 3 de novembro de 1999; e E. Nelson e E. Ramstad, "Trick or Treat: Hershey's Biggest Dud Has Turned Out to Be Its New Technology–At the Worst Possible Time, It Can't Fill Its Orders, Even as Inventory Grows–Kisses in the Air for Kmart", *Wall Street Journal,* 29 de outubro de 1999.

10. Para mais informações, ver Todd Datz, "Portfolio Management: How to Do It Right", *CIO,* 1º de maio de 2003.

11. Para mais informações sobre o *framework* de *portfolio* de TI com *benchmarks* e retornos históricos, ver Weill e Aral, "Managing the IT Portfolio (Update Circa 2003)", Center for Information Systems Research da MIT Sloan School of Management, Research Briefing, vol. III, n. 1C (março de 2003); e Weill e Broadbent, *Leveraging the New Infrastructure,* Capítulo 2. Para uma abordagem alternativa, ver Jeanne W. Ross e Cynthia M. Beath, "Beyond the Business Case: New Approaches to IT Investment", *MIT Sloan Management Review* 43, n. 2 (inverno de 2002): 51-59.

12. Um estudo feito em 2003 pela DiamondCluster International e a Kellogg School of Management em 140 firmas descobriu que 24% delas usavam ativamente abordagens de *portfolio* de TI para seus investimentos em TI, com 78% esperando ter um programa operacional até 2004. Ingmar Leliveld e Mark Jeffery, "IT Portfolio Management: Challenges and Best Practices", DiamondCluster International *Research,* primavera de 2003.

13. A discussão da State Street, incluindo as citações, é extraída de Richard Woodham e Peter Weill, "State Street Corporation: Evolving IT Governance", *working paper* 327, Center for Information Systems Research da MIT Sloan School of Management, Cambridge, MA, 2001.

14. A discussão sobre a Delta Air Lines é extraída de "Delta Air Lines: IT Infrastructure", fita de vídeo produzida pelo Center for Information Systems Research da MIT Sloan School of Management e pela Melbourne Business School, Universidade de Melbourne, 2001.

Capítulo 3

1. A média das oito unidades de negócio foi calculada após a remoção dos 5% de empresas com menor e maior número de unidades de negócio, para corrigir números extremos de empresas muito grandes ou muito pequenas e obter, assim, um valor médio mais fiel ao real. A média, sem essa correção, foi de onze unidades de negócio.

2. A entidade feudal varia de acordo com a empresa e a indústria. Segundo nossa estimativa, da mais para a menos comum, a entidade feudal corresponde a unidade de negócio, região e função e processo de negócios.

3. Para uma excelente discussão do modelo federalista das organizações, ver Charles Handy, "Balancing Corporate Power: A New Federalist Paper", *Harvard Business Review* (novembro–dezembro de 1992): 59–72.

4. Por duopólio, entendemos "controle ou dominação por duas pessoas ou grupos", como definido pelo *Oxford English Dictionary*, Segunda Edição, 1989 http://dictionary.oed.com/cgi/entry/00070944?single=l&query_type=word&queryword=duopoly&edition=2e&first=l&max_to_show=10 (acessado em 30 de maio de 2003).

5. As discussões sobre a Governança de TI no Commonwealth Bank of Australia basearam-se numa entrevista pessoal com Peter Reynolds, então CTO, em 30 de janeiro de 2003.

6. Tabelas que mostram diferenças de indústria e regionais entre as empresas de nosso estudo estão disponíveis no seguinte *Web site*: <http://web.mit.edu/cisr/itgovbookreferencelinks.htm>.

7. A discussão sobre a Governança de TI da DuPont baseia-se numa série de entrevistas conduzidas pelos autores com quatro executivos da empresa no período de setembro a novembro de 2001.

8. Para uma excelente discussão sobre as "Grandes Regras (*Big Rules*)", ver Peter G. W. Keen, "Information Technology and the Management of Difference: A Fusion Map", *IBM Systems Journal* 32, n. 1 (1993): 17–39.

9. Entrevista pessoal entre os autores e William Kirkey, CTO da DuPont, 19 de outubro de 2001.

10. Entrevista pessoal com executivo de TI da DuPont, 1º de outubro de 2001.

11. Este material é adaptado de Marianne Broadbent e Peter Weill, "Effective IT Governance. By Design", EXP Premier Report, janeiro de 2003. Usado com permissão.

12. A discussão sobre a Governança de TI da Motorola baseia-se em entrevistas pessoais com executivos de TI da Motorola antes e no dia 24 de abril de 2003.

13. Extraído da carta do presidente, dirigida aos acionistas, contida no Relatório Anual de 2002, conforme listado em Motorola.com em 23 de abril de 2003.

Capítulo 4

1. Muito já se escreveu sobre o papel dos administradores seniores na administração e utilização eficaz da TI. A importância do envolvimento da alta gerência foi observada desde cedo por John F. Rockart, "The Line Takes the Leadership", *MIT Sloan Management Review* 29 (verão de 1988): 57-64.

2. Marianne Broadbent e Peter Weill, "Effective Governance. By Design", Gartner EXP Premier, janeiro de 2003. Referências neste capítulo e em outras partes do livro à governança em: Abbey National Group, DBS, ING, Scotland Yard, Old Mutual South Africa e Tennessee Valley Authority, bem como parte do estudo de caso da Unicef no Capítulo 7, são extraídas com permissão do relatório da Gartner citado acima.

3. Jeanne W. Ross, "Dow Corning Corporation: Business Processes and Information Technology", *Journal of Information Technology* 14, n. 3 (setembro de 1999): 253-266.

4. Jeanne W. Ross e Natalia Levina, "Brady Corporation: Delivering Customer Value Through Multiple Channels", *working paper* 315, Center for Information Systems Research da MIT Sloan School of Management, Cambridge, MA, 2001. Ver também www.bradycorp.com.

5. A discussão sobre os mecanismos de Governança de TI da Campbell Soup baseia-se em entrevistas conduzidas por Jeanne Ross e Nils Fonstad com executivos de TI da empresa em 11 de setembro de 2002. Essas entrevistas constituem a base também para George Westerman e Jeanne W. Ross, "Case Vignette of Campbell Soup", Center for Information Systems Research da MIT Sloan School of Management, 2003.

6. Referências à MeadWestvaco são baseadas numa entrevista pessoal conduzida por Jeanne Ross com o CIO da MeadWestvaco em 19 de setembro de 2002.

7. C. Suzanne Iacono, Mani Subramani e John C. Henderson, "Entrepreneur or Intermediary: The Nature of the Relationship Manager's Job", em *Proceedings of the Sixteenth International Conference on Information Systems,* ed. Janice I. DeGross, Gad Ariav, Cynthia Beath, Rolf Hoyer e Chris Kemerer (Amsterdã, 1995): 289-299.

8. Jeanne W. Ross e Christine M. Lentz, "IT Governance at USAA: Implementing Enterprise-wide Synergies", *working paper* 339, Center for Information Systems Research da MIT Sloan School of Management, 2004.

9. Peter Weill e Richard Woodham, "State Street Corporation: Evolving IT Governance", *working paper* 327, Center for Information Systems Research da MIT Sloan School of Management, Cambridge, MA, 2002.

10. Jeanne W. Ross, Michael R. Vitale e Cynthia M. Beath, "The Untapped Potential of IT Chargeback," *MIS Quarterly 23,* nº 2 (junho de 1999): 215–237.

11. O CMM (Capability Maturity Model) é um modelo em cinco níveis para estimar a maturidade dos processos de *software* da organização. Ver Mark C. Paulk, Bill Curtis, Mary Beth Chrissis e Charles V. Weber, "Capability Maturity Model, Version 1.1" *IEEE Software* 10, n. 4 (julho de 1993): 18-27.

12. Jack Welch, CEO da General Electric por muitos anos, popularizou a noção do foco intensivo em poucas iniciativas críticas. Ver, por exemplo, Harris Collingwood e Diane L. Coutu, "Jack on Jack: The HBR Interview", *Harvard Business Review* (fevereiro de 2002): 88–94.

13. Jeanne W. Ross e Richard Woodham, "Chase Global Markets: Defining New Business Models in the Investment Banking Industry", *working paper* 316, Center for Information Systems Research da MIT Sloan School of Management, Cambridge, MA, agosto de 2001.

14. Marianne Broadbent e Peter Weill, "Effective Governance By Design", Gartner EXP Premier, janeiro de 2003, p. 41. Usado com permissão.

15. Esta vinheta foi desenvolvida a partir de entrevistas conduzidas por Jeanne Ross e George Westerman na sede da Carlson Companies em 22 de novembro de 2002. As mesmas entrevistas constituem a base para Nils Fonstad e Jeanne Ross, "Case Vignette of Carlson", Center for Information Systems Research da MIT Sloan School of Management, janeiro de 2003.

Capítulo 5

1. As fontes a seguir sumariam muitos estudos de mensuração do desempenho empresarial, os quais moldaram nossa escolha de indicadores e serviram como excelentes fontes de referência: Noel Capon, John U. Farley e Scott Hoenig, "Determinants of Financial Performance: A Meta-Analysis", *Management Science* 36, n. 10 (1990): 1143–1159 (edição focada no que há de mais moderno em matéria de teoria e método nas pesquisas de estratégia); David J. Ketchen Jr., James B. Thomas e Charles C. Snow, "Organizational Configurations and Performance: A Comparison of Theoretical Approaches", *Academy of Management Journal 36,* n. 6 (Dezembro de 1993): 1278–1313; The Encyclopedia About Corporate Governance, http://www.encycogov.com.

2. Usamos no estudo três anos de dados financeiros para as 116 firmas listadas nas bolsas dos EUA e mensuramos o desempenho médio e a mudança percentual por ano. Para a comparação entre indústrias, calculamos o desempenho relativo de cada firma subtraindo de seu desempenho médio trienal o desempenho médio trienal da indústria. Dividimos o resultado pelo desempenho médio trienal da indústria, levando em consideração que algumas indústrias tiveram médias trienais negativas. Como todas as abordagens que envolvem o ajuste à indústria, esta análise não é perfeita, mas oferece uma boa indicação do desempenho ajustado à indústria. A mudança percentual média anual durante os três anos em cada medida foi, também, usada em nossa análise, salvo que sem ajuste à indústria, já que a mudança percentual é prontamente comparável entre diferentes indústrias.

3. A classificação e os níveis de impacto são aproximações baseadas na força dos coeficientes em equações de regressão e análises correlacionais, sendo, portanto, estimativas grosseiras.

4. As três estratégias amplas usadas na análise baseiam-se na idéia das disciplinas de valor, em Michael Treacy e Fred Wiersema, *The Discipline of Market Leaders* (Reading, MA: Addison-Wesley, 1995).

5. A figura baseia-se em correlações significativas estatisticamente entre o desempenho da governança e os arquétipos que as empresas usavam para cada decisão e contribuição de TI, consideradas separadamente.

6. Citação do vídeo de entrevista com Mike Eskew, Chairman e CEO da UPS, discutindo a governança e os investimentos em TI com Jeanne Ross e Peter Weill, Center for Information Systems Research da MIT Sloan School of Management, Cambridge, MA, fevereiro de 2002.

7. Para compreender quais arquétipos foram classificados como de negócios, técnicos ou conjuntos, consulte a Figura 3-2. As decisões de negócios eram as monarquias de negócio, os arranjos feudalistas e a linha inferior do modelo federalista. As decisões de TI eram a monarquia de TI. As decisões conjuntas eram o duopólio e a linha superior no modelo federalista. Excluímos a anarquia e determinamos os melhores e piores desempenhos com base em correlações significativas estatisticamente entre o desempenho da governança e quem tomava a decisão.

8. Baseado em correlações significativas estatisticamente entre as médias (e mudanças) trienais (1999–2001) ajustadas à indústria do desempenho financeiro e do arquétipo de governança para cada decisão de TI considerada separadamente. Em uns poucos exemplos, as probabilidades de relevância das correlações ficaram abaixo do nível usualmente aceito para trabalho exploratório, mas eram consistentes com os padrões gerais da métrica de desempenho e sustentadas pela análise dos estudos de caso. Aqui, também, não afirmamos haver causalidade, mas os padrões são interessantes e devem ser olhados como um indicador, e não como uma forte evidência. Como sempre, no caso de análises baseadas no desempenho passado, é problemático usar tais padrões para predizer o futuro. Também pode haver muitos outros fatores, além da Governança de TI, que influenciem o desempenho financeiro e que nós não consideramos.

9. Adaptado do Capítulo 10 em Peter Weill e Marianne Broadbent, *Leveraging the New Infrastructure: How Market Leaders Capitalize on IT* (Boston: Harvard Business School Press, 1998) e fazendo uso de Marianne Broadbent, "The Role of Information Technology in International Business Operations: The Case of Citicorp", Melbourne Business School, Universidade of Melbourne, 1996.

10. Andrew Brand, Peter Weill, Christina Soh e Pelly Periasamy, "Citibank Asia Pacific: Positioning IT as a Strategic Resource", estudo de caso, Melbourne Business School, Universidade de Melbourne, 1999.

11. Peter Weill, Mani Subramani e Marianne Broadbent, "IT Infrastructure for Strategic Agility", *MIT Sloan Management Review* 44, n. 1 (outono de 2002): 57-65.

12. Richard Woodham e Peter Weill, "Manheim Interactive: Selling Cars On Line", *working paper* 314, Center for Information Systems Research da MIT Sloan School of Management, Cambridge, MA, 2001. Para informações adicionais, ver http://www.manheim.com.

13. Idem.

14. Ibidem.

Capítulo 6

1. Usamos as idéias inspiradoras das disciplinas de valor desenvolvidas por Michael Treacy e Fred Wiersema, *The Discipline of Market Leaders* (Reading, MA: Addison-Wesley, 1995).

2. Estudo de caso da JPMorgan Chase escrito a partir de entrevistas com executivos da empresa no período de setembro de 2002 a maio de 2003, e de Marianne Broadbent e Peter Weill, "Effective IT Governance. By Design", Gartner EXP Premier Report, janeiro de 2003.

3. Marianne Broadbent e Peter Weill, "Effective IT Governance. By Design", EXP Premier Report, janeiro de 2003, p. 53.

4. Idem.

5. A linha inferior na Figura 6-3 é estimada a partir de correlações significativas estatisticamente entre o desempenho trienal ajustado à indústria de oitenta e sete firmas de nosso estudo.

6. Treacy e Wiersema, em *The Discipline of Market Leaders*, afirmam que a intimidade com o cliente é consistente com a meta de lucratividade. Não descobrimos, em nosso estudo, evidências de um relacionamento entre a intimidade com o cliente e a lucratividade.

7. Ver Thomas H. Davenport, Jeanne G. Harris e Ajay K. Kohli, "How Do They Know Their Customers So Well?", *MIT Sloan Management Review* 42, n. 2 (inverno de 2001): 63-73.

8. Tabela extraída de Jeanne Ross, David Robertson, George Westerman e Nils Fonstad, "Aligning IT Architecture with Organizational Realities", Center for Information Systems Research da MIT Sloan School of Management, Research Briefing, vol. 3, n. 1A (março de 2003); Timothy R. Kayworth, Debabroto Chatterjee e V. Sambamurthy, "Theoretical Justification for IT Infrastructure Investments", *Information Resources Management Journal* 14, n. 3 (2001): 5-14; e Peter Weill, Mani Subramani e Marianne Broadbent, "Building IT Infrastructure for Strategic Agility", *MIT Sloan Management Review* 44, n. 1 (2002): 57-65. A linha inferior é estimada a partir de correlações significativas estatistica-

mente entre o desempenho trienal ajustado à indústria de oitenta e sete firmas de nosso estudo.

9. A descrição da Governança de TI da Pfizer foi extraída de entrevistas realizadas por George Westerman e Jeanne Ross com quatro executivos de TI da empresa entre 10 e 21 de outubro de 2002.

10. O estudo de caso da State Street Corporation foi baseado em Richard Woodham e Peter Weill, "State Street Corporation: Evolving IT Governance", *working paper* 327, Center for Information Systems Research da MIT Sloan School of Management, abril de 2002; David Spina (State Street Corporation), "State Street Highlights Growth Strategy", na reunião anual da empresa em 18 de abril de 2001; em entrevistas com executivos seniores da State Street; e em declarações financeiras publicadas.

11. Richard Woodham e Peter Weill, "State Street Corporation: Evolving IT Governance", *working paper* 327, Center for Information Systems Research da MIT Sloan School of Management, abril de 2002.

12. Idem.

13. Baseado em conversa entre Peter Weill e Joe Antonellis, CIO da State Street Corporation, no MIT, em 22 de janeiro de 2003.

Capítulo 7

1. O estudo de caso da MPS-Scotland Yard é adaptado de Marianne Broadbent e Peter Weill, "Effective IT Governance. By Design", Gartner EXP Premier Report, janeiro de 2003, e Peter Weill e Marianne Broadbent, "Describing and Assessing IT Governance–The Governance Arrangements Matrix", Center for Information Systems Research da MIT Sloan School of Management, Research Briefing, vol. II, n. 3E, outubro de 2002.

2. Weill e Broadbent, "Describing and Assessing IT Governance–The Governance Arrangements Matrix".

3. Broadbent e Weill, "Effective IT Governance. By Design".

4. Para o modelo de Porter, ver Michael E. Porter, *Competitive Advantage: Creating and Sustaining Superior Performance* (New York: Free Press, 1985).

5. Para mais informações, ver Mark Moore, *Creating Public Value: Strategic Management in Government* (Cambridge, MA: Harvard University Press, 1995), Capítulo 3. Ver, também, John Alford, "Towards a New Public Management Model: Beyond Managerialism and Its Critics", *Australian Journal of Public Administration* 52, n. 2 (junho de 1993): 135-148.

6. John Alford, "Defining the Client in the Public Sector: A Social Exchange Perspective", *Public Administration Review* 62, n. 3 (2002): 337-346.

7. O estudo de caso da TVA é adaptado de Broadbent e Weill "Effective IT Governance. By Design".

8. Entrevista com John Glaser conduzida por Jeanne Ross e Sinan Aral em 24 de junho de 2002.

9. Paul Richardson, Peter Weill e Joel B. Barolsky, "Barwon Water (B): Creating and Exploiting an IT Infrastructure", *case* 386 da Melbourne Business School, Universidade de Melbourne, 1999; e Paul Richardson, Peter Weill e Joel B. Barolsky, "Barwon Water (A): Creating and Exploiting an IT Infrastructure (A Case Study of the Geelong and District Water Board and Their Innovative Approach to IT Infrastructure)", *case* 385 da Melbourne Business School, Universidade de Melbourne, 1999.

10. Richardson, Weill e Barolsky, "Barwon Water (B): Creating and Exploiting an IT Infrastructure".

11. O desempenho da governança foi determinado pelo CIO e é uma medida de quatro fatores da Tecnologia da Informação, incluindo o uso da TI com boa relação custo/ benefício, o uso da TI para o crescimento, o uso da TI para a utilização de ativos e, por último, o uso da TI para a flexibilidade dos negócios. Cada fator é ponderado em ordem de importância para a organização, resultando numa pontuação que varia entre 20 e 100.

12. Determinado por correlações significativas estatisticamente entre os arranjos e o desempenho da governança, como definido na nota anterior.

13. "Quero que o Reino Unido seja a maior economia do mundo na Internet. (...) Estou convencido de que o governo deve fazer sua parte, por isso estou adiantando de 2008 para 2005 nossa meta de disponibilizar todos os serviços governamentais *online.* Isso significará que pessoas e empresas poderão acessar os serviços do governo vinte e quatro horas por dia, sete dias por semana." Tony Blair, primeiro-ministro do Reino Unido, em 30 de março de 2000.

14. Todos os mecanismos mencionados nesta seção foram usados com uma eficácia significativamente maior em termos estatísticos pelas empresas de melhor desempenho em governança.

15. O estudo de caso da UNICEF foi extraído de discussões entre Peter Weill e o CIO da UNICEF Andre Spatz; de material adaptado de Broadbent e Weill, "Effective IT Governance. By Design"; e de www.unicef.org.

16. Fonte: www.unicef.org.

17. Broadbent e Weill, "Effective IT Governance. By Design". Usado com permissão.

Capítulo 8

1. Muitos dos exemplos nesta seção são descrições novas ou sumários de exemplos de capítulos anteriores, nos quais as fontes foram identificadas.

2. Marianne Broadbent e Peter Weill, "Effective IT Governance. By Design", Gartner EXP Premier Report, janeiro de 2003, p. 60.

3. Citação do vídeo de entrevista com Mike Eskew, Chairman e CEO da UPS, discutindo a governança e os investimentos em TI com Jeanne Ross e Peter Weill, Center for

Information Systems Research da MIT Sloan School of Management School, fevereiro de 2002. MIT Sloan School of Management.

4. Uma pesquisa, feita por um dos autores utilizando um sistema de resposta de audiência numa reunião com cinqüenta CIOs em maio de 2003, descobriu os seguintes padrões de posse da governança: CIOs, 56%; CEOs, 8%; COOs, 13%; comitê de líderes seniores de TI, 3%; comitê de líderes seniores de TI e negócios, 13%.

5. Esta seção faz uso intensivo da discussão promovida no MIT CIO Summit com vinte CIOs e CTOs em 22 de maio de 2003. O gráfico na Figura 8-1 foi desenvolvido conjuntamente num intervalo e posteriormente discutido com o grupo inteiro.

Índice Remissivo

N

O

Q

Sobre os Autores

Peter Weill é diretor e pesquisador sênior do Center for Information Systems Research (CISR) da MIT Sloan School of Management. A missão do CISR é realizar pesquisas práticas empíricas sobre como as firmas geram valor de negócio a partir da Tecnologia da Informação (TI). O CISR dissemina suas pesquisas via relatórios de pesquisa eletrônicos, *working papers*, *workshops* de pesquisa e educação executiva, sendo custeado por patrocinadores e patronos corporativos. Peter ingressou na Sloan em 2000 como diretor do CISR, fundado em 1974. Suas pesquisas concentram-se no papel, valor e Governança de TI nas empresas. Peter tem muitas publicações, incluindo livros premiados, artigos em periódicos e estudos de casos. Ele presta consultoria regularmente a corporações e governos sobre questões de investimento em TI. É co-autor de um *best-seller* intitulado *Leveraging the New Infrastructure: How Market Leaders Capitalize on Information Technology* (*Explorando a nova infra-estrutura: como as líderes de mercado capitalizam sobre a Tecnologia da Informação)*, publicado pela Harvard Business School Press em 1998. Peter é, também, co-autor de outro livro da Harvard Business School Press intitulado *Place to Space: Migrating to e-Business Models (Do lugar físico para o espaço virtual: migrando para modelos de E-Business)*, publicado em 2001, que conquistou um dos prêmios da Library Journal of America como melhor livro de negócios do ano.

Jeanne W. Ross é pesquisadoracientista principal do Center for Information Systems Research da MIT Sloan School of Management. No MIT ela apresenta palestras, conduz pesquisas e ministra cursos públicos e customizados sobre administração de TI. Ela tem muitas publicações, incluindo artigos em periódicos, capítulos de livros e estudos de caso. Suas pesquisas examinam as implicações organizacionais e de desempenho das iniciativas relacionadas à arquitetura de TI e à governança, e a novas práticas de administração da TI. Jeanne é fundadora e editora sênior da recém-criada *MISQ Executive*.

Sobre a Revisora Técnica

Tereza Cristina M. B Carvalho é diretora, pesquisadora sênior e co-fundadora do LARC/PCS (Laboratório de Arquitetura de Redes de Computadores) da Escola Politécnica da USP. Além disso, é Professora Doutora da Escola Politécnica em tecnologias de redes e negócios *online*, desde 1988 e Professora convidada da FGV - EAESP, em administração de TI, desde 2005. É graduada em Engenharia Elétrica pela Escola Politécnica e obteve lá, também, seu mestrado e doutorado. Em 2002, concluiu o seu MBA dentro do programa Sloan Fellows do MIT.

Tereza Cristina tem muitas publicações incluindo livros, artigos em congressos internacionais e nacionais e revistas técnicas.

Os seus prêmios mais recentes são: (2001) Prêmio Décio Zagottis da Escola Politécnica;. (2005) Menção Honrosa Pelo Trabalho de Negócios no CATI 2005 – FGV - EAESP. Também, em 2005, foi selecionada, pela revista InfoExame, como uma das profissionais mais influentes em Tecnologia no Brasil.

Como consultora e pesquisadora do LARC, têm coordenado diversos projetos para empresas do setor público e privado e entidades de fomento à pesquisa. Tanto os projetos de pesquisa como de desenvolvimento concentram-se nas áreas de redes convergentes e redes sem fio, segurança, gerenciamento, Internet Avançada e negócios online. Já trabalhou na Siemens Nürnberg-Alemanha e na France-Telecom Evry.- França. Desde 2002, quando foi aluna da MIT Sloan, tem mantido contato com Peter Weill e Jeanne Ross e com as atividades realizadas pelo MIT-CISR. Neste sentido, tem pesquisado e aplicado os *frameworks* do MIT-CISR em trabalhos realizados no Brasil, incluindo análise comparativa com COBIT, ITIL e outros *frameworks* usados na área de Governança de TI.